民事赔偿与刑事责任

Civil Compensation
&
Criminal Liability

王志祥 等 / 著

中国政法大学出版社
2021 · 北京

图书在版编目（CIP）数据

民事赔偿与刑事责任/王志祥等著. —北京：中国政法大学出版社，2021.1
ISBN 978-7-5620-9810-2

Ⅰ.①民… Ⅱ.①王… Ⅲ.①民事责任－赔偿－研究－中国 ②刑事责任－研究－中国 Ⅳ.①D923.04 ②D924.04

中国版本图书馆CIP数据核字(2020)第271207号

出 版 者　中国政法大学出版社

地　　址　北京市海淀区西土城路 25 号

邮寄地址　北京 100088 信箱 8034 分箱　邮编 100088

网　　址　http://www.cuplpress.com (网络实名：中国政法大学出版社)

电　　话　010-58908441(编辑室) 58908334(邮购部)

承　　印　北京九州迅驰传媒文化有限公司

开　　本　880mm×1230mm　1/32

印　　张　8.5

字　　数　200 千字

版　　次　2021 年 1 月第 1 版

印　　次　2021 年 1 月第 1 次印刷

定　　价　49.00 元

前言

PREFACE

刑事责任的承担一直是惩罚犯罪人和安抚刑事被害人的传统模式。但随着公法私法化、私法公法化，刑法和民法在一定程度上出现融合趋势，刑事案件中的民事赔偿应否成为影响行为人刑事责任承担的因素以及其在何种程度上影响行为人刑事责任的承担，就成为刑法理论中亟须解决的问题。本书对此进行了深入的探讨。

本书以民事赔偿对刑事责任的影响为视角，对民事赔偿与刑事责任的关系进行了多维度的探究。全书由八章内容组成。

第一章，民事责任与刑事责任关系的历史嬗变。本章的主要观点是：与在刑民严格分立时期民事责任与刑事责任绝对加以区分有所不同的是，在目前民法与刑法出现融合的形势下，民事责任与刑事责任之间的关系发生重大的转变。民事责任的承担对刑事责任的承担状况产生了一定的影响，承担了较多民事责任的犯罪人会被从宽判处刑罚，甚至被免除刑罚。从历史发展角度看，民事责任和刑事责任关系的这种变化符合社会发展的需要。基于特定历史时期法律功能的不同，民事责任和刑事责任之间的关系一直处于变化之中，两者之间经历了模糊、分化、融合的大体演变过程。分析民事责任和刑事责任关系的历史演变过程并探寻变化背后的原因，有助于正确把握二者间的关系。在不同的历史时期和生产力发展的不同阶段，民事责任和刑事责任之间表现出不一样的关系。从奴隶制国家到当代社会，民事责任和刑事责任之间大致经历了模糊、分化、融合的演变过程。古代法上民事责任和刑事责任之间界限模糊，民事侵权可能受到刑罚处罚，刑事犯罪也可能仅承担损害赔偿责任。近代法上民事责任和刑事责任严格分离，民事赔偿仅在平等主体间发生，惩罚责任仅在刑事责任中出现。当代社会中出现民事责任与刑事责任的融合，民事责任的承担影响犯罪人的刑事责任。

第二章，刑事和解视野下民事责任对刑事责任的影响。本章的主要观点是：民事责任和刑事责任分属不同的责任领域，具有不同的性质和功能。而刑事和解制度的出现则使得我们不得不深思民事责任的承担状况对刑事责任的影响。这一问题涉及刑事和解制度的存在根基，因而应受到高度重视。在刑事和解制度中，加害人通过积极主动地向被害人承担民事责任表现出其人身危险性程度的降低以及社会危害性的减轻，司法机关由此可能决定对其予以从宽处理。刑事和解并不是民事责任承担对刑事责任承担的简单替代，不是加害人花钱买刑，其实质是将民事责任的承担状况作为影响刑事责任程度的酌定量刑情节予以考虑。作为一种酌定量刑情节，民事责任的承担状况对刑事责任程度减轻的影响应该受一定限度的制约。在审判阶段，加害人对民事责任的承担状况不应当影响对其行为的定罪。

第三章，民事赔偿影响刑事责任的根据。本章的主要观点是：刑事责任的确认和实现阶段包含从侦查、起诉、审判（包含定罪和量刑）到执行的一系列活动，这其中涉及刑事责任的有无和程度的关键阶段主要是定罪、量刑和行刑三个阶段。据此，可以选取民事赔偿对这三个阶段的影响来探究其影响刑事责任的根据。当前，退赃、退赔影响盗窃罪定罪的规定已被新规定所取代，民事赔偿影响交通肇事罪定罪的规定成为民事赔偿可影响定罪的唯一规范根据。由于在起诉阶段案件即告终结，所以即便此时民事赔偿没有影响到对行为人有罪与否的认定问题本身，但由于没有有罪判决的作出，民事赔偿所影响的也并不是量刑。由此可见，虽然民事赔偿不能直接影响法院的定罪活动本身，但却可以影响案件的进程和广义层面的定罪，也就是刑事责任的确认过程会受到影响，故民事赔偿可以对狭义层面的定罪存在间接影响。就民事赔偿影响量刑而言没有刑法层面的规定依据，并不意味着其他层面也同样缺乏相关的规定。我国的司法解释中有着为数不少的相关规定。虽然民事赔偿并不影响行为的社会危害性，但可以影响行为人的人身危险性。就民事赔偿可影响量刑而言，其在我国的政策根据是促进被告人对其民事赔偿义务的履行，或者说是推进司法具体工作的顺利开展。司法解释赋予了罪犯积极执行财产刑和履行附带民事赔偿义务独立的司法价值，也为民事赔偿影响行刑提供了规范根据。将减刑、假释与财产刑执行和附带民事赔偿责任的履行挂钩，在我国有着明确的刑事政策上的根据。

第四章，民事赔偿与刑事责任的实现。本章的主要观点是：近年来，在全面构建社会主义和谐社会的政策背景之下，作为有效化解犯罪人与被害人之间的矛盾纠纷和促进社会和谐的一种重要手段，民事赔偿不仅在刑事司法过程中逐渐受到了高度重视，而且，随着恢复性司法理念的传播和刑事和解制度的确立，学界有论者还进一步提出了民事赔偿应当属于刑事责任的一种实现方式的见解。然而，与此同时，根据犯罪人对被害人的民事赔偿来对犯罪人予以从宽处罚的做法是否属于“花钱买刑”，也同样引起了学界的广泛讨论。在此背景之下，全面厘清和解读民事赔偿与刑事责任之间的关系以及民事赔偿对刑事责任实现的影响情况，无疑是理论上亟待解决的一个问题。随着民事赔偿在刑事司法过程中的地位和作用不断被抬高，特别是在恢复性司法和刑事和解制度的影响下，有一些学者逐渐突破了对民事赔偿与刑事责任关系的传统界定，而将民事赔偿上升为刑事责任的一种实现方式加以定位。尽管不能否认，在刑事司法过程中对民事赔偿予以高度重视，不仅有利于充分保障被害人的合法权益，而且还具有缓解赔偿执行困难、促进社会和谐等多方面的积极意义。但是，将其抬高到刑事责任的实现方式这一地位，则在理论和实践中都是存在疑问的。从目前来看，将民事赔偿定位为刑事责任的影响因素（即酌定量刑情节）依然是具有合理性的，将其作为刑事责任的一种实现方式，不仅在理论依据上不够充分，而且在现行的法律体系中也不能作出自洽性的解释。民事赔偿对刑事责任的影响不仅有其条件限制，而且这种影响还具有双向性，即根据不同的赔偿情况，既可能加重刑事责任，也可能减轻刑事责任。就加重刑事责任而言，其实现方式无疑就是从重处罚。而减轻刑事责任的实现方式，在理论上则既包括从轻处罚，也包括减轻处罚和免除处罚。

第五章，刑事附带民事诉讼中民事赔偿的范围。本章的主要观点是：在我国现行刑事立法中，“民事赔偿”的概念仅出现在 1997 年《中华人民共和国刑法》（以下简称《刑法》）第 36 条第 2 款的规定中。除此之外，刑法和刑事诉讼法中均再未针对这一概念作出任何具体的规定。对于刑法规定的“民事赔偿”，可以理解为，在“刑事附带民事诉讼提起后，由人民法院在对犯罪分子判处刑事处罚的同时，根据犯罪性质、情节、被害人遭受损失的程度、被告人的经济状况等具体情况，一并判处犯罪分子赔偿被害人遭受的经济损失”。围绕着刑法中规定的民事赔偿的范围，尤其是针对应否将精神损害赔偿纳入其中的问题，曾引发了我国刑事法学界的广泛讨论。在我国现行刑事附带民事诉讼制度中，民事赔偿的范围既包括因犯罪行为对被害人造成的直接损失，也应包括由犯罪行为给被害人造成的间接损失。目前，民事赔偿的范围应限于物质损失。因此，对于被害方提起的精神损害赔偿的诉求，人民法院不应予以支持。但是，从应然的角度看，我国应采取修改刑事立法的方式将精神损害赔偿纳入附带民事诉讼的赔偿范围。

第六章，刑事附带民事诉讼中民事赔偿数额的确定。本章的主要观点是：尽管对于关于附带民事诉讼中民事赔偿范围的规定是否合理的问题，在我国刑事法学界仍然存在诸多争议，但将物质损失作为附带民事诉讼案件中民事赔偿的主要内容却早已被我国广大司法机关所认可，并在司法实践中长期得以践行。需要注意的是，由于目前我国刑事法律中规定的附带民事诉讼的赔偿范围和赔偿标准与单纯的民事法律中规定的赔偿范围和赔偿标准并不统一，加之关于附带民事诉讼中赔偿数额确定的法律规定不甚明确，司法实践中出现了不区分具体案情而统一确定民事赔偿金额和对于相似案件判处数额相差悬殊的民事赔偿金这两种颇为极端的处理方式。这样的裁判方式不仅容易引发被害方对附带民事诉讼判决强烈不满和抵触情绪，同时还可能产生社会公众质疑审判机构公正与否的负面影响。针对司法实践中出现的上述问题，如何在当前的法律体制之下合理地确定附带民事诉讼中民事赔偿的数额，就成为我国刑法理论和司法实践中一个迫切需要解决的问题。在我国的刑事附带民事诉讼制度中，行为人应予偿付的民事赔偿数额的大小一方面取决于被害人实际遭受的物质损失的多少，另一方面也要受被害人有无过错及其过错程度这一因素的修正。行为人的赔偿能力不应成为影响民事赔偿数额确定的因素。审判机关在具体确定民事赔偿数额的过程中，首先，应划定具体案件中属于附带民事诉讼中民事赔偿范围的物质损失的内容。其次，再对相关证据的有无、真实与否以及该证据与被害人遭受的物质损失之间有无直接联系等内容进行审查。再次，由审判机关结合相关司法解释和民事法律的具体规定，对行为人应予偿付的民事赔偿的基本数额进行计算。最后，经由被害人的过错情况这一因素的修正，得出具体个案中民事赔偿的实际数额。

第七章，民事赔偿影响刑事责任与刑法的基本原则的关系。本章的主要观点是：随着刑事和解制度的立法和实践推进，刑事案件中的民事赔偿在社会公众的观念意识中留下了深刻的烙印。然而，从多年的舆论反应来看，并非大都认同民事赔偿所产生的法律效果，其中掺杂着诸多质疑、担忧甚至批判。刑事案件中的民事赔偿，在公众眼中何以沦落到此种境地？这其中既涉及公众对民事赔偿制度或者刑事和解制度本身的误解，更多地则表现出对民事赔偿和刑罚之间关系的担忧。归结起来，这在实质上就是刑事案件适用民事赔偿进而对犯罪人予以从宽处罚是否背离罪刑法定原则，僭越刑法面前人人平等以及违背罪责刑相适应原则。面对民事赔偿影响刑事责任与刑法基本原则所可能发生的冲突，我们应该直视其中的问题，从规范角度提供规制的途径与方法。公众对刑事案件中民事赔偿影响刑事责任的正当性的怀疑，更多地表现在认为民事赔偿影响量刑违背了刑法基本原则。然而，刑事案件中的民事赔偿与刑法基本原则之间并不存在必然的冲突和对立。只不过，司法实践操作过程中出现了背离刑法基本原则的做法。对此，可以通过强化裁判文书说理、规范案件指导制度以及将民事赔偿作为法定从宽处罚情节加以规定来规范刑事案件中民事赔偿的适用，从而打消公众疑虑。

第八章，死刑案件中刑事和解的正当性。本章的主要观点是：刑事和解与刑法理论相契合，与法治环境相融合，与多元化的利益需求和和谐社会的构建相吻合，并与刑事附带民事诉讼制度以及刑事被害人国家补偿制度存在功能上的互补。据此，刑事和解制度具有普遍正当性。死刑案件中的刑事和解与“以钱买命”存在的本质区别决定了二者不能混为一谈。刑事和解与司法腐败没有必然联系。刑事和解是限制死刑适用的有效途径。“重罪不和解”的观念存在正当性缺失。据此，死刑案件中的刑事和解具有特殊正当性。在刑事和解制度被法律明文规定之前，死刑案件中的刑事和解应被视为限制死刑适用的酌定量刑情节。

第九章，死刑案件中民事赔偿的实证分析。本章的主要观点是：死刑是历史上最古老的刑罚。在奴隶社会和封建社会，死刑一直受到了历代统治者的青睐。进入资本主义社会后，特别是近代以来，受自由主义启蒙思想的影响，一些学者对死刑的合理性提出质疑，并主张废除死刑。自20世纪70年代以来，西方社会基于对现代刑事追究模式的反思，认识到片面强调公诉制度导致了对被害人与犯罪人之间矛盾的遗忘，特别是对被害人的感受和利益照顾不周，因而出现了从“报应性司法”向“恢复性司法”的转向，旨在通过调解、道歉、真诚悔过、积极赔偿等方式，恢复被害人与犯罪人、社区之间的关系。与之相对应，我国在建设社会主义和谐社会的大背景下，司法部门也在推行死刑案件的民事赔偿制度。这不仅有利于修复社会关系，快速有效地恢复遭破坏的司法和社会秩序，而且更是对长期以来片面强调司法权的一种反思，体现了以人为本的思想，有利于助推和谐司法。通过民事赔偿工作的有效施行，有助于实现控制死刑的目的，维护被害方利益，缓解社会矛盾，减少对抗。由于这还是一项新的尝试，在司法实践中也引起了许多争议，并在具体执行上也存在一些薄弱环节，一定程度上影响了民事赔偿的效果。为此，本章从死刑案件民事赔偿的基础理论入手，结合湖北省就死刑案件的审判实践，对死刑案件中民事赔偿的适用问题进行了深入分析，指出目前存在的主要问题，并提出了完善建议。

与以往我国学者多从量刑的角度对民事赔偿的刑法意义进行研究有所不同，本书针对民事赔偿在定罪中所产生的影响这一问题进行了研究。在分析民事赔偿对刑事责任所产生的影响时，本书不受限于进行单纯的理论探讨，而是以我国司法实践为基础，就民事赔偿对刑事责任的影响这一问题进行系统研究。

本书是在针对本人主持的中国法学会2013年度部级法学研究一般课题“民事赔偿对刑事责任影响研究”所撰写的结项成果的基础上，经修改和补充完善而成的。本书的具体写作分工如下：郭辉（中央司法警官学院副教授、法学博士）撰写第一章；王志祥、郭辉撰写第二章；何恒攀（铁道警察学院副教授、法学博士）、黄云波（天津大学讲师、法学博士）撰写第三章；

敦宁（大连海事大学教授、法学博士）撰写第四章；韩雪（公安部道路交通安全研究中心法规室副研究员、法学博士）撰写第五、六章；王志祥、张伟珂（中国人民公安大学副教授、法学博士）撰写第七章、第八章；田淼（法学博士，中国社会科学院法学所博士后研究人员，中央政法委法学研究所特聘研究员，全国法院审判业务专家，湖北省诉讼法学研究会副秘书长，湖北省高级人民法院三级高级法官）撰写第九章。

由于本书是多人合作的产物，行文有所差别实属在所难免，书中的观点及论证也难免有不足和疏漏之处。在此，敬请广大读者朋友批评指正。

王志祥

2020 年 2 月 15 日

目录

第一章

民事责任与刑事责任关系的历史嬗变

与在刑民严格分立时期民事责任与刑事责任绝对加以区分有所不同的是，在目前民法与刑法出现融合的形势下，民事责任与刑事责任之间的关系发生重大的转变。民事责任的承担对刑事责任的承担状况产生了一定的影响，承担了较多民事责任的犯罪人会被从宽判处刑罚，甚至被免除刑罚。从历史发展角度看，民事责任和刑事责任关系的这种变化符合社会发展的需要。基于特定历史时期法律功能的不同，民事责任和刑事责任之间的关系一直处于变化之中，两者之间经历了模糊、分化、融合的大体演变过程。分析民事责任和刑事责任关系的历史演变过程并探寻变化背后的原因，有助于正确把握二者之间的关系。

一、古代法上民事责任和刑事责任之间的界限模糊

在原始社会，由于没有形成真正的国家及相关国家机构，对侵害个人利益的争端往往通过氏族部落之间或私人之间的血族复仇、同态复仇制度予以解决。氏族部落解体后，形成了以地缘关系为纽带的国家。国家以成文法的形式规定了侵犯私人利益的法律责任，逐步限制并彻底废除了私人之间的同态复仇制度。但在古代法上（前资本主义法时期），加害人承担的法律责任的特征总体上表现为民事责任和刑事责任之间的界限模糊。这种特征无论是在罗马法中还在在中国古代法中都有明显的

体现。

（一）法律形式表现为诸法合体、民刑不分

古代法的总体特征表现为诸法合体、民刑不分，“古代法律大抵都是诸法合体，并没有什么民法、刑法的分别，中国古代是这样，外国古代也是这样。”〔1〕但东西方国家诸法合体的立法路径却体现出不同的特点：东方国家的法律表现为以刑律为主，民法规范规定在刑律之中；西方国家的法律表现为以民事法为主，许多刑事犯罪被作为侵权行为处理。

在中国古代，立法较为发达，法律总体表现为“礼法结合、诸法合体、民刑不分、以刑为主”的特征。如我国第一部系统的成文法典、战国时期李悝编纂的《法经》分为“盗、贼、网、捕、杂、具”六篇，其中“盗”是保护封建私有财产的法规。“贼”是防止叛逆、杀伤，保护人身安全和维护封建社会秩序的法规。“囚”是关于审判、断狱的法律。“捕”是关于追捕犯罪的规定。“杂”是有关处罚狡诈、越城、赌博、贪污、淫乱等行为的规则。“具”是一篇关于定罪量刑、从轻从重等法律原则的规定，相当于近代法律的总则部分。从《法经》的编撰体例可以看出，《法经》中几乎都是关于犯罪及如何追究犯罪人刑事责任的规定，对民事违法行为的规定几乎没有。汉高祖刘邦时期制定的《九章律》（也称为《汉律九章》）在《法经》六章基础上增加了“户律”“兴律”和“厩律”三篇。其中，“户律”是关于户口管理、婚姻制度和赋税征收方面的，主要是涉及行政管理的法律。“兴律”主要规定征发徭役、城防守备等内容。“厩律”主要规定牛马畜牧和驿传方面的内容。《九章律》仍然

〔1〕［英］亨利·梅因：《古代法》，沈景一译，商务印书馆1996年版，第1页。

以刑事法律规范为主，仅有少数条文涉及民事方面的内容。《唐律疏议》分为十二篇，第一篇“名例律”相当于现代刑法总则，主要规定了刑罚制度和基本原则。第二篇“卫禁律”主要是关于保护皇帝人身安全、国家主权与边境安全的内容。第三篇“职制律”主要是关于国家机关官员的设置、选任、职守以及惩治贪官枉法等内容。第四篇“户婚律”主要是关于户籍、土地、赋役、婚姻、家庭等内容，以保证国家赋役来源和维护封建婚姻家庭关系。第五篇“厩库律”主要是关于饲养牲畜、库藏管理，保护官有资财不受侵犯的内容。第六篇“擅兴律”主要是关于兵士征集、军队调动、将帅职守、军需供应、擅自兴建和征发徭役等内容。第七篇“贼盗律”主要是关于严刑镇压蓄意推翻封建政权，打击其他严重犯罪，保护公私财产不受侵犯的内容。第八篇“斗讼律”主要是关于惩治斗殴和维护封建的诉讼制度的内容。第九篇“诈伪律”主要是关于打击欺诈、骗人的犯罪行为，维护封建社会秩序的内容。在第十篇“杂律”中，凡不属于其他“分则”篇的都在此加以规定。第十一篇“捕亡律”主要是关于追捕逃犯和兵士、丁役、官奴婢逃亡的规定，以保证国家兵役和徭役征发和社会安全。第十二篇“断狱律”主要是关于审讯、判决、执行和监狱管理的内容。由此可见，《唐律疏议》仅在“户婚律”和“杂律”两篇中规定了一些民事、行政方面的立法内容，绝大多数的内容均属于刑法范畴。《大明律》和《大清律例》也主要以刑事犯罪为规制对象。在《大清律例》总共四百三十六条的条文中，约有四十条的内容涉及婚姻、继嗣等民事方面的内容。

在中国长达四千多年的奴隶制、封建制社会中并没有出现独立的民事部门法，民事规范被零散地规定在刑事立法之中。“在中国，虽然拥有从古代就相当发达的文明的漫长历史，却始终没有从自己的传统中生长出私法的体系。中国所谓的法，一方面就是刑法，另一方面则是官僚制统治机构的组织法，由行政以执行规则及针对违反规则行为的罚则构成。"〔1〕中国古代法之所以表现出"民法的刑法化"特征，其主要原因在于中国古代社会对"礼"的格外重视，"礼"是全面调整社会关系的规范，绝大多数民事法律关系都可以用"礼"来加以调整。当"礼"不能进行有效调整的时候，这种行为一旦超越了社会容忍的限度，就应该用"刑"规制，"出礼则入刑"贯穿于整个中国古代法。对于中国古代法的特征，梁治平先生有过经典的论述，"数千年来中国只有一种法律，那就是刑律，此乃道德之器械，它以内在的道德评判与外在的刑罚等级相配合，构成了一张包罗万象的大网，其中无所谓民事与刑事、私生活与公共生活，只有事之大小与刑之轻重。"〔2〕

与古代中国法律所具有的"民法包含于刑法"特征不同的是，在古罗马，私法更为发达，刑事法律规范包含在民事法律之中。无论是作为罗马法源头的《十二铜表法》还是优士丁尼皇帝时期的《罗马法大全》（基于罗马私法的发达，也被称为《民法大全》），都对民事生活做了较为全面的规定，仅仅在"公犯"或"私犯"章节中对一些犯罪行为进行了规定。《十二铜表法》分为"传唤、审判、求偿、家父权、继承及监护、所有权及占有、房屋及土地、私犯、公法、宗教法、前五表之补充、后五表之补充"等十二篇，其内容既有法律的内容，也有宗教、习惯的规定。既有实体法的内容，也有程序法的规定，

〔1〕［日］滋贺秀三："中国法文化的考察——以诉讼的形态为素材"，载《比较法研究》1988年第3期。

〔2〕梁治平：《寻求自然秩序中的和谐》，中国政法大学出版社2002年版，第262页。

充分体现了“诸法合体、民刑不分”的特征。《罗马法大全》是《法学阶梯》《学说汇纂》《优士丁尼法典》和《优士丁尼新律》四部法律的总称。从总体上看，罗马法规定的主要是关于民事主体、物及家事法等内容，其中掺杂着程序法和一些刑法的内容。在罗马法中，刑事犯罪规定内含在民事私法之中。关于罗马法的性质，艾伦·沃森指出，“民法法系法典化以前的年代里，《民法大全》在根本上决定着整个私法的特征。”〔1〕

（二）民事侵权与刑事犯罪没有截然分开

在古代中国，用“礼”调控道德和民事活动，“出礼则入刑”，在当代法中被认为属于民事违法的许多行为在中国古代法中被作为犯罪行为处理，违反规定者要受到刑事责任追究，承担“笞、杖、徒、流”等刑罚处罚。如《周礼》规定“凡民同货财者，令以国法行之，犯令者，刑罚之”。《唐律疏议》“户婚律”中规定“诸祖父母，父母在，而子孙别籍异财者，徒三年”，“诸同姓为婚者，各徒二年”。“杂律”规定“诸负债违契不偿，一匹以上，违二十日笞二十，二十日加一等，罪止杖六十，三十匹加二等，百匹又加三等”。此后的《大明律》《大清律例》也做了类似的规定。中国古代传统法律在家庭、买卖、债务、保管、侵权等民事方面一律进行刑事化。

罗马法中民事责任和刑事责任界限模糊的另一重要表现是，许多侵害私人利益的行为属于不法侵权而非刑事犯罪，某些民事违约行为也作为犯罪处理，侵权行为和犯罪行为没有截然分开。根据《十二铜表法》和《罗马法大全》的规定，盗窃、凌辱甚至是强盗与扰害、文字诽谤（或口头诽谤）都是在当事人

〔1〕［美］艾伦·沃森：《民法法系的演变及形成》，李静冰、姚新华译，中国政法大学出版社1992年版，第169页。

之间发生"债"（罗马法称之为"法锁"）的原因，都属于私犯的范畴，对受害人的损失都可以用赔偿的方式弥补，这些行为都属于民事不法行为。梅因认为，"我们在习惯上认为专属于犯罪的罪行被完全认为是不法行为，并且不仅是盗窃，甚至是凌辱和强盗，也被法学专家把它们和扰害、文字诽谤及口头诽谤联系在一起。所有这一切都产生了'债'或者说是法锁，并都可以用金钱支付以为补偿。"〔1〕西罗马帝国灭亡后，日耳曼帝国的法律将债与责任进行了区分，但并没有严格区分民事责任与刑事责任，而仍然把许多民事违约、侵权行为当做刑事犯罪处理。"根据日耳曼法，当债务人不履行债务时，债权人可以把债务人当做奴隶使用或卖与他人。债务人不履行清偿债务的判决，可以被处以人格剥夺（Friellossigkeit）的重刑，债务人的身体得由他人任意杀害。所有财产除一部分交付给债权人外，其他一概被没收。""古代的复仇及罚金之制为损害赔偿方法，同时又是制裁的手段，同一制度兼有刑事及民事之二重作用。"〔2〕因此，梅因指出，"如果一种侵权行为或不法行为的标准是，被认为受到损害的是被损害的个人而不是国家，则可以断言，在法律学幼年时代，公民赖以保护使其不受强暴和欺诈的，不是犯罪法而是侵权行为法。"〔3〕

（三）民事责任和刑事责任承担方式同一化

与中国古代法用刑法调整民事关系相对应的是，中国古代

---

〔1〕［英］亨利·梅因：《古代法》，沈景一译，商务印书馆1996年版，第208页。

〔2〕李宜深：《日耳曼法概论》，商务印书馆1994年版，第78页。转引自刘彦辉："民事责任与刑事责任比较研究"，黑龙江大学2010年博士学位论文，第48页。

〔3〕［英］亨利·梅因：《古代法》，沈景一译，商务印书馆1996年版，第214页。

法用刑罚的方式处罚民事侵权行为，凡是纳入到律法规定中的侵权行为都要承担较为严厉的刑罚责任。这种特征不仅仅存在于中国古代法中，整个东方国家的古典法莫不如此。如古西亚地区的《摩西法》规定，杀人、绑票、强奸属于重罪，处死刑。侮辱、伤害则科以罚金或者实行同态复仇，拦路抢劫和偷盗处以所侵犯财产的二倍、三倍或四倍的金钱赔偿。古巴比伦的《汉谟拉比法典》规定伤害他人的，统一承担同态复仇或赔偿金责任。该法典第 196 条规定，“如果一个人挖出了另一个人的眼睛，他的眼睛也该被挖出来”。第 197 条规定，“如果他打碎了另一个人的骨头，将打碎他的骨头”。第 199 条规定，“如果他挖出了奴隶的眼睛，或者打碎奴隶的骨头，他将付它的价值的二分之一”。第 200 条规定，“如果一个人击落他人的牙齿，他的牙齿也该被打掉”。古埃及的《圣经·旧约》第 21 章规定，“若有别害，就要以命偿命、以眼还眼、以牙还牙、以手还手、以脚还脚、以烙还烙、以伤还伤、以打还打。”

在罗马法上，法律责任的承担则表现出与中国古代法完全不同的路径。对侵犯私人利益的私犯行为者而言，主要承担的是金钱赔偿措施而非刑罚处罚。如《阿奎利亚法》规定，“凡不法杀害他人的男奴隶或他人的女奴隶或他人之四足牲畜者，须以被害物当年的最高价值向其所有主以金钱赔偿。”“凡不法杀害他人的奴隶和牧群中的牲畜，或杀死、伤害其他动物以及毁灭损害其他物件的，行为仍应按加害之日起 30 日内被加害动物或物件的最高市价赔偿损失。”〔1〕《十二铜表法》第八表“私犯”记载，“毁伤他人肢体而不能和解的，他人亦得依同态复仇

〔1〕 叶秋华、刘海鸥：“论古代罗马侵权行为法的发展演变”，载《法学家》2006 年第 6 期。

而毁伤其形体。折断自由人一骨的，处300阿斯的罚金，如被害人为奴隶，处150阿斯的罚金”，“对他人的偶然侵害，应负赔偿之责”。《西撒克逊国王伊尼的法典》第11条规定，“假如任何人把自己的同胞卖到海外去，不论是非自由人或是自由人(即使是犯罪者)，他必须支付他（指被卖人）的偿命金。”[1]《汉谟拉比法典》第209条规定，“倘自由民殴打自由民之女，以致此女堕胎，则彼因使人堕胎，应赔银十舍克勒。”第256条规定“倘为放牧牛羊人不诚实，交换标记，或者出卖牧口，则应受检举，彼应按其所盗窃之牛羊数，十倍偿还其主人。”在优士丁尼皇帝当政时期，对于窃盗行为，失主可以通过请求盗窃犯四倍赔偿的方式解决纠纷，“抢劫犯必须赔偿被害人四倍于其所抢价值的财物。”[2]由此可以看出，古代的复仇及罚金之制为损害赔偿方法，同时又是制裁的手段，同一制度兼有刑事及民事之二重作用。

（四）追究民事责任和刑事责任适用同一诉讼程序

在古代法上，还没有建立起像现代国家一样性质不同的民事诉讼和刑事诉讼程序，没有建立专门审理民事案件的审判庭和专门审理刑事案件的刑事审判庭。在中国古代，地区的行政长官既负责该地区的行政事务，同时也是司法裁判者。对于侵犯私人利益的犯罪行为和违法侵权行为均实行受害人起诉原则，仅是在责任承担方式上有所区别。一旦侵犯私人利益的行为超越限度，构成对统治阶级利益的损害，就要受到严厉的刑罚制裁。如果罪行轻微，由受害人和加害人协商解决，协商无果情况下，行政长官就会判决加害人承担一定的惩罚性责任。

---

〔1〕 张中秋：《中西法律文化比较研究》（第3版），中国政法大学出版社2006年版，第122页。

〔2〕 刘东根：《刑事损害赔偿研究》，中国法制出版社2005年版，第9页。

在罗马法上，较早出现了罚金之诉和赔偿之诉两种不同的诉讼。通过罚金诉讼支付的赔偿额远远高于普通赔偿诉讼中的赔偿金额，对于超过损失部分的罚金体现着惩罚或报复。但是，两种诉讼的差异仅仅体现在责任承担的程度不同，对于两种诉讼的程序并没有得到清晰的划分。追究当事人民事责任的民事诉讼和追究犯罪人刑事责任的刑事诉讼的真正分离是在实体法和程序法完全分离之后发生的，其标志是 1808 年《法国民事诉讼法典》的颁布。

可见，在前资本主义社会中，民事责任和刑事责任之间并没有存在严格的界限，在现代社会中被作为刑事法范畴的许多犯罪行为允许通过民事赔偿的方式由当事人进行和解，民事责任可以替代刑事责任，侵犯私人犯罪的刑事法律关系的主体是加害人和被害人，对犯罪人进行求刑的权利主要归属于被害人而非国家，刑事犯罪包含于民事侵权之内。这种民事责任和刑事责任一体化的特征无论是在西方的古罗马法中还是在东方的中国法律中都有体现。

二、近代法中民事责任和刑事责任之间的分离

尽管早在古罗马时期，法学家乌尔比安就提出了公法和私法的划分，但公法和私法的真正二元分立、刑法与民法的完全分开、民事责任和刑事责任的彻底分离却是在资本主义社会建立后的事情。法学家乌尔比安认为，“它们（指法律）有的造福于公共利益，有的则造福于私人。公法见之于宗教事务、宗教机构和国家管理机构之中。”〔1〕大约在 16 世纪以后，个人主义

---

〔1〕［意］彼德罗·彭梵得：《罗马法教科书》，黄风译，中国政法大学出版社 1992 年版，第 9 页。

思想占据主流形态，认为国家利益和个人利益是两种不同的利益，主张个体理性、自由，逐渐在政治国家之外形成了新的市民阶层，形成了市民社会与政治国家二元分野的状况。为了保证私权的行使不受到公权的干涉，立法者在法律领域内部划分出严格的公法和私法界限，二者属于性质不同的法律领域，在私法领域内禁止或排斥国家以任何理由进行干涉，即公共管理领域和私人自治领域是两个丝毫不能相互交叉的范畴。“它注意区分私法关系和公法关系，在私法领域中，私法关系的产生、变更和消灭是由个人的意思决定的。国家对民事关系承担守夜人的角色，不直接干预私法关系。国家的主要任务是保护个人的意思自治和个人权利不受侵害，并承担仲裁人和调停人的角色。”〔1〕这种公法和私法的划分反映到法典中就是在传统的私法体系中将有关调程序法的规定和非平等主体之间关系的规范另行纳入到其他法典中。例如，法国民法典尽管主要效仿了罗马法人法、物法、诉讼法的体例，但在立法时将诉讼法法律规范从民法中拿出，设立了人法、财产法和取得财产的各种方法三编体例。德国民法典做得更为彻底，通过潘德克顿体系规定了总则、物权、债权、亲属、继承五编。随着社会的发展，刑民关系得到清晰，刑民分立程度成为国家文化进步的标杆。〔2〕

与实体法和程序法分离相对应，17、18 世纪大陆法系的一些国家建立了双重法院系统：行政法院和普通法院；公法案件由行政法院管辖；私法案件由普通法院管辖。对于犯罪行为，由国家专门设置的起诉机关提起诉讼，实行公诉制度。对于民事侵权行为，由被害人自己提起诉讼，实行不告不理原则。国

〔1〕 王利明：《民法总则研究》，中国人民大学出版社 2003 年版，第 78 页。

〔2〕 沈玉忠：“刑事责任与民事责任衔接与协调的实现——以损害赔偿为切入点”，载《武汉科技大学学报（社会科学版）》2008 年第 1 期。

家取代被害人地位、成为刑事诉讼的主角的标志是1116年的“亨利改革”事件。亨利一世在《亨利西法》中创设了“国王的和平”理念，认为那些侵犯私人利益的私犯罪行违反了国王的和平，因此国王便替代被害人成为犯罪的主要受害人。对此，霍华德·泽尔（Howard Zahr）描述道，“公共侦查者逐渐地成为公共起诉者，当政府中央集权确立的时候，国家变成被界定为犯罪的被害人，以及对犯罪者处以罚金的征收者。事实上是国家取代了被害人，抹杀了被害人。”〔1〕实体法与程序法的分离及针对不同侵害设置不同诉讼程序的做法为民事责任和刑事责任的彻底分离奠定了基础。19世纪以后，刑事犯罪和民事侵权严格区分，民事侵权属于私法范畴，其承担的民事责任是平等主体之间承担的以损害赔偿为主要形式的法律责任。不管是侵犯私人利益的“私犯”还是侵犯国家社会利益的“公犯”都属于刑事犯罪行为，犯罪行为人承担刑事责任，刑事责任是以剥夺生命、自由等为主要刑罚方式的法律责任。

民刑分离以后，法学界对有关犯罪和民事侵权区别的认识逐渐清晰。犯罪是侵犯国家利益和社会利益的行为，国家有权力依照刑法对犯罪人实施刑事制裁。侵权行为属于侵犯私人利益的违法行为，关注的是被害人所受损害的赔偿问题，是侵权人和被害人这两个私人之间的问题，不属于刑法领域。犯罪与侵权本质上的差异使得对刑事责任和民事责任两种不同法律责任的本质认识也逐步清晰。尽管二者都属于法律责任，但两者从分立开始基于承载的功能不同就产生了众多的差异：

第一，两种责任功能不同。民事责任的功能是通过加害行

〔1〕房保国：《被害人的刑事程序保护》，法律出版社2007年版，第16－17页。

为人的责任承担恢复被害人遭受的损失，使其达到没有受到损害前的状态。刑事责任的功能是通过对行为人刑事责任的追究使犯罪行为得到应有的惩罚，并警告行为人和社会其他人不要（再）犯罪，实现对犯罪的预防。刑事责任是个人对犯罪行为承担的责任，本质上是犯罪人对国家承担的责任。“一个人犯了罪，从犯罪的时候开始，就与国家发生刑事法律关系，所以，刑事责任的实质也就是犯罪人与国家及其司法机关之间的权利义务关系。”〔1〕

第二，两种责任对主观过错的要求不同。民事责任的本质是对加害行为造成后果的恢复，故而体现在责任构成方面故意与过失在责任承担方面没有很大差别，为了保护被害人利益而在以过错责任为主要归责原则基础上规定了无过错责任原则。刑事责任的功能在于预防和惩罚犯罪行为，故而以行为人对国家利益、社会利益“故意”侵犯为主要规制对象，特殊情况下考虑过失，对于没有过错的行为不承担任何刑事责任。刑事责任或者说公法责任惩罚的是当事人“恶”，反映一种道义上的关系。民事责任或私法责任由于不关注行为人的主观心态，考虑的是当事人造成后果的赔偿，因而具有功利性，反映着一种功利关系。“公法责任反映道义关系，私法责任反映功利关系。公法责任是道义责任，其归责基础是主观过错或道义恶性。私法责任是功利责任，其归责基础是损害后果。”〔2〕

第三，两种责任的承担形式不同。民事责任和刑事责任具有不同的责任实现方式，不同的责任方式体现了不同的责任性

---

〔1〕高铭暄主编：《刑法学原理》（第1卷），中国人民大学出版社1993年版，第419-420页。

〔2〕孙笑侠：“公、私法责任分析：论功利性补偿与道义性惩罚”，载《法学研究》1994年第6期。

质。民事责任作为以恢复被侵害的利益为主的责任，建立了停止侵害、排除妨碍、消除危险、返还财产、恢复原状、修理、重作、更换、赔偿损失、支付违约金、消除影响、恢复名誉、赔礼道歉[1]等十种责任体系。刑事责任作为以惩罚和预防为主的责任，建立了五种主刑，即管制、拘役、有期徒刑、无期徒刑、死刑和四种附加刑，即罚金、剥夺政治权利、没收财产、驱逐出境。[2]

此外，二者在责任产生前提、责任承担主体、责任承担方式以及通过责任追究所体现的国家法律评价性质等方面都存在着质的显著差异，由此决定了两者是截然不同的法律责任，并且合乎逻辑地产生了一个基本规则，即刑事责任与民事责任不可相互转换、相互替代。[3]

在法律领域中划分公法与私法，区分犯罪与侵权并赋予刑事责任和民事责任两种不同法律责任后果，具有重要的意义。在民事领域内，如果行为人的违法侵权行为没有达到严重危害社会的程度并进而需要刑法进行调整时，则刑法不得对其进行调整，不能使无罪的人无辜受到刑事责任的追究。在刑事领域内如果行为人的行为已经构成了犯罪，必须依照刑法对其进行责任追究，不能因为其承担民事责任而放弃对其刑事责任的追究。两种行为性质不同，故而两种责任不能替代。以民事责任的承担替代刑事责任的承担，则严重背离了刑事责任承担必然性的基本要求——构成犯罪的行为人，除告诉才处理的案件外，都必须承担相应的刑事责任，毫无例外地接受国家对其犯罪行

---

〔1〕《中华人民共和国民法通则》第134条。

〔2〕《刑法》第33条、第34条、第35条。

〔3〕杨忠民："刑事责任与民事责任不可转换——对一项司法解释的质疑"，载《法学研究》2002年第4期。

为的否定性评价和对其道德上的谴责。[1]

刑法和民法分别立法，刑事责任与民事责任的彻底分离，改变了前资本主义社会关于犯罪本质的认识。不管是侵害国家利益的公犯还是仅仅侵害个人利益的私犯，凡是违背刑法典明文规定的犯罪行为，首先都是对国家、社会秩序的破坏，行为人要向国家承担刑事责任。犯罪之所以是犯罪，是因为它是一种直接并严重威胁着社会的安全和福利的不法行为。[2]刑事法律关系的主体是国家与加害人而非加害人与被害人，被害人将追究加害人刑事责任的求刑权让渡给国家，针对侵犯私人利益的犯罪不允许加害人和受害人之间的和解而免除加害人的刑事责任承担。一旦行为人的行为构成犯罪，追究犯罪人的刑事责任便成为国家的权利和义务，受害人无权决定是否追究犯罪人的刑事责任，刑事责任的承担方式排除了对受害人的损害赔偿。如果受害人和犯罪人就犯罪人的刑事责任问题进行和解，不追究犯罪人的刑事责任，则受害人有可能构成“私自和解罪”。“此罪指的是讨价还价，不起诉犯了重罪的罪犯。如果你向盗窃犯承诺，只要他退回从你处偷的东西，就不控告他，则你便犯此罪。……由于法不只是允许受犯罪之害的人控诉，而且还允许其他社会成员控告，因此，凡实施此类私自和解行为的人都有罪，哪怕他未受任何危害，且确实与犯罪毫无关系”。[3]例如，我国的《明律》规定，“凡祖父母、父母及夫，若家长为人所杀，而子孙、妻妾、奴婢、雇工等人私和者，杖一百，徒三

[1] 杨忠民：“刑事责任与民事责任不可转换——对一项司法解释的质疑”，载《法学研究》2002年第4期。

[2] 李居全：《犯罪概念论》，中国社会科学出版社2000年版，第118页。

[3] [英] J. W. S. 塞西尔·特纳：《肯尼刑法原理》，王国庆等译，华夏出版社1989年版，第440页。

年。期亲尊长被杀而年幼私和者，杖八十，徒二年”。古典刑法学派的创始人贝卡利亚认为，刑事损害赔偿是被害人的民事权利，受害的公民个人可以宽免侵害者的赔偿，可以处分他的民事权利，但是无权取消刑事惩罚，因为刑罚权属于社会，而不属于个人。[1]而对那些侵犯私人利益尚没有构成犯罪的侵权行为，则允许受害人及其家属追究民事责任，即使加害人没有更好地履行义务，违反了侵权法或契约法的规定，行为也不构成犯罪，不必承担刑事责任。

三、当代法中民事责任和刑事责任的融合

进入到20世纪，社会主流思想由个人本位发展到社会本位，市民社会与政治国家完全相对立的观点越来越边缘化。取而代之的观点是，国家应该从各个角度管理、服务市民社会，加强国家对经济的宏观调控与微观管理。在法律领域内，法律的本位从近代的个人本位向社会本位发展，在传统的二元对立的公法、私法之间出现了中间法——社会法。由此，公、私法绝对分离状态得以形成。在民事责任领域出现了惩罚性赔偿责任，在刑事责任领域非刑罚方法得到更为广泛的适用，刑法谦抑性理念越来越受到重视，部门法相互之间出现了融合现象，呈现出“刑法的民法化”和“民法刑法化”现象。

刑事责任和民事责任出现融合的原因在于：

第一，对赔偿功能的认识不断深化。“补偿包括两个方面或两个部分，即过去的补偿和将来的补偿。前者称作损害赔偿；

〔1〕［意］贝卡里亚：《论犯罪与刑罚》，黄风译，中国大百科全书出版社1993年版，第60页。

后者则在于抑制罪恶。”〔1〕从责任实现的功能看，民事赔偿除了最基本的损害恢复功能外，也具有刑事责任的惩罚功能。刑事惩罚除了具有报应与预防功能外，对被害方的心理也起到抚慰安抚作用，具有一定的恢复（主要指恢复被害人心理创伤）功能。民事责任承担时，责任人向被害人赔偿损失，无疑会减少自己的原有财产，会令其感受到法律对他的惩罚，基于此其在以后的生活中尽量地加大自己行为的注意义务，避免民事不法行为的发生。赔偿在实现对被害人损害恢复的同时暗含有惩罚和预防作用，尽管与刑事惩罚相比可能是不明显的。“否认现代侵权赔偿制度包含着遏制因素，就像否认古代侵权惩罚制度所包含的补偿因素一样，是十分肤浅的。”“尽管赔偿在表面上仅仅意味着财产上的给付义务，但这种给付所蕴含的道德评价是显而易见的。”〔2〕正是因为赔偿包含有惩罚性因素，因而不少人认为在刑罚实现方式中可以通过赔偿的方式来实现刑事责任。

第二，犯罪与民事不法侵权界限的模糊。民事不法行为与刑事犯罪行为之间不存在泾渭分明的界限。在社会生活日益多样化和复杂化的情况下，“刑民之分并非如大多数人所想象的那样界限分明，二者之间是存在一个‘模糊地带’”。〔3〕很多情况下（尤其在侵犯私人利益的场合），在民事不法行为与刑事犯罪行为之间的区分是以量的积累的“度”作为划分标准，例如盗窃行为是以盗窃数额的幅度作为定罪与否的关键，当盗窃数额达到1000元以上标准时行为构成犯罪，反之，盗窃数额在

---

〔1〕［英］吉米·边沁：《立法理论》，李贵方等译，中国人民公安大学出版社2004年版，第331页。

〔2〕刘东根：“论刑事责任与民事责任的转换——兼对法释［2000］33号相关规定的评述”，载《中国刑事法杂志》2004年第6期。

〔3〕于改之：《刑民分界论》，中国人民公安大学出版社2007年版，第1页。

1000元以下时属于违法，而在999元与1000元之间从违法的性质方面看并无多大的区别，并不存在本质的差异性。很多时候，犯罪量化是刑法无奈的选择。“不同行为因为量的差别而被人为地进行了质的区分，违法与犯罪在人为划定的量的两侧得以分野。”[1] 换句话说，哪些行为被认为是民事不法行为应当追究民事责任，哪些行为被认为是刑事犯罪行为应当追究刑事责任，是人们根据国家维护秩序和保护法益的需要通过立法规定的，人类的制度设计是界定不法行为的性质及其责任类型的决定性因素。民事侵权是作为民事违法行为还是作为刑事犯罪行为，并不是固定不变的。民事不法行为与犯罪行为之间的这种转化关系决定了民事责任的承担在特定情况下能够实现刑事责任的功能，民事赔偿会对刑罚实现产生一定的影响。

第三，对犯罪的认识经历了由国家和加害人之间的关系到犯罪人和国家、具体被害人的转变。近代社会的刑罚以报应性刑罚为主流。依据报应性刑罚理论，犯罪是严重侵犯国家社会利益的行为，行为人必然对其行为的后果承担责任，刑事责任的承担是对其实施侵权行为的“报复”。侵犯私人利益的犯罪行为一旦超越了民法调整的界限，就构成了对国家秩序的侵害，追究犯罪人的刑事责任仅仅是国家的事情，被害人只能追究犯罪人的民事责任，对犯罪人是否判处刑罚及判处多大的刑罚都由国家司法机关来决定，由此剥夺了被害人参与刑事诉讼的权利。进入20世纪以后，刑法学者认为，刑事责任的目的不是对犯罪人的“报复”，而是恢复犯罪破坏的社会关系，因此，在追究犯罪人刑事责任的时候应该关注对被害人利益的保护。如果

〔1〕 周宜俊：“刑法适度性原则研究——以法定犯为视角”，载游伟主编：《华东刑事司法评论》（第8卷），法律出版社2006年版，第33页。

犯罪人的事后弥补行为使得被害人的心理伤害减轻，法律应该减轻犯罪人的责任，使犯罪人尽早回归社会。与这种对犯罪的认识改变相适应，刑事责任领域出现了恢复性司法制度。恢复性司法又称为修复性司法，其核心在于通过犯罪人与被害人之间的直接对话、协商来解决刑事案件。“恢复性司法被视为刑事司法的一个替代模式。它被认为是对犯罪做出的一种独特反应，有别于改造性和报复性（只是惩罚）的反应。它实行的一种办法是‘在一项具体犯罪中有利害关系的所有各方聚在一起，共同决定如何消除这项犯罪的后果及其对未来的影响’”。〔1〕这种恢复性刑事政策不仅主张最低限度的压制，而且主张通过对大量犯罪的非犯罪化和创设替代刑事司法的社会性机构，减少刑事司法的活动范围。〔2〕恢复性司法改变了传统报应性司法制度下单纯认为犯罪是对国家利益侵害的误区，承认在追究犯罪人刑事责任的同时，被害人具有一定的主体地位，可以参与决定犯罪人的刑事责任的大小。

由此可见，在侵犯私人利益的犯罪情况下，被害人地位的变化大致经历这样一个过程：被害人及其家族对犯罪人实施同态复仇或要求赎金，侵害私人利益的犯罪行为不属于对国家秩序的侵害，统治阶级不予干涉；国家将某些侵害私人利益的犯罪行为纳入到刑法典中，由被害人享有起诉权，国家行使惩罚权，实行不告不理；国家既是实施惩罚权的主体同时也是求刑权的主体，国家实施公诉制度，被害人仅仅是国家追究犯罪人时的重要证人，禁止人们实施自力救济。在私力救济被禁止的情况下，被害人不能通过与犯罪人私了的方式获得赔偿，而在

〔1〕何挺：“现代刑事纠纷及其解决”，中国政法大学2008年博士学位论文。

〔2〕宋英辉、许身健：“恢复性司法程序之思考”，载《现代法学》2004年第3期。

国家公诉制度出现后，被害人又退出刑事诉讼的主导地位，这导致对被害人的刑事损害赔偿在刑事法中的缺失；犯罪既是对国家利益的侵害也是对被害人利益的侵害。由国家实施公诉制度，在追究犯罪人刑事责任的时候，被害人意愿起到一定的作用。

第四，社会防卫思想的影响。社会防卫思想认为，社会防卫不应该只是为保障市民人身、财产安全等这一客观目的，更重要的目的是改善那些反社会的人，使之回归社会，即其更强调的是个人的权利、个人的利益。其不赞成国家总是把自己看成刑罚权主体的做法，国家应该首先负起使个人得以改善，使反社会的人重新社会化的义务。[1]因此，对犯罪人不能以单纯的刑罚方式予以处罚了事，必须根据不同情况采取相应措施使其回心转意，真正悔过。如果通过其行为已经表示了悔过心理，就应该给予宽大处理的机会。有学者认为赔偿比短期自由刑更重要，作为短期监禁的替代物，我宁愿以对罪犯的强制赔偿取代极端严厉的强制手段。在轻罪案件中，这种赔偿将基本满足被害人的要求，擦去违法行为给被害人留下的痕迹。就这方面的作用而言，镇压手段是做不到的。[2]

基于上述原因，在当代，刑事责任和民事责任之间的关系表现出一定的融合现象。具体表现为：

第一，民事责任领域偿惩罚性损害赔偿的广泛适用。现代社会中民事责任领域的惩罚和预防功能更为突出，惩罚性赔偿和精神性损害赔偿的规定得以出现，如《中华人民共和国消费者权益保护法》（以下简称《消费者权益保护法》）、《中华人

〔1〕 马克昌主编：《近代西方刑法学说史略》，中国检察出版社 1996 年版，第 312 页。

〔2〕［意］加罗法洛：《犯罪学》，耿伟、王新译，中国大百科全书出版社 1996 年版，第 378 页。

民共和国合同法》（以下简称《合同法》）、《中华人民共和国侵权责任法》（以下简称《侵权责任法》）、《中华人民共和国食品安全法》（以下简称《食品安全法》）和一些司法解释中都有关于惩罚性赔偿金的规定。如《消费者权益保护法》第55条规定，经营者提供商品或者服务有欺诈行为的，应当按照消费者的要求增加赔偿其受到的损失，增加赔偿的金额为消费者购买商品的价款或者接受服务的费用的3倍，增加赔偿的金额不足500元的，为500元。法律另有规定的，依照其规定。经营者明知商品或者服务存在缺陷，仍然向消费者提供，造成消费者或者其他受害人死亡或者健康严重损害的，受害人有权要求经营者依照本法第49条、第51条等法律规定赔偿损失，并有权要求所受损失2倍以下的惩罚性赔偿。《合同法》第113条规定，经营者对消费者提供商品或者服务有欺诈行为的，依照消费者权益保护法的规定承担损害赔偿责任。《侵权责任法》第47条规定，明知产品存在缺陷仍然生产、销售，造成他人死亡或者健康严重损害的，被侵权人有权请求相应的惩罚性赔偿《食品安全法》第96条规定，生产不符合食品安全标准的食品或者销售明知是不符合食品安全标准的食品，消费者除要求赔偿损失外，还可以向生产者或者销售者要求支付价款10倍的赔偿金。《最高人民法院关于审理商品房买卖合同纠纷案件适用法律问题的若干解释》（法释［2003］7号）第8条规定，具有下列情形之一，导致商品房买卖合同目的不能实现的，无法取得房屋的买受人可以请求解除合同、返还已付购房款及利息、赔偿损失，并可以请求出卖人承担不超过已付购房款一倍的赔偿责任：①商品房买卖合同订立后，出卖人未告知买受人又将该房屋抵押给第三人；②商品房买卖合同订立后，出卖人又将该房屋出卖给第三人。第9条规定，出卖人订立商品房买卖合同时，具有下列情形之一，导致合同无效或者被撤销、解除的，买受人可以请求返还已付购房款及利息、赔偿损失，并可以请求出卖人承担不超过已付购房款1倍的赔偿责任：①故意隐瞒没有取得商品房预售许可证明的事实或者提供虚假商品房预售许可证明；②故意隐瞒所售房屋已经抵押的事实；③故意隐瞒所售房屋已经出卖给第三人或者为拆迁补偿安置房屋的事实。

第二，犯罪人承担民事责任可以对其刑事责任承担产生影响。如根据2000年最高人民法院颁布的《关于审理交通肇事刑事案件具体应用法律若干问题的解释》（法释［2000］33号）的规定，在交通肇事仅造成财产损失的情况下，行为人无能力赔偿数额在30万元以上，构成犯罪。据此，如果行为人无能力赔偿数额在30万元以下的，就不构成犯罪。2012年修订的《中华人民共和国刑事诉讼法》（以下简称《刑事诉讼法》）第5编"特别程序"的第2章专门规定了"当事人和解的公诉案件诉讼程序"，这表明刑事和解制度在法律层面得到了规定，为司法实践中具体适用刑事和解制度提供了统一的法律依据。

第三，追究犯罪人的刑事责任与追究加害人民事责任的刑事附带民事诉讼程序出现。大陆法系国家采用的刑事诉讼中附带民事诉讼的程序规定，恰恰说明了民事责任与刑事责任之间并无绝对的分界线，尤其在刑事犯罪侵犯私人利益的时候，既需要行为人对国家和社会承担刑事责任，同时也要向被害人承担损害赔偿责任。国家在追究犯罪行为人刑事责任的时候可以在刑事诉讼（公诉）中一并解决民事赔偿问题，将性质完全不同的两种诉讼纳入到一个诉讼程序之中，也间接地反映了民事赔偿与刑事惩罚功能的一部分相似性。

四、结语

尽管从近代社会以来，民事责任与刑事责任被认为属于性质、功能完全不同的两种责任，但由于两者在功能方面存在一定的交叉融合之处，两者自出现以来一直表现为纠缠不清、千丝万缕的联系。

从历史发展脉络看，民事责任与刑事责任的关系经历了一个由古代法中界限模糊到近代法中完全分离再到现代法中逐渐融合的一种变化趋势，反映着上层建筑对经济基础的能动作用。在生产力水平低下的古代，民事责任和刑事责任混同更能维护统治阶级的利益，更方便群众诉讼、降低诉讼成本，同时令应该承担刑事责任的犯罪行为人对受害人承担民事赔偿来免除刑事责任的追究，更能节约社会成本，毕竟刑罚（尤其是生命刑和身体刑）的实现减少了社会劳动力，不利于生产力的发展。因此，在古代，刑事责任与民事责任的混同具有一定的合理性。到了近代，市民社会和政治国家出现了二元区分，在市民社会内部贯彻绝对的意思自由，反对政治国家的干涉，而在经济领域则实行自由资本主义经济发展模式，反对国家干预。相应的，在法律领域出现了公法与私法、民事不法行为与刑事犯罪、民事责任和刑事责任之间的分离等。及至现代社会，在社会政治领域，社会公共利益被强调，国家管理社会生活的各个方面。在经济领域内，国家干预主义思想占据主导地位，逐步加强国家对经济发展的宏观调控。在法的领域内，法的本位从近代的个人本位向社会本位发展，在公法、私法界限之间出现了中间法——社会法，近代法律建立的公、私法绝对分离状态得以改变。在法领域内的刑事方面，非刑罚方法得到了更为广泛的适用，刑法谦抑性理念越来越受到重视，犯罪人承担民事责任对其刑罚的承担发生影响，“公法的私法化”倾向得以出现。在法领域内的民事方面，惩罚性赔偿责任大量出现，实施违法侵权的行为人不仅要承担恢复损害的赔偿责任，还要承担超过损害之外的惩罚性责任，“民法刑法化”的特征得以呈现。因此，从法律发展历史过程角度看，民事责任与刑事责任之间的关系会依据社会经济生活的不断变化而发生着改变，不存在固定不变的关系。在特定历史条件下，将民事侵权作为犯罪进行处理或承担民事责任的犯罪人的刑罚得以减轻均具有一定的合理性。

第二章

刑事和解视野下民事责任对刑事责任的影响

刑事和解实质上是当事人对民事部分达成和解，并表达对刑事部分如何处理的意见，由办案机关根据具体情况对案件作出处理。[1]我国刑事和解侧重民事赔偿责任的和解、当事人双方精神上的谅解，而不是刑事责任的和解。[2]民事责任和刑事责任分属不同的责任领域，具有不同的性质和功能。而刑事和解制度的出现使得我们不得不深思民事责任的承担状况对刑事责任的影响。这一问题涉及刑事和解制度的存在根基，因而应受到高度重视。本章拟对该问题进行尝试性解答。

一、刑事责任承担的不可替代性

在刑事和解制度中，加害人通过向被害人承担民事责任获得了刑事责任承担上的从宽处理，这是否意味着民事责任的承担替代了部分刑事责任的承担，民事责任与刑事责任之间存在转换可能性呢？要厘清这个问题，就必须对民事责任与刑事责任之间的关系有正确的认识。

---

〔1〕 陈卫东等："专家访谈：刑事和解的理论探讨"，载《中国检察官》2009年第1期。

〔2〕 张朝霞、谢财能："刑事和解：误读与澄清——以与恢复性司法比较为视角"，载《法制与社会发展》2010年第1期。

在生产力水平低下的古代，民事责任和刑事责任相混同，行为人通过承担民事责任的方式替代刑事责任的承担。对此，英国学者梅因通过对侵权和犯罪的早期历史的考察得出了如下结论：我们在习惯上认为专属于犯罪的罪行被完全认为是不法行为，并且不仅是盗窃，甚至凌辱和强盗，也被法学专家把它们和扰害、文字诽谤及口头诽谤联系在一起。所有这一切都产生了债或是“法锁”，并都可以以金钱支付为补偿。如果一种侵权行为或者不法行为的标准是，被认为受到损害的是被损害的个人而不是“国家”，则可以断言，在法律学幼年时代，公民赖以被保护使其不受强暴或者诈欺的，不是“犯罪”法，而是“不法行为”法。〔1〕学者韩忠谟指出，溯其沿革，民事责任和刑事责任实同出一源，古代的复仇及罚金之制为损害赔偿之方法，同时又是制裁的手段，同一制度兼有刑事及民事之二重作用。〔2〕历史进入到近代社会以后，市民社会和政治国家实现了二元区分，在市民社会内部贯彻绝对的意思自由，反对政治国家的干涉，而在经济领域则实行自由资本主义经济发展模式，反对国家干预。相应地，在法律领域出现了公法与私法、民事不法行为与刑事犯罪、民事责任与刑事责任等的分离。民事责任是民事主体违反民事义务而依法应当承担的民事法律后果。〔3〕民事责任是为了补偿受害人的损失而由侵害人直接向受害人赔偿的一种责任方式，当事人对于责任的承担可以在法律允许范围内进行协商。刑事责任是犯罪人因其犯罪行为、根据刑法规定

---

〔1〕［英］亨利·梅因：《古代法》，沈景一译，商务印书馆1959年版，第208页。

〔2〕韩忠谟：《刑法原理》，中国政法大学出版社2002年版，第10页。

〔3〕魏振瀛主编：《民法》（第3版），北京大学出版社、高等教育出版社2007年版，第45页。

应向国家承担的体现国家最强烈否定评价的惩罚义务。[1]刑事责任是为了惩罚行为人的犯罪行为而由行为人直接向国家承担的责任，具有强制性，当事人之间对于刑事责任的承担不允许协商。“一个人犯了罪，从犯罪的时候开始，就与国家发生刑事法律关系，所以，刑事责任的实质也就是犯罪人与国家及其司法机关之间的权利义务关系。”[2]刑事责任的形式构造为，“责任（归责）的主体是加害人，责任的对象是犯罪（违法）行为（法益侵害），责任的客体是国家”。[3]

民事责任与刑事责任的二元分离表明，尽管二者都属于法律责任，但从分立时起二者基于承载的功能不同就产生了众多的差异：①功能不同。民事责任的功能是通过行为人的责任承担恢复到没有受到损害前的状态；刑事责任的功能是通过对行为人刑事责任的追究使犯罪行为得到应有的报应和基于责任承担警告行为人和社会其他人不要实施犯罪，实现对犯罪的预防。②对主观过错的要求不同。民事责任的本质是对加害行为所造成后果的恢复，故而故意和过失在责任承担方面没有很大差别。在民事责任的承担方面，为了保护受害人利益，在以过错责任为主要归责原则的基础上，实行无过错责任原则。由于民事责任或私法责任不关注行为人的主观心态，考虑的是当事人对造成后果的赔偿，因而其具有功利性，反映着一种功利关系。而刑事责任的功能在于预防和惩罚犯罪行为，故而以行为人对国家利益、社会利益的“故意”侵犯为主要规制对象，特殊情况

〔1〕 赵炳寿主编：《刑法若干理论问题研究》，四川大学出版社 1992 年版，第 11-12 页。

〔2〕 高铭暄主编：《刑法学原理》（第 1 卷），中国人民大学出版社 1993 年版，第 419-420 页。

〔3〕 于改之：《民刑分界论》，中国人民公安大学出版社 2007 年版，第 79 页。

下考虑到过失，对于没有过错的行为人不承担刑事责任。刑事责任或者说公法责任惩罚的是当事人的“恶”，反映着一种道义上的关系。对此，有的学者作出如下归纳，“公法责任反映道义关系，私法责任反映功利关系。公法责任是道义责任，其归责基础是主观过错或道义恶性。私法责任是功利责任，其归责基础是损害后果。”〔1〕③责任形式不同。民事责任和刑事责任具有不同的责任实现方式，不同的责任方式体现了不同的责任性质。根据《中华人民共和国民法通则》（以下简称《民法通则》）第134条的规定，作为以恢复被侵害的利益为主的责任，民事责任的承担方式主要包括，停止侵害，排除妨碍，消除危险，返还财产，恢复原状，修理、重作、更换，赔偿损失，支付违约金，消除影响、恢复名誉，赔礼道歉。而根据《刑法》第33、34、35条的规定，作为以惩罚和预防为主的责任，刑事责任的承担方式包括五种主刑即，管制、拘役、有期徒刑、无期徒刑、死刑和四种附加刑，即罚金、剥夺政治权利、没收财产、驱逐出境。由此可见，民事责任和刑事责任属于性质不同的责任形式，各自承载着独立的功能和价值，不可相互替代。

进而言之，在民事领域内，如果行为人的违法行为没有达到严重危害社会的程度并进而需要刑法进行调整时，则刑法不得对其进行调整，不能使无罪的人受到刑事追究。而在刑事领域内，如果行为人的行为已经构成了犯罪，则必须依照刑法对其进行责任追究，不能因为其承担民事责任而放弃对其刑事责任的追究。“以民事责任的承担替代刑事责任的承担，则严重背离了刑事责任承担必然性的基本要求——构成犯罪的行为人，

〔1〕孙笑侠：“公、私法责任分析：论功利性补偿与道义性惩罚”，载《法学研究》1994年第6期。

除告诉才处理的案件外，都必须承担相应的刑事责任，毫无例外地接受国家对其犯罪行为的否定性评价和对其道德上的谴责。”〔1〕由于民事责任与刑事责任在性质、归责原则、功能、责任方式等方面均存在不同，在犯罪行为造成被害人损失的情况下，既应当追究加害人的刑事责任，也应当追究加害人的民事责任，这并不违反“一事不二罚”的法理。“不法行为人承担了民事责任，并不能免除其应负的其他责任，而追究了不法行为人的其他责任，也不能免除其应负的民事责任。”〔2〕

二、民事责任的承担状况影响刑事责任的“量”

在刑事和解制度下，就其犯罪行为，加害人一方面应向国家承担刑事责任，另一方面应向被害人承担民事责任。那么，为什么加害人积极主动地向被害人承担民事责任后可以减轻其刑事责任的程度呢？

凡是实施犯罪行为的人都要承担刑事责任，犯罪行为必然伴随着刑事责任的承担。刑事责任是质与量的统一。行为人因实施犯罪行为而必然承担刑事责任，这是刑事责任承担的质的要求。刑事责任的程度既取决于犯罪行为的社会危害性，也取决于犯罪人的人身危险性，这其实是罪刑相当原则和刑罚个别化原则的体现。罪刑相当原则要求国家在追究行为人的刑事责任时必须考虑犯罪行为的社会危害性，罪重则重判，罪轻则轻判。刑罚个别化原则认为不同的犯罪人具有不同的情况，为了使社会免受具有犯罪性格和倾向的人的侵害，为了消除、改正行为人的犯罪倾向，国家在追究行为人的刑事责任时不能仅仅

---

〔1〕 杨忠民：“刑事责任与民事责任不可转换——对一项司法解释的质疑”，载《法学研究》2002 年第 4 期。

〔2〕 佟柔主编：《民法原理》，法律出版社 1983 年版，第 43 页。

考虑犯罪行为的社会危害性程度，还要考虑犯罪人的人身危险性程度。由此，在对犯罪人量刑时，应当根据其人身危险性大小在法定刑幅度内或以法定刑为基础确定适当的刑罚。影响刑罚个别化实现的事实有多种，其中犯罪人的罪后表现是一项重要因素。犯罪人的罪后表现包括犯罪人实施犯罪行为后的积极表现如自首、坦白、立功、积极主动向被害人承担民事责任等，也包括犯罪人的抗拒表现如畏罪潜逃、抗拒抓捕等。犯罪人积极主动地向被害人承担民事责任，反映了其人身危险性的降低，这属于酌定量刑情节。所谓酌定量刑情节，是指我国刑法认可的，从审判实践经验中总结出来的，对行为的社会危害性和行为人的人身危险性程度具有影响的，在量刑时灵活掌握、酌定适用的各种事实情况。〔1〕与法定量刑情节相比，酌定量刑情节在刑法中没有具体规定，但却反映着行为的社会危害性和行为人的人身危险性，因而对量刑具有一定的影响。作为法定量刑情节的自首、立功等反映了犯罪人人身危险性的降低。同样地，诉讼过程中加害人积极主动地向被害人承担民事责任的行为体现出犯罪人的一种认罪悔过、弥补犯罪行为损失的心态，因而具有与自首、立功一样的功能。对此，意大利学者加罗法洛指出，“我唯一注重的不是囚犯的模仿，不是类似哑剧演员的表演，不是囚犯在提出工作申请时的卖弄，也不是囚犯对狱政部门的回报。我唯一注重的是囚犯本人的、一个确实无疑的悔悟信号。在我看来，这个信号就是，囚犯为了被害人及其家属的利益，自愿放弃其自身的利益。个人通常是重视钱财的，尤其重视通过自身劳动挣得的那部分。罪犯比工人更重视钱财，因

---

〔1〕 高铭暄、马克昌主编：《刑法学》（第4版），高等教育出版社、北京大学出版社2010年版，第286页。

为他通常是一个农民或其他劳动者，且从未成功地积累起哪怕是很少的钱财。如果一名罪犯自愿放弃其大部分的个人积蓄来赔偿被害人的损失，这将是一个有力的证明，证明其已经意识到了自己的违法行为，证明自己已经有了改过自新的愿望。这种证明比起那种有关良好举止的承诺和对过去忏悔的表白更有证明力”。[1]不仅如此，与自首、立功等行为相比，加害人积极主动地向被害人承担民事责任的行为减少了被害人由于犯罪行为遭受的损失，减轻了被害人及其家属的心灵创伤，从而使犯罪行为的社会危害性得以降低。这正如一些学者所指出的，“犯罪行为的危害性并不像泼出去的水那样无法收回，而是可以采取弥补损失等办法使危害性减弱，至少有形危害性部分是如此。”[2]由此，在加害人积极主动地向被害人承担民事责任的同时，刑事责任便可以顺理成章地减轻。当然，刑事责任的减轻并不意味着刑事责任已转化为民事责任，而只是体现了通过加害人积极主动地向被害人承担民事责任所表明的人身危险性的降低和社会危害性的减轻对刑事责任程度的影响。

从实践合理性角度分析，承认在刑事和解的场合加害人承担民事责任的状况可以对其刑事责任的程度产生影响，也是对当前我国刑事附带民事诉讼赔偿范围和执行程序所存在弊端的一种补救。《刑事诉讼法》第 77 条仅规定了被害人因被告人犯罪行为而遭受的物质损失才可以提起附带民事诉讼。根据 2000 年 12 月 13 日颁布的《最高人民法院关于刑事附带民事诉讼范围问题的规定》，被害人由于犯罪行为所遭受的精神损害不属于

---

〔1〕［意］加罗法洛：《犯罪学》，耿伟、王新译，中国大百科全书出版社 1996 年版，第 384 页。

〔2〕刘东根：“犯罪被害人地位的变迁及我国刑事立法的完善”，载《中国人民公安大学学报（社会科学版）》2007 年第 2 期。

附带民事诉讼的赔偿范围。犯罪行为给被害人造成的精神损害远大于一般侵权行为造成的精神损害，而一般侵权行为造成的精神损害却属于赔偿的范围，这严重违背了法律面前人人平等的原则。刑事和解制度下，加害人为了表明其诚心悔罪的心态，往往通过赔礼道歉或支付赔偿金等方式对被害人的精神损害承担民事责任，由此弥补了被害人由于犯罪行为而遭受的精神创伤。此外，刑事附带民事诉讼执行难问题一直困扰着我国的司法实践。如根据北京市第一中级人民法院刑一庭的调研，近年来刑事附带民事诉讼案件的执行情况不容乐观，不但实际执行金额所占的比例极低，而且能够得到全部和部分执行的案件仅占四分之一左右，低比例的附带民事诉讼案件执行回款与高数额的判决赔偿金额之间存在明显反差。由于判决赔偿数额的提高，附带民事诉讼原告人因得不到实际赔偿而涉法上访现象骤增，已实际影响了裁判的权威和社会的稳定。〔1〕在这种情况下，如果坚持刑事责任与民事责任截然分开，不管被告人是否承担民事责任，其刑事责任都不可能因此改变，那么，哪个被告人会愿意承担民事责任呢？即使法院判令被告人承担赔偿责任，由于这种机制欠缺诱导性与鼓励性，也会导致被告人通过隐藏、转移自己的财产来对抗民事判决的执行，致使判决成为法律“白条”。这样既损害了司法权威，也损害了被害人的利益。在刑事和解制度下，法院对于积极主动地向被害人承担民事责任的加害人可能在刑事责任的程度上给予优待。这样，加害人就会认真权衡利弊，主动承担民事责任，由此使得被害人的利益得以切实有效地维护。

---

〔1〕 北京市第一中级人民法院刑一庭：“关于刑事附带民事诉讼面临的司法困境及其解决对策的调研报告”，载《法律适用》2007 年第 7 期。

总而言之，在刑事和解制度中，加害人积极主动地向被害人承担民事责任并不是加害人的刑事责任得以减轻的直接依据。刑事和解制度的推行并非是对“花钱买刑”“钱刑交易”的肯定。在司法实践中，许多加害人并没有认识到其犯罪行为给国家、社会、他人带来的严重后果，并没有从内心悔罪，其人身危险性并没有降低，而是企图依仗自己的经济能力花钱买刑。与之相对的是，很多被害人出于自身经济利益的考虑往往乐意接受加害人的赔偿，并因此表达出放弃对加害人进行刑事追究的愿望，主动要求撤销诉。这样，赤裸裸的“花钱买刑”“钱刑交易”的现象就得以形成。如果允许这种现象发生，便会更加助长加害人的嚣张气焰，更不利于对社会秩序的保护。刑事和解与“花钱买刑”“钱刑交易”最重要的区别就是其不能容忍在加害人没有悔罪的情况下单纯根据其所花的“钱”就在刑事责任的程度上给予优待。这正如最高人民检察院副检察长朱孝清所认为的，刑事和解与“花钱买刑”最根本的界限就在于加害人是否真诚悔罪、赔礼道歉，获得被害人的谅解。经济赔偿是真诚悔罪的应有之意，但是如果当事人以降低刑罚标准作为赔偿数额的条件，那么就证明其赔偿之意在于“买刑”，也就违背了刑事和解的前提条件，即使其达成了所谓的和解协议，也将不被允许。〔1〕在刑事和解制度下，加害人与被害人之间的和解只有在获得司法机关认可的情况下才会对刑事案件的处理产生一定的影响。这一过程实质上是通过加害人积极主动地向被害人承担民事责任，表明其对犯罪行为的悔过心态，反映出其人身危险性的降低和社会危害性的减轻。而刑事责任的程度，既

---

〔1〕 李松、黄洁：“最高检首次公开表示：刑事和解不是‘花钱买刑’”，载《法制日报》2008 年 12 月 8 日。

取决于犯罪行为的社会危害性，也取决于犯罪人的人身危险性。因此，加害人的刑事责任得以减轻，是其人身危险性降低和社会危害性减轻的直接后果。这样看来，刑事和解并没有否认民事责任与刑事责任二元区分的事实，也没有否认两者的不可转换性。

三、民事责任的承担状况不影响刑事责任的“质”

在刑事和解制度下，加害人通过民事责任的承担而可能最终使其刑事责任的程度得以减轻。那么，加害人能否通过承担民事责任而使刑事责任得以免除呢？对此，2000 年 11 月 10 日《最高人民法院关于审理交通肇事刑事案件具体应用法律若干问题的解释》(以下简称为《解释》) 第 2 条规定，交通肇事造成公共财产或者他人财产直接损失，负事故全部或者主要责任，无能力赔偿数额在 30 万元以上的，处 3 年以下有期徒刑或拘役。据此，在交通肇事行为造成财产损失的情况下，如果行为人能够赔偿交通肇事造成的损失，或者只需将不能赔偿的数额控制在 30 万元以下，行为人就不会构成交通肇事罪，就不必承担刑事责任。反之，如果行为人在肇事后没有作出任何赔偿，或作出一定的赔偿但没有赔偿的数额在 30 万元以上，就将构成交通肇事罪。《解释》的出台引起了学者们的激烈争论。[1]否定者认为，《解释》的这一规定确立了一个为刑法适用所从未有过的

〔1〕 对此司法解释持否定意见的有，杨忠民：“刑事责任与民事责任不可转换——对一项司法解释的质疑”，载《法学研究》2002 年第 4 期；杨魁仕：“无能力赔偿数额不应作为定罪标准”，载《检察日报》2007 年 1 月 30 日；于志刚：“关于民事责任能否转化为刑事责任的研讨”，载《云南大学学报法学版》2006 年第 6 期。持支持意见的有，侯国云：“交通肇事罪司法解释缺陷分析”，载《法学》2002 年第 7 期；刘东根：“论刑事责任与民事责任的转换——兼对法释［2000］33 号相关规定的评述”，载《中国刑事法杂志》2004 年第 6 期。

规则，即刑事案件中行为人对刑事责任的分担，可以在一定条件下转换为仅仅对民事赔偿责任的承担，这种转换缺乏法理的有力支撑，于现行刑事法律无任何根据。《解释》的规定将是否有能力赔偿作为行为人承担刑事责任的关键点。《解释》规定的适用将突破司法公正的底线，有损刑事责任承担的平等性，有损法律面前人人平等的法治原则。〔1〕

上述争论，涉及刑事责任与民事责任之间可否相互转换、相互替代的问题。对此，否定者认为，刑事责任与民事责任是不可相互转换、不可相互替代的，刑事责任的承担不应以是否承担民事责任为转移。就某种行为是否构成犯罪而言，法律所关注的是该行为对法益造成的损害或者威胁的大小，以及在实施该行为时，行为人所具有的主观恶性是否严重。至于行为人在事后实施的其他行为，在定罪阶段没有必要予以考察。并且，由于犯罪人有贫富之分，如果将赔偿作为定罪所考虑的因素，还将有损于刑事责任承担的平等性，有损法律面前人人平等的法治原则。〔2〕就民事责任向刑事责任的逆向转换而言，应当绝对禁止。犯罪后的任何情况，只能影响量刑而不能影响定性。对于积极履行赔偿责任的，至多是从宽处罚，只限于量刑上的从宽，而非定性上的免罪。〔3〕肯定者则认为，赔偿影响刑事责任的有无是符合现代刑法及恢复性司法精神的。首先，传统观念中的刑罚目的和法益保护都是非常抽象的，所关注的重点其实是犯罪人与潜在的被害人。所谓法益保护，其实更多的是对

---

〔1〕 杨忠民：“刑事责任与民事责任不可转换——对一项司法解释的质疑”，载《法学研究》2002 年第 4 期。

〔2〕 杨忠民：“刑事责任与民事责任不可转换——对一项司法解释的质疑”，载《法学研究》2002 年第 4 期。

〔3〕 于志刚：“关于民事责任能否转化为刑事责任的研讨”，载《云南大学学报法学版》2006 年第 6 期。

潜在被害人的保护，而对于现实的、具体的被害人的利益却并不重视。所以，刑法中的法益保护，应当从保护抽象的被害人转到保护具体的被害人，从对被害人的报应感情的满足转到对被害人的实质利益的保护。其次，谦抑原则要求，在治理犯罪时非刑罚手段应当比刑罚手段优先使用。赔偿既可以弥补被害人的损失，又可以避免限制人身自由，同时还具有预防功能。因而赔偿比传统的刑罚手段更具有适用的优先性。最后，法律平等原则包括机会平等、形式平等和相对平等。因赔偿而改变对刑事责任的认定，其实是为每个被告人都提供了相同的免刑机会，因而并没有违背现代法治所追求的平等精神。〔1〕此外，赔偿的履行情况影响刑事责任的有无，还契合了对轻微犯罪实行非犯罪化的潮流，也为规制刑事案件“私了”提供了一种思路。〔2〕

笔者认为，《解释》中所体现的加害人通过承担民事责任而使刑事责任得以免除的做法是缺乏合理性的。对于犯罪成立具有决定意义的是犯罪构成要件事实，包括行为人是否具有刑事责任能力，行为人主观上的故意或过失，行为人客观上实施的危害社会的行为及所造成的危害结果，犯罪人特定身份，特定对象，犯罪的目的，犯罪行为侵害的社会关系等。这些事实属于定罪情节，决定着行为人的行为是否构成犯罪。一旦行为人的行为具备相应的定罪情节，就要承担刑事责任，就要予以定罪。而加害人主动向被害人承担民事责任的行为则属于量刑情节，只能表明其人身危险性的降低以及其犯罪行为社会危害性的减轻，在对其量刑时可以对其予以从轻或减轻处罚，甚至在特定情况下可以单纯宣告

---

〔1〕 刘东根：“论刑事责任与民事责任的转换——兼对法释［2000］33号相关规定的评述”，载《中国刑事法杂志》2004年第6期。

〔2〕 朱铁军：“民事赔偿的刑法意义”，载陈兴良主编：《刑事法评论》第26卷，北京大学出版社2010年版，第187-205页。

有罪而免予刑事处罚。量刑情节不能够影响到对加害人行为的定罪。也就是说，对犯罪人的量刑应有一个底线，即刑事责任不能完全消失，不能因为犯罪人承担了民事责任就免除刑事责任的承担。

作为两种不同性质的责任，民事责任与刑事责任实现的根据是不同的。承担民事责任的根据是行为人的行为造成了受害人的损害，责任的核心在于损害“结果”的出现。在此，法律的目的是通过加害人对受害人损害的弥补，恢复被侵害的社会关系，实现民事赔偿功能。刑事责任的根据是行为人的犯罪行为，责任的核心在于严重危害行为的发生。在此，法律的目的是通过使行为人承担刑事责任对其犯罪行为予以否定性评价，实现惩罚和预防犯罪的功能。行为构成犯罪是应当追究行为人刑事责任的唯一根据。因此，有犯罪则必定有刑事责任的存在，即使犯罪没有造成任何损失，但只要有犯罪发生，行为人就要承担刑事责任。行为人的行为符合犯罪构成，便意味着其社会危害性达到了应当承担刑事责任的程度，国家应当追究行为人的刑事责任。如果根据其赔偿能力状况或民事责任承担的情况而免除对行为人的定罪，则无异于否认了刑事责任的本质。犯罪人将犯罪实施完毕后，如果积极履行赔偿责任，可以根据其人身危险性降低以及其犯罪行为社会危害性减轻的状况对其在量刑时予以从轻或减轻处罚，在特定情况下甚至可以对其定罪免刑。但定罪免刑也是刑事责任实现的一种方式，而并没有否认行为人仍然承担了相应的刑事责任。根据民事责任的承担状况而免除行为人的刑事责任，则突破了量刑的底线要求，实际上等于量刑情节决定了刑事责任的存在与否，刑事责任对“行为”否定评价的本质由此遭到了颠覆。

具体就交通肇事罪而言，如果行为人的行为构成交通肇事罪，则不管行为人事后有无赔偿能力，都应当承担刑事责任，事后的赔偿行为只能影响到刑事责任的程度，而并不能免除刑事责任的承担。根据 1997 年《刑法》第 133 条关于交通肇事罪的规定，在造成财产损失的情况下，认定交通肇事罪成立与否的标准是行为人是否违反了交通运输法规并造成严重后果，行为人事后“有无能力赔偿”并非认定交通肇事罪是否成立的要素。在交通肇事造成公私财产重大损失情况下，具有赔偿能力的行为人通过承担民事责任客观上确实减少了被害人的损失，但其交通肇事行为仍然构成了犯罪。既然构成了犯罪，就必须承担刑事责任，而不能由于行为人承担了民事责任，弥补了被害人遭受的损害，就认为行为人没有造成公私财产的重大损失，并进而否定刑事责任的存在。行为人承担民事责任的情况表明其人身危险性的降低以及其行为社会危害性的减轻，而这只应当影响刑事责任的“量”，而并不影响刑事责任的“质”。否则，对所有的造成财产损失的犯罪来讲，行为人都可以通过民事责任的承担恢复其造成的损害，都可以“损害结果的不存在”为由来要求免除刑事责任，这无疑是与刑事责任的本质相悖的。

总而言之，民事责任的承担状况可以对刑事责任的程度产生一定的影响，但这种影响应受一定限度的制约，在任何情况下民事责任的承担都不能导致刑事责任的免除，不能够以承担民事责任的方式来替代刑事责任的承担。将行为人“有无能力赔偿”作为是否承担刑事责任的依据，否认了民事责任与刑事责任性质的不同。行为人在构成交通肇事罪的情况下只承担民事赔偿责任而不承担刑事责任，实际上就是以民事责任的承担替代了对刑事责任的追究。

《解释》的规定在受到绝大多数学者批判的同时也获得了一些学者的支持。支持者认为，《解释》的规定符合刑法的谦抑性原则。让交通肇事者赔偿实质上将受害者的损害转嫁到了侵害人自己身上，这种“花钱买刑”的行为对双方都是公平的。无能力赔偿者承担刑事责任的原因在于没有付出财产上的损失，这不存在不公平的地方，符合刑法的基本原理。交通肇事犯罪属于过失犯罪且赔偿了损失不应该再接受处罚。损害得到赔偿对肇事者、被害者、国家、社会都有利。[1]让赔偿损失的肇事者不承担刑事责任或者让赔偿不起的肇事者承担刑事责任，不违反刑法面前人人平等的原则，不等于“有钱就能买刑”，这是因为损害赔偿可以影响刑事责任存在相对的平等，因为它给每个犯罪人提供了相同的免刑机会，至于他们能否利用这个机会则不是刑法所能解决的问题。[2]对于上述理由，笔者不敢苟同，在此提出以下几点回应意见：其一，所谓刑法的谦抑性，是指“力求以最小的支出——少用甚至不用刑罚（而用其他刑罚替代措施）获得最大的社会公益——有效地预防和控制犯罪”。[3]刑法谦抑性理念不仅要求少用刑罚，更要求通过其他刑罚替代措施能够有效地预防和控制犯罪。试问肯定赔偿能力影响定罪的学者，如果加害人在其行为构成犯罪的情况下完全能够通过金钱“摆平”犯罪，那么如何能降低其人身危险性，又如何能够保证其不会再次实施犯罪？他们会依仗有钱而变本加厉地实施危害社会的行为。如此，怎样体现出刑法的谦抑性？其二，认为肇事者全额赔偿受害人后，受害方已经由原来的受害人转化到犯罪行为人，“花钱买刑”是合理的观点完全无视刑事责任与民事责任的二元分离。在交通肇事行为造成财产损失的情况下，除财产损失外，更为严重的是对公共安全的侵犯。而承担赔偿责任仅是满足了

---

〔1〕 侯国云：“交通肇事罪司法解释缺陷分析”，载《法学》2002年第7期。

〔2〕 刘东根：“论刑事责任与民事责任的转换——兼对法释［2000］33号相关规定的评述”，载《中国刑事法杂志》2004年第6期。

〔3〕 陈兴良：《走向哲学的刑法学》，法律出版社1999年版，第74页。

民事赔偿方面的需求，而没有考虑到公共安全所受到的侵害。这种侵害是不能够通过“花钱免刑”予以修复的。其三，认为让无赔偿能力者承担刑事责任是因为其没有财产方面的损失故而不存在不公平的观点，完全承认了“以钱买刑”行为的合理性，使刑法又回到了“赎刑”时代。其四，刑法在某些情况下对过失犯予以适用，根本原因在于主观上具有过失的行为人对法益的保护欠缺应有的注意，这种疏忽大意或过于自信的过失一旦支配行为造成严重后果，就要接受惩罚，至于行为人事后的赔偿则只能表示其在行为已经构成犯罪应该承担刑事责任之后的一种悔过，而并不能影响对原来行为性质的认定。其五，让本应承担刑事责任的加害人“以钱免刑”，一方面无视被害人要求惩罚加害人刑罚的心理诉求，另一方面忽视了犯罪行为的本质是给国家和社会带来破坏并因而应受到刑事责任的追究。其六，针对肯定《解释》的学者提出的法律给了每个人“相同的免刑机会”的观点，有论者提出了有力的反驳，“‘相同的免刑机会’实际上是一种主要基于犯罪之前的财产基础之上的‘机会’，虽然事后的机会是‘相同’的，但是，能够利用这种机会的客观基础和可能性是‘不同’的，因此，它本质上不属于一种‘相同’的免刑机会。”〔1〕另外，《刑法》第37条规定，对于犯罪情节轻微不需要判处刑罚的，可以免予刑事处罚，但是可以根据案件的不同情况，予以训诫或者责令具结悔过、赔礼道歉、赔偿损失，或者由主管部门予以行政处罚或者行政处分。那么，这一规定能否为《解释》中所体现的交通肇事的行为人只承担民事赔偿而不承担刑事责任的做法提供合理依据?

〔1〕 于志刚：“关于民事责任能否转化为刑事责任的研讨”，载《云南大学学报法学版》2006年第6期。

不能。《刑法》第 37 条规定的行为人仅承担民事赔偿责任的情形是以犯罪行为因情节轻微而不需要判处刑罚为前提的，而《解释》的规定则以民事责任的承担作为否定行为因构成犯罪而应予追究刑事责任的根据。在后一种情况下，仅仅通过民事责任的承担来免除行为人的刑事责任，确实存在着“花钱免刑”的不公平嫌疑。因此，行文至此，一个清晰的命题是，不管民事责任与刑事责任在功能上有多少相近之处，都不能以民事责任的承担完全替代刑事责任的承担。

四、结语

刑事和解并不是当事人对刑事部分进行和解和处分，其实质上是通过当事人对民事部分达成和解来对刑事案件的处理产生一定的影响，通过加害人积极主动地向被害人承担民事责任，表明其对犯罪行为的悔过心态，反映出其人身危险性的降低，而且犯罪行为的社会危害性也由此减轻，这使得办案机关综合案件情况可能作出从宽处理甚至定罪免刑的处理。因而，在刑事和解制度中，民事责任的承担对刑事责任的程度产生影响是具有合理依据的。加害人承担民事责任，并不意味着就能使刑事责任得以减轻。加害人承担民事责任的状况要最终能够对刑事责任的程度发挥功效，关键取决于能否由此反映出其真诚悔过。刑事和解并不是以钱买刑；即使加害人与被害人双方都同意“以钱换刑”，也不会得到法律的认可。由于加害人积极主动地向被害人承担民事责任属于酌定量刑情节，因而，在审判阶段不能单纯根据加害人承担民事责任的状况就免除其刑事责任，其承担民事责任的状况对刑事责任影响的底线要求，就是不能够影响到对其行为的定罪。

第三章

民事赔偿影响刑事责任的根据

民事赔偿能否影响刑事责任的有无和程度是刑法理论的难题。只有解决了民事赔偿影响刑事责任的根据问题，才能进而设计具体的制度安排。刑事责任从产生到实现，可以分为产生、确认和实现三个阶段。产生阶段是从行为人实施犯罪时起，到司法机关立案时止。〔1〕除了告诉才处理的案件之外，民事赔偿不可能影响刑事责任产生阶段的活动。而只有在司法机关立案之后，民事赔偿才有可能对司法机关的活动产生影响。刑事责任的确认和实现阶段包含从侦查、起诉、审判（包含定罪和量刑）到执行的一系列活动，这其中涉及刑事责任的有无和程度的关键阶段主要是定罪、量刑和行刑三个阶段。据此，可以选取民事赔偿对这三个阶段的影响来探究其影响刑事责任的根据。

一、民事赔偿影响定罪的根据

按照我国刑法理论，无犯罪即无刑事责任，有犯罪必有刑事责任。反之，无刑事责任也即无所谓犯罪，有刑事责任则必有犯罪存在，犯罪与刑事责任是相伴而生，它们之间是因与果的关系，〔2〕犯

〔1〕 高铭暄、马克昌主编：《刑法学》（第5版），北京大学出版社2011年版，第210页。

〔2〕 王晨：《刑事责任的一般理论》，武汉大学出版社1998年版，第126-127页。

罪的成立与否是决定刑事责任有无的唯一因素，所以，就民事赔偿能否影响刑事责任的有无而言，应通过其能否影响定罪来加以判断。

（一）民事赔偿影响定罪的规范根据

民事赔偿对定罪的影响是理论和司法实践中的疑难问题，我国法律中并没有关于民事赔偿与定罪之间关系的相关规定，这可能是基于两种原因：一是二者之间本来就没有联系，法律中也就不可能涉及这个问题；二是二者之间可能存在某种联系，只是法律未作规定。而在司法解释中则可以找到相关的规定。2000 年 11 月 10 日颁布的《最高人民法院关于审理交通肇事刑事案件具体应用法律若干问题的解释》就民事赔偿能否影响交通肇事案件的定罪作出了肯定的回答。该解释第 2 条第 1 款规定，交通肇事造成公共财产或者他人财产直接损失，负事故全部或者主要责任，无能力赔偿数额在 30 万元以上的，处 3 年以下有期徒刑或者拘役。可见，在单纯造成财产损失的交通肇事案件中，无能力赔偿数额的大小直接决定交通肇事罪的成立与否。该解释中对民事赔偿与定罪之间关系的规定是对以往刑事立法、司法中，损害赔偿只对刑事责任的轻重有影响，而对行为是否构成犯罪没有影响规定的突破。[1]

事实上，不仅该司法解释颁布之前没有民事赔偿可影响定罪的规定，其颁布之后也再没有类似的规定得以出台。但在此之前司法解释中则存在类似的规定。1998 年 3 月 17 日《最高人民法院关于审理盗窃案件具体应用法律若干问题的解释》第 6 条第 2 款规定，盗窃公私财物虽已达到数额较大的起点，但情节轻微全部退赃、退赔的可不作为犯罪处理。尽管对该规定中

〔1〕 刘东根：《刑事损害赔偿研究》，中国法制出版社 2005 年版，第 191 页。

的“可不作为犯罪处理”从刑事诉讼的角度可以有多种解读，即可以撤销案件、不起诉或者不定罪，但仅从字面上理解，定罪显然也是退赃、退赔可能影响的环节。退赃、退赔多见于侵犯财产类犯罪，而赔偿被害人的经济损失多见于侵害人身权利类犯罪，但二者在内涵和外延上均有交叉重叠，[1]从性质上讲，返还财产和赔偿损失又同样是侵权责任的承担方式，基本属于性质相同的民事责任形式，故关于交通肇事罪和盗窃罪的这两项规定无论从原理还是实际效果来看都极为类似。当前，如后所述，退赃、退赔影响盗窃罪定罪的规定已被新规定所取代，民事赔偿影响交通肇事罪定罪的规定成为民事赔偿可影响定罪的唯一规范根据。

（二）民事赔偿影响定罪的理论根据

上述关于交通肇事罪的司法解释中民事赔偿影响定罪的规定从出台起在理论上就充满争议。对这一条款是否合理，存在“肯定说”“否定说”“折中说”三种不同学说，[2]其中的“折中说”事实上是对“肯定说”的修正，三种学说实际上可以归纳为两种。如果仔细分析两种主张及其论据，就会发现有关论者是站在不同角度对同一问题进行分析从而得出两种完全不同的结论。持“肯定说”的论者认为，此规定大有积极意义，符合现代刑法的谦抑原则，既弥补受害人的损失，又化解肇事者和被害人之间的恩怨。承担刑事责任和赔偿损失只是惩罚形式的不同而已，并无实质的区别，符合过失损坏公私财物不构成犯罪的基本原理。对赔偿了他人损失的交通肇事者不以犯罪论

---

〔1〕 熊选国主编：《〈人民法院量刑指导意见〉与“两高三部”〈关于规范量刑程序若干问题的意见〉理解与适用》，法律出版社 2010 年版，第 159 页。

〔2〕 赵秉志主编：《京师法学：刑法学各论研究述评》（1978—2008），北京师范大学出版社 2009 年版，第 69-70 页。

处，对肇事者、被害人、国家和社会都是有利的。[1]持“否定说”的论者则认为，该规定违背罪刑法定、刑法面前人人平等的基本原则。该规定确立了一个刑法适用所从未有过的规则，即刑事案件中行为人对于刑事责任的承担，可以在一定条件下转换为仅仅对于民事赔偿责任的承担，表明刑事责任和民事责任可以转换。这种转换缺乏法理的有力支撑，没有法律上的依据，所产生的积极意义小于其负面影响。[2]在该规定的利弊这个问题上，无论“肯定说”还是“否定说”都进行了详细的论证，只是在其中的个别问题如是否有违公平上存在争议，总体而言并不存在太大分歧，“否定说”也并未否定规定的积极意义。导致两种学说立场存在原则性分歧的实际是在该规定的理论根据这一问题上，“肯定说”基本上对此问题采取的是回避的态度，“否定说”则紧紧抓住这一关键问题，而原本倾向于“肯定说”的“折中说”在这一问题上也承认“将有无赔偿被害人损失直接作为罪与非罪的界限，对现行法律制度和观念冲击过大，不仅在我国刑事立法中是首创，就是在其他国家刑法中也是很少见的”，[3]以致“折中说”最终又呈现出在结论上认可“否定说”的矛盾。可见，该规定有无理论根据支撑是决定其是否合理的核心问题。

定罪，是指司法机关依法认定被审理的行为是否构成犯罪以及构成何种犯罪的活动，[4]其包含罪与非罪、此罪与彼罪、

〔1〕 侯国云：“交通肇事罪司法解释缺陷分析”，载《法学》2002年第7期。

〔2〕 于志刚：“关于民事责任能否转换为刑事责任的研讨”，载《云南大学学报（法学版）》2006年第6期。

〔3〕 刘东根：“论刑事责任与民事责任的转换——兼对法释［2000］33号相关规定的评述”，载《中国刑事法杂志》2004年第6期。

〔4〕 李洁主编：《刑法学》（上册），中国人民大学出版社2008年版，第252页。

重罪与轻罪的认定等具体内容。由于罪与非罪是定罪问题中的基础，理论上对民事赔偿是否影响定罪的讨论便集中于此问题上。依照罪刑法定原则，司法机关对依法审理的行为进行定罪，其唯一根据就是刑法规定的具体犯罪构成，凡是在刑法明文规定以外定罪的，都属于非法行为。〔1〕这样，判断民事赔偿能否影响定罪的根本问题，就是要看其是否属于犯罪构成要件的要素。从整个案件的情节来看，民事赔偿无疑属于典型的罪后情节。顾名思义，“罪后”即在犯罪完成之后。从时间节点看，其对犯罪的构成不可能产生影响，这在刑法理论中本是无须讨论的问题，而至多是在论及犯罪的完成形态时强调事后的补救行为不影响犯罪既遂的评价。对此，持民事赔偿可影响定罪观点的论者也没有对此予以挑战。也有论者认为，犯罪人的罪前和罪后情节在多数情况下只对量刑发生作用，却在某些特殊情况下也对犯罪构成发生影响，从而作用于定罪活动之中。对于那些以“情节恶劣”“情节严重”等为入罪条件的犯罪而言，行为人罪前的一贯表现和罪后的态度可以作为判定行为是否构成犯罪的因素。〔2〕这样的观点确有其道理。由于主观恶性是促使行为人实施危害社会行为的内在动力，因此，主观恶性是决定社会危害性有无及其程度的要素，故罪后因素也可能反映其主观恶性，不过其对行为人主观恶性的程度只能起到修正作用。〔3〕实际上，罪后因素究竟对主观恶性的影响是否大到可以最终影响犯罪成立的程度，是一个异常模糊的问题。从论者所列举的例子来看，这样的犯罪在刑法中为数不多，而且涉及的多是那些犯

〔1〕 刘宪权主编：《刑法学》（第3版）（上），上海人民出版社2012年版，第88页。

〔2〕 王勇：《定罪导论》，中国人民大学出版社1990年版，第88-89页。

〔3〕 苗生明：《定罪机制导论》，中国方正出版社2000年版，第129-130页。

罪构成存在较大模糊性的罪名，甚至还有一些本来就是偏重于行为人的因素而不是行为因素设立的犯罪，如已经废止的流氓罪，类似的规定多存在于 1997 年刑法典全面修订之前。事实上，虽然目前的刑法仍存在带有“情节恶劣”等字眼的罪名条款，但绝大多数针对的是法定刑问题，即便是针对入罪问题，也基本都能借助罪中情节来判断。如果对“情节恶劣”等的判断需要借助于罪前和罪后要素，则只能说明相关规定过于模糊，这样的规定方式违背了罪刑法定原则，应予禁止。可见，在刑事实体法理论中找不到作为罪后情节的民事赔偿影响定罪的根据。

“定罪”一词存在两个不同层面的含义：一是广义的定罪，它包含了实体法和程序法两个方面的意义，即不仅仅是指根据法律对行为的性质作出判断，而且还包括一系列调查、核实、确定行为的事实情况以及定罪过程中运用刑事诉讼程序的各种活动。二是狭义的定罪，其只具有实体法上的意义，即在犯罪事实已经查证清楚基础上，依法对某一行为是否构成犯罪作出确定的活动。〔1〕通常意义上的“定罪”限于狭义层面，但也需从广义层面去讨论民事赔偿对定罪的影响。广义的定罪包含了从侦查、起诉到审判的多个环节。如果审判之前的环节因为民事赔偿受到影响的话，刑事诉讼程序也就不会进入到狭义的定罪环节，故民事赔偿有可能影响广义的定罪。当前，无论从理论还是司法实践来看，民事赔偿可以影响刑事诉讼程序已经是一个没有争议的问题，其集中体现就是刑事和解制度。这一制度“通过加害人与被害人及其亲属达成谅解与协议促使国家专门机关不再追究刑事责任或者从轻处罚的做法，弥补了常规的刑事案件处理方式忽视被害人意愿的不足，丰富了我国刑事案

〔1〕 王勇：《定罪导论》，中国人民大学出版社 1990 年版，第 7 页。

件的解决机制”，[1]刑事和解制度已经从理论、试点成为正式立法，2012年修订的《刑事诉讼法》正式确认了这一制度。其中第279条明确规定，对于达成和解协议的案件，公安机关可以向人民检察院提出从宽处理的建议。人民检察院可以向人民法院提出从宽处罚的建议。对于犯罪情节轻微，不需要判处刑罚的，可以作出不起诉的决定。人民法院可以依法对被告人从宽处罚。民事赔偿是加害人和受害人双方达成和解的重要因素。对于那些达成和解的案件而言，其中“犯罪情节轻微，不需要判处刑罚的”，检察机关可以作出不起诉的决定，该决定也即理论中所称的“酌定不起诉”，刑事诉讼程序也由此终结于审判阶段之前。而按照无罪推定原则，一个人有罪与否只能由法院判决加以确定，因此，酌定不起诉决定就导致了加害人在法律上没有被宣布有罪。[2]不起诉是检察机关依其控诉职能作出的不予追诉的处分决定，而非依裁判职能作出的处分决定，不具备实体法上的定罪意义。[3]《刑事诉讼法》规定的酌定不起诉所依据的“犯罪情节”对应的是刑法所规定的“犯罪情节”，基本上是指“事中情节”，即犯罪行为情节。[4]作出酌定不起诉决定的本应是那些在审判中判决有罪但不需要判处刑罚的案件，只是由于起诉便宜的考虑而提前在起诉阶段终结整个案件，司法机关并没有也不可能直接宣告行为人无罪。2013年3月8日最高人民法院、最高人民检察院修改之后的《关于办理盗窃刑事案件适用法律若干问题的解释》第7条规定，盗窃公私财物

---

〔1〕陈光中：“刑事和解再探”，载《中国刑事法杂志》2010年第2期。

〔2〕宋英辉主编：《刑事和解制度研究》，北京大学出版社2011年版，第166页。

〔3〕苗生明：《定罪机制导论》，中国方正出版社2000年版，第50页。

〔4〕张智辉主编：《附条件不起诉制度研究》，中国检察出版社2011年版，第283页。

数额较大，行为人认罪、悔罪，退赃、退赔，且具有下列情形之一，情节轻微的，可以不起诉或者免予刑事处罚；必要时，由有关部门予以行政处罚：①具有法定从宽处罚情节的；②没有参与分赃或者获赃较少且不是主犯的；③被害人谅解的；④其他情节轻微、危害不大的。这一规定修改了原解释中对退赃、退赔“可不作犯罪处理”的表述，使之更符合我国刑事法的理论，也在一定程度上表明了最高司法机关并不认可民事责任的承担可以使已经构成犯罪的行为无罪的观点。由于我国当前的理论和司法实践只认可民事赔偿对起诉的影响，而酌定不起诉的实质也从侧面印证了民事赔偿不能影响实体层面的定罪这一事实。不过，由于在起诉阶段案件即告终结，所以即便此时民事赔偿没有影响到对行为人有罪与否的认定问题本身，但由于没有有罪判决的作出，民事赔偿所影响的也并不是量刑。由此可见，虽然民事赔偿不能直接影响法院的定罪活动本身，但却可以影响案件的进程和广义层面的定罪，也就是刑事责任的确认过程会受到影响，故民事赔偿可以对狭义层面的定罪存在间接影响。

无论从实体法还是程序法的角度来看，作为罪后情节的民事赔偿都不能直接影响定罪，但司法解释中却又存在民事赔偿影响定罪的根据，规范根据和理论根据矛盾的状况并不能简单地归结为司法解释的疏漏，而是另有原因。据学者统计，我国刑法和司法解释规定的具有定罪功能的罪后情节共有 8 处，交通肇事罪中民事赔偿影响定罪的规定只是其中之一，相关规定主要是基于不同刑事政策的考量。[1]目前，就关于交通肇事罪的司法解释中民事赔偿影响定罪的规定而言，理论上的共识是

---

〔1〕 蔡雅奇：“罪后情节的定罪功能探究——以 2009 年国家考试一道试题为例展开”，载《北京工业大学学报（社会科学版）》2011 年第 1 期。

其在一定程度上有利于相关案件中财产损害赔偿问题的解决和对受害人财产损失进行补救，[1]这样的客观效应实际上就是规定出台的政策考量，促进赔偿问题解决的政策在理论上可归为定罪政策，但这样的定罪政策是否应当存在也同样是一个问题，不宜简单地依据一项政策来为规定提供根据。定罪政策的核心问题是犯罪化和非犯罪化，交通肇事罪司法解释规定体现的是司法中的犯罪化。但从定罪的角度来说，在罪刑法定、立法已明确规定犯罪构成要件的前提下，司法中的犯罪化是应当被禁止的，非犯罪化则可以在一定限度内存在。[2]即便支持犯罪化的司法政策的论者也认为，刑事政策的入罪功能仅限于对立法中有关词语在边界内作扩张解释，[3]而关于交通肇事罪司法解释中的民事赔偿影响定罪的规定事实上已经改变了 1997 年《刑法》中第 133 条，“违反交通运输管理法规，因而发生重大事故，致人重伤、死亡或者使公私财产遭受重大损失的”，这些交通肇事罪的构成要件，并不符合犯罪化刑事司法政策作为例外存在的要求。我国现有的罪后情节具有定罪功能的 8 处规定中有 7 处都是关于出罪的，而只有交通肇事罪的这一项规定是入罪规定。可见，依据刑事政策的有关理论，因无能力赔偿达到一定数额而导致本来不应构成犯罪的行为入罪是不合理的，只有反过来因赔偿达到一定程度而使得本构成犯罪的行为出罪的政策则可以在一定限度内存在。但由于现有的司法实践已经认可了因民事赔偿导致的不起诉，这一做法比起审判中不定罪而

---

〔1〕 杨忠民：“刑事责任与民事责任不可转换——对一项司法解释的质疑”，载《法学研究》2002 年第 4 期。

〔2〕 赵秉志主编：《京师法学：刑法学总论研究述评》（1978—2008），北京师范大学出版社 2009 年版，第 55 页。

〔3〕 孙国祥：“论司法中刑事政策与刑法的关系”，载《法学论坛》2013 年第 6 期。

言，因其缩短了诉讼时间而对行为人事实上更为有利，更节省司法资源，同时也回避了行为人是否有罪这一“敏感”问题，故在民事赔偿问题上采取非犯罪化的司法政策也就显得没有必要，进而民事赔偿影响定罪的政策根据也就不复存在了。

二、民事赔偿影响量刑的根据

司法解释中规定涉及民事责任向刑事责任的逆向转换应绝对禁止，但反过来民事赔偿责任的履行状态对于刑事责任大小的评价可进行一些微调，[1]也即民事赔偿可以影响量刑，这种影响也有着充分的根据。

（一）民事赔偿影响量刑的规范根据

我国1997年《刑法》第61条规定，对犯罪分子决定刑罚的时候，应当根据犯罪的事实，犯罪的性质、情节和对于社会的危害程度，依照本法的有关规定判处。该条规定阐明了我国的量刑原则，即“以事实为根据，以刑事法律为准绳”。而作为量刑根据的“事实”包含了“犯罪的事实，犯罪的性质、情节和对于社会的危害程度”，其中“对于社会的危害程度”这一要素与其他要素之间并不是并列的关系，而是由其他三个要素所决定的，一般不需要单独进行判断，对犯罪事实和犯罪性质的判断主要涉及定罪问题，这二者所决定的只是犯罪人所应承受法定刑的大致范围，具体的刑罚裁量所依据的是犯罪构成事实之外的事实即量刑情节。按照我国刑法学界的通说，以刑法有无明文规定为标准，可以将量刑情节划分为法定量刑情节和酌定量刑情节。我国刑法中并没有被告人对于被害人的民事赔偿

---

〔1〕 于志刚：“关于民事责任能否转换为刑事责任的研讨”，载《云南大学学报法学版》2006年第6期。

影响量刑的相关规定，故其不属于法定量刑情节。尽管如此，有论者认为，这并不代表这一情节对被告人量刑的影响没有法律依据，因为其可以作为酌定情节而存在。[1]该论断严格来讲并不严谨，民事赔偿可以作为酌定量刑情节并不是其影响量刑的法律根据本身，起码不是直接的法律根据，即便民事赔偿可以作为酌定量刑情节这一命题成立也只能说明民事赔偿影响量刑并不违反刑法的规定，但不能反过来说符合刑法的规定，因为刑法中根本没有相关的直接规定。

就民事赔偿影响量刑而言没有刑法层面的规定依据，并不意味着其他层面也同样缺乏相关的规定。我国的司法解释中有着为数不少的相关规定。我国最高司法机关作出的法律解释属于法的正式渊源的范围，这是无可置疑的。[2]司法解释虽然不是法律形式的一种，但其在我国的司法实践中具有特殊的地位，在诉讼活动中司法机关一般应予遵守，其与法律在诉讼活动中的作用在实质上并无太大差别，除非当二者发生冲突时，一般而言司法解释是法律的有益补充，我国的司法实践对司法解释的依赖一定程度上超过法律。但司法解释权本身又不可以成为一种立法权。[3]这种局面使得司法解释规定的地位颇为尴尬，获其认可的量刑情节虽然不属于法定情节，但与传统意义上的酌定情节相比也有所不同。为此，有的论著还在法定情节、酌定情节之外单独增加了“司法解释规定的量刑情节”这一类别。[4]司法解释中有关民事赔偿影响量刑的规定虽不能称为法律依据，

---

〔1〕 赵秉志、彭新林：“论民事赔偿与死刑的限制适用”，载《中国法学》2010年第5期。

〔2〕 张文显主编：《法理学》（第2版），高等教育出版社2003年版，第70页。

〔3〕 赵秉志主编：《刑法解释研究》，北京大学出版社2007年版，第139页。

〔4〕 高铭暄、马克昌主编：《刑法学》（第5版），北京大学出版社2011年版，第254页。

但其和法律规定一样可以作为规范性依据存在。

我国的司法解释中不乏民事赔偿影响量刑的规定，例如最高人民法院1999年10月27日发布的《全国法院维护农村稳定刑事审判工作座谈会纪要》指出，对于起诉到法院的坑农害农案件，要及时依法处理，对犯罪分子判处刑罚时，要注意尽最大可能挽回农民群众的损失。被告人积极赔偿损失的，可以考虑适当从轻处罚。“会议纪要”性质的规范性文件，虽不是正式的司法解释，但事实上起到了司法解释的作用。[1]2004年6月21日颁布的《最高人民法院关于依法惩处生产销售伪劣食品、药品等严重破坏市场经济秩序犯罪的通知》第3条指出，被告人和被告单位积极、主动赔偿受害人和受害单位损失的，可以酌情适当从轻处罚。2006年1月11日颁布的《最高人民法院关于审理未成年人刑事案件具体应用法律若干问题的解释》第19条第2款规定，被告人对被害人物质损失的赔偿情况，可以作为量刑情节予以考虑。2007年1月15日颁布的《最高人民法院关于为构建社会主义和谐社会提供司法保障的若干意见》指出，对于因婚姻家庭、邻里纠纷等民间矛盾激化引发的案件，因被害方的过错行为引发的案件，案发后真诚悔罪并积极赔偿被害人损失的案件，应慎用死刑立即执行。2010年2月8日颁布的《最高人民法院关于贯彻宽严相济刑事政策的若干意见》第23条指出，被告人案发后对被害人积极进行赔偿，并认罪、悔罪的，依法可以作为酌定量刑情节予以考虑。2014年1月1日起实施的《最高人民法院关于常见犯罪的量刑指导意见》在“常见量刑情节的适用”部分也明确指出，对于积极赔偿被害人经

---

〔1〕 孟庆华、王法：“‘座谈会纪要’是否属于刑法司法解释问题探析”，载《新疆石油教育学院学报》2010年第4期。

济损失并取得谅解的，综合考虑犯罪性质、赔偿数额、赔偿能力以及认罪、悔罪程度等情况，可以减少基准刑的40%以下。积极赔偿但没有取得谅解的，可以减少基准刑的30%以下。尽管没有赔偿，但取得谅解的，可以减少基准刑的20%以下。其中抢劫、强奸等严重危害社会治安犯罪的应从严掌握。除了主要针对实体问题的司法解释和司法规范性文件之外，在某些主要针对程序问题的司法解释和司法规范性文件中也存在类似规定。如2000年12月13日颁布的《最高人民法院关于刑事附带民事诉讼范围问题的规定》第4条规定，被告人已经赔偿被害人物质损失的，人民法院可以作为量刑情节予以考虑。2012年12月20日颁布的《最高人民法院关于适用〈中华人民共和国刑事诉讼法〉的解释》(以下简称《刑事诉讼法解释》)第157条规定，审理刑事附带民事诉讼案件，人民法院应当结合被告人赔偿被害人物质损失的情况认定其悔罪表现，并在量刑时予以考虑。虽然被告人对被害人的民事赔偿并不完全归因于刑事附带民事诉讼的提起，但不可否认针对程序问题的司法解释同样认可了民事赔偿可影响量刑这一命题。

(二) 民事赔偿影响量刑的理论根据

在大量的司法解释和司法规范性文件已规定民事赔偿可影响量刑的情况下，对民事赔偿作为常见的酌定情节而存在这一事实本身并无太大争议，而司法解释作为司法实践经验的总结和提炼，其背后蕴含着深刻的理论根据。在前述司法解释出台之前，我国刑法理论大多已把民事赔偿作为酌定情节之一予以罗列，其中的大多数也并非因受到司法解释的影响才把其归纳出来。由于量刑是刑事责任确认阶段的一个环节，因此，要探明民事赔偿影响量刑的理论根据，必须结合刑事责任程度的决定根据这一本源问题。刑事责任程度的根据除了由犯罪构成要件要素决定之外，还要受到犯罪构成要件之外的影响行为社会危害性和人身危险性大小的因素影响。[1]这就意味着，只要是那些足以影响行为社会危害性和人身危险性的构成要件之外的要素都可以影响量刑，而作为量刑情节的事由必须与犯罪的社会危害性和犯罪人的人身危险性具有直接的关联。[2]

有的论者认为，积极进行民事赔偿在一定程度上减轻了犯罪行为对于社会的危害，[3]这种观点也得到了最高司法机关部分法官的认可，其也认为被害人得到最大限度的物质补偿，可以有效地减轻犯罪行为造成的社会危害性。[4]笔者认为，从我国刑法理论关于社会危害性的通说来看，犯罪的社会危害性确实不单指犯罪给社会带来的客观危害后果，而是客观危害性和主观危险性的统一。[5]就社会危害性而言，衡量其大小不能只看一种因素，而要全面综合考察各种主客观情况。既应看到犯罪行为给被害人造成现实损害的大小，也应看到犯罪行为实施之后，行为人是否有主动恢复或者弥补被害人损失等行为。赔偿比自由刑或者罚金刑的办法，能够更好地保护被害人的利益。[6]如果犯罪人的积极赔偿行为使被害方的损失在一定程度上得以

---

〔1〕 高铭暄、马克昌主编：《刑法学》（第5版），北京大学出版社2011年版，第209页。

〔2〕 王瑞君："赔偿作为量刑情节的司法适用研究"，载《法学论坛》2012年第6期。

〔3〕 赵秉志、彭新林："论民事赔偿与死刑的限制适用"，载《中国法学》2010年第5期。

〔4〕 熊选国主编：《〈人民法院量刑指导意见〉与"两高三部"〈关于规范量刑程序若干问题的意见〉理解与适用》，法律出版社2010年版，第161页。

〔5〕 赵秉志主编：《京师法学：刑法学总论研究述评》（1978—2008），北京师范大学出版社2009年版，第163页。

〔6〕 ［德］克劳斯·罗克辛：《德国刑法学总论（第1卷）犯罪原理的基础构造》，王世洲译，法律出版社2005年版，第54页。

恢复或者弥补，那么该行为对社会危害的程度也会因此而得以降低。

民事赔偿既可以使行为的社会危害性得以降低，也可以影响行为人的人身危险性程度。影响社会危害性和人身危险性程度的情节在量刑中的地位并不是等量齐观的，前者是量刑的基本事实根据，而后者则仅是补充事实根据。[1]尽管如此，在量刑中仍不能忽略影响人身危险性的因素。关于“人身危险性”的概念，刑法理论一般认为其是指犯罪人犯罪的可能性，但在其仅指再犯可能性还是包括初犯可能性这一问题上存在争议。[2]尽管如此，对再犯的可能性是人身危险性的内容则并无争议。由于再犯可能性毕竟属于未然的范畴，虽然有的学者提出过一些评判方案，但如何科学、全面地判断这一可能性迄今为止并没有一套令大多数接受的方法体系，我国的司法实践对再犯可能性的判断主要依赖的还是法官的个人经验，这种做法难免不够精确。但即便如此，某些因素因为其确定性，明显可以作为衡量人身危险性大小的因素。从我国刑法的规定看，刑法对犯罪人的主观评价主要包括三个方面：一是行为人的主体资格，即行为人是否具有刑事责任能力，是否具有特定的身份；二是行为人的主观心态，即行为人是故意还是过失，是否具有法律规定的特定目的；三是行为人的悔罪表现。其中前两者属于犯罪构成要件要素，涉及的主要是定罪问题，如果继续作为量刑阶段衡量人身危险性的要素则存在重复评价之嫌，只有行

〔1〕 张军、赵秉志主编：《宽严相济刑事政策司法解读——最高人民法院〈关于贯彻宽严相济刑事政策的若干意见〉的理解与适用》，中国法制出版社 2011 年版，第 109 页。

〔2〕 张杰：《刑事归责论》，中国人民公安大学出版社 2009 年版，第 176 页。

为人的悔罪表现这一因素并无太大异议。〔1〕我国刑法理论一般也都认为，犯罪后的态度，反映行为人的人身危险程度，因而在量刑时应予考虑。〔2〕有的论著进一步指出，虽然犯罪后的态度对已经构成的犯罪来说没有任何意义，但是，犯罪后的态度却反映了犯罪人的人身危险性的大小和接受教育改造的难易程度，在对犯罪人裁量刑罚时应当考虑。〔3〕行为人的悔罪可体现为单个或者一系列的行为，既可以是单纯的坦白认罪或口头宣告，也可通过积极赔偿、退赃等实际行动来体现。可见，民事赔偿是判断行为人人身危险性的要素之一，更是其中较为明显和直观的要素。既然民事赔偿可以影响行为人的人身危险性，其当然也就可以影响量刑。

（三）民事赔偿影响量刑的政策根据

从我国有关司法解释出台的背景来看，民事赔偿可影响量刑的做法并不是直接来源于民事赔偿影响行为的社会危害性和行为人的人身危险性这一理论根据，而是针对相关案件被告人民事赔偿自动履行率低、执行落空的情况，弥补相关制度在实践中运行时所留下的缺陷而得以规定的。〔4〕将民事赔偿可影响量刑在司法解释中明确规定，能在客观上起到鼓励被告人积极赔偿，进而保护被害人的权益，使刑事诉讼中原本并不十分重要的被害人这一主体的地位得以强化，有助于社会关系的修复和矛盾的缓和，也暗合了恢复性司法的精神内涵。鉴于此，有

〔1〕 袁彬：《刑法的心理学分析》，中国人民公安大学出版社 2009 年版，第 230-235 页。

〔2〕 赵秉志主编：《刑法总论》（第 2 版），中国人民大学出版社 2012 年版，第 359 页。

〔3〕 王作富主编：《刑法》，中国人民大学出版社 2007 年版，第 277 页。

〔4〕 朱铁军：《刑民实体关系论》，上海人民出版社 2012 年版，第 223 页。

的论者认为，恢复性司法和损害赔偿的惩罚功能是赔偿影响量刑的理论根据。[1] 还有的论者把这一观点细化，认为从法社会学的角度考察，考虑被害人在刑事案件中的应有作用，以及对国外恢复性司法的借鉴是明确承认民事赔偿对刑事责任影响的理论基础。[2]持有类似观点的论者在我国有很多，但这实际上是将根据和意义混同所致。民事赔偿影响量刑的根据解决的是民事赔偿为什么能够影响量刑这一问题，而不是这一做法能带来的实际效果，对被告人和被害人单方和双方关系的积极影响是民事赔偿能够影响量刑之后的附带效应，而不是前置性的根据。如果认为前述积极影响是根据，也无法解释民事赔偿对定罪和量刑的影响不同这一问题，因为从某种程度上讲，民事赔偿影响定罪更有利于某些积极效应的发挥。虽然前述效应不能作为民事赔偿影响量刑的根据，但这并不代表除了人身危险性这一理论根据之外，民事赔偿影响量刑就再无别的根据。因为刑法理论体系不是封闭的，其本身也要服务于司法实践，而我国的刑事司法实践很多时候会受刑事政策的影响，某些政策与现行理论之间还会存在一定偏差，但刑事政策往往是司法实践中某些做法的现实根据，这些政策只要不超越刑法这道“藩篱”，不违反刑法的基本原则，还可以为刑法理论的完善提供源泉。就民事赔偿影响量刑这一问题而言，由于其已经具备理论基础，因此其现实根据不会违背相关的理论根据，只是从另一个角度印证了民事赔偿可影响量刑。

具体而言，就民事赔偿可影响量刑而言，其在我国的政策根据是促进被告人对其民事赔偿义务的履行。在司法实践中，

〔1〕 白云飞：“量刑中的损害赔偿问题研究”，载《求索》2010年第11期。
〔2〕 李云平：“民事赔偿与刑事责任”，载《人民检察》2008年第13期。

遭受犯罪行为的侵害之后，被害方的生活常常因此而陷入困境，被害方与被告方的关系一般很难通过刑事诉讼的审结而得到改善。因此，在传统的刑事责任国家追诉模式下，即使警察、检察官能够积极、负责、高效地履行刑事追诉职责，被害人的利益诉求也难以得到完全保障。因为，被害人的利益诉求是多方面的，被害人在刑事诉讼中除了有“复仇”的愿望之外，还有获得精神抚慰以及解决因犯罪所导致的生活困难等其他诉求。〔1〕在犯罪发生之后，缓和相互之间的关系、和平共处，是人的自然本能。从道德意义上讲，忏悔和宽恕，就像导致犯罪人犯罪的仇恨和欲望一样，都是人类的道德本能。〔2〕事实经验表明，刑事政策要想收到良好的预期效果，就必须使作用对象产生积极的情感反应，而刑事政策合乎情理是使之产生积极情感反应的关键。〔3〕而在赔偿与量刑之间建立联系之后，被告方为了获得量刑上的优待，就会比之前具有更大的积极性，被害方受损的利益也可以部分甚至完全得以恢复，被害方与被告方的矛盾冲突在一定程度上可以得到缓解。因此，鼓励被告方积极履行赔偿义务，可以实现在依法打击犯罪的同时更有力地保护被害方的利益，从而更好地体现社会的公平正义，实现社会的和谐稳定发展。〔4〕

决定民事赔偿影响量刑的规范性根据、理论根据和政策根

〔1〕 陈卫东主编：《刑事诉讼法理解与适用》，人民出版社 2012 年版，第 648 页。

〔2〕 张军、陈卫东主编：《新刑事诉讼法实务见解》，人民法院出版社 2012 年版，第 328 页。

〔3〕 史小峰：“积极赔偿损失适当从轻处罚的适用依据”，载《人民法院报》2007 年 9 月 5 日。

〔4〕 赵秉志、彭新林：“论民事赔偿与死刑的限制适用”，载《中国法学》2010 年第 5 期。

据三者并不是完全并列的关系，尤其是在这一问题已经争议不大的情况下，很难完全对三者进行界分，三者均可以作为独立的根据而存在，即只要满足其一便可为民事赔偿影响量刑提供根据。即便如此，仍有必要全方位、多角度地认识根据这一问题，只有这样才能推进规范的科学化、政策的合理化。

三、民事赔偿影响行刑的根据

执行刑罚是刑事责任实现的基本方式。执行刑罚通常简称行刑，是指使判决所确定的刑罚付诸实施的刑事司法活动。在刑事责任的实现阶段，既可能出现刑事责任的变更，如管制、拘役、有期徒刑、无期徒刑的减刑，也可能出现刑事责任实现方法的变更，如假释。[1]无论犯罪人被判处什么样的刑罚，单就刑罚的执行本身而言，其内容和方式不会因为其他因素（包括民事赔偿）而受到影响。但由于某些刑罚执行制度的存在，刑罚的执行过程却可以受到影响，减刑、假释制度的适用与民事赔偿之间可以存在关联。

就减刑、假释的适用条件而言，在我国《刑法》中有着明确的规定。1997 年《刑法》第 78 条规定，被判处管制、拘役、有期徒刑、无期徒刑的犯罪分子，在执行期间，如果认真遵守监规，接受教育改造，确有悔改表现的，或者有立功表现的，可以减刑。第 81 条规定，被判处有期徒刑的犯罪分子，执行原判刑期二分之一以上，被判处无期徒刑的犯罪分子，实际执行 13 年以上，如果认真遵守监规，接受教育改造，确有悔改表现，没有再犯罪的危险的，可以假释。由此可见，就实质条件而言，

〔1〕 高铭暄、马克昌主编：《刑法学》（第 5 版），北京大学出版社、高等教育出版社 2011 年版，第 211 页。

减刑和假释具有共同的要求，即“认真遵守监规，接受教育改造，确有悔改表现”。对于其中的“确有悔改表现”，2011年11月21日颁布的《最高人民法院关于办理减刑、假释案件具体应用法律若干问题的规定》第2条明确指出，确有悔改表现是指同时具备以下四个方面情形：①认罪悔罪；②认真遵守法律法规及监规，接受教育改造；③积极参加思想、文化、职业技术教育；④积极参加劳动，努力完成劳动任务。罪犯积极执行财产刑和履行附带民事赔偿义务的，可视为有认罪悔罪表现，在减刑、假释时可以从宽掌握。确有执行、履行能力而不执行、不履行的，在减刑、假释时应当从严掌握。根据该司法解释的规定，只要罪犯积极执行财产刑和履行附带民事赔偿义务的，便可视为有认罪悔罪表现，符合“悔改”的第一种情况，而与其他行为无关。该规定赋予了罪犯积极执行财产刑和履行附带民事赔偿义务独立的司法价值，也为民事赔偿影响行刑提供了规范根据。《最高人民法院关于办理减刑、假释案件具体应用法律若干问题的规定》不仅从正面肯定了民事赔偿的履行对行刑的积极影响，也从反面明确了民事赔偿的不履行对行刑的消极影响，即确有执行、履行能力而不执行、不履行的，罪犯的减刑应当从严掌握。但所谓从严掌握并不限于不准减刑，还包括降低减刑幅度、减少减刑频率。[1]在有的地区，从严掌握已经流变为不准减刑，例如福建省高级人民法院、省司法厅、省监狱管理局于2006年6月14日出台的《关于进一步做好服刑人员涉及刑事附带民事赔偿及刑事裁判中财产刑等执行的规定》中规定，法院在办理减刑、假释案件时，对提请减刑、假释建

〔1〕翟中东：《减刑、假释制度适用》，中国人民公安大学出版社2012年版，第59页。

议的服刑人员确有履行能力而拒不履行刑事附带民事裁判所确定的义务或刑事裁判的财产部分的，不予减刑、假释。

民事赔偿影响行刑和其影响量刑的理论根据基本相同。如同量刑一样，行刑也不仅要考虑犯罪行为及其危害结果，而且应结合整个犯罪事实和反映犯罪人主观恶性和人身危险性的个体因素。[1]相比减刑而言，假释的实质条件要求更高，还要求“没有再犯罪的危险”，也即对罪犯假释的关键条件是对其人身危险性的考察，[2]而对民事赔偿是衡量人身危险性的要素这一论断在前文已经有所论述。我国目前并没有一套获得普遍认可的衡量人身危险性的评估体系，但从世界其他国家的经验来看，民事赔偿已体现在有的国家的评估体系中。例如，1999 年英格兰与威尔士有关部门采用了一套由内政部（现司法部）督导有关部门研发的新的犯罪分子危险评估工具，用以评估犯罪分子的危险程度和判断犯罪分子再犯罪的可能性大小。这套新的犯罪分子危险评估工具称为“犯罪分子评估系统”。“态度”是其中的一大项，而对被害人的态度又是该大项下的小项，[3]民事赔偿是否积极到位显然足以体现对被害人的态度。

赔偿影响行刑与刑罚执行的目的相符。刑罚执行的目的，是指刑罚执行机关希望通过刑罚的执行而实现的预期效果。行刑的目的取决于刑罚的目的，以刑罚的目的为指导。刑罚的目

---

〔1〕 齐文远主编：《刑法学》（第 2 版），北京大学出版社 2011 年版，第 30 页。

〔2〕 杨正万：“被害人参与减刑假释程序思考”，载《政治与法律》2002 年第 4 期。

〔3〕 翟中东：《减刑、假释制度适用》，中国人民公安大学出版社 2012 年版，第 94 页。

的包括行刑的目的，并通过行刑来实现。[1]对现代社会而言，最为重要的刑罚的目的，当然是预防犯罪。刑罚所预防的犯罪包括两个方面，即已然之罪与未然之罪。基于预防对象的不同，刑罚的目的还可以进一步分为特殊预防与一般预防。[2]而刑法中的法益保护，应当从保护抽象的被害人转到保护具体的被害人。因此，笔者认为，在“被害人运动”蓬勃发展的今天，刑罚的目的除了一般预防和特殊预防之外，还应包括对被侵害之法益的恢复。

刑罚的一般预防包括直接作用与间接作用两个方面。直接作用通常表现为威吓，而间接作用则包括耻辱与习惯的形成。耻辱，是指通过对犯罪人实施刑罚，向社会宣示犯罪行为是可耻的，使人们因恐惧犯罪所带来的耻辱感而不去实施犯罪。习惯的形成，是指通过刑罚的方式强化人们的规范意识，促使其形成守法的习惯。[3]就刑罚的直接作用而言，根据我国法律和司法解释的规定，减刑、假释的适用有一定的时间限制。如不满 5 年有期徒刑的，应当执行 1 年以上方可减刑。5 年以上不满 10 年有期徒刑的，应当执行 1 年 6 个月以上方可减刑。10 年以上有期徒刑的，应当执行 2 年以上方可减刑。被判处无期徒刑的罪犯在刑罚执行期间，符合减刑条件的，执行 2 年以上，可以减刑。[4]有期徒刑执行原判刑期二分之一以上、无期徒刑实

---

〔1〕 袁登明：《行刑社会化研究》，中国人民公安大学出版社 2005 年版，第 106-107 页。

〔2〕 高铭暄、马克昌主编：《刑法学》（第 5 版），北京大学出版社、高等教育出版社 2011 年版，第 223 页。

〔3〕 邱兴隆：《关于惩罚的哲学：刑罚根据论》，法律出版社 2000 年版，第 91 页。

〔4〕 2016 年 11 月 15 日最高人民法院公布的《最高人民法院关于办理减刑、假释案件具体应用法律的规定》第 6、8 条。

际执行 13 年以上，才可以假释。因此，赔偿要对行刑产生影响，只有在刑罚被执行一段时间之后才能得以实现。此时，犯罪人事实上已经受到了一定的惩罚，并且赔偿本身就具备一定的惩罚性，刑罚的直接作用可以由此得以实现。就刑罚的间接作用而言，在我国强烈的道德氛围下，被判处刑罚对犯罪人及其家庭来说，其耻辱性不言而喻。“行为人通过其损害赔偿的努力表明，他承认其罪责，不需要用刑罚来证明规范的有效性。此外，自愿的损害赔偿还常常表明，就预防行为人继续犯罪目的而言，不需要对他施加持续的影响”。〔1〕换言之，赔偿也能强化犯罪人的守法意识。因此，犯罪人因赔偿而获得减刑或者假释，并不会影响人们对犯罪与刑罚之间必然性关系的认识，一般预防的效果同样可以实现。

特殊预防是指预防犯罪人重新犯罪。特殊预防主要有两种实现途径：其一是通过教育与改造手段矫治犯罪人的恶性，使其能适应正常的社会生活，改过迁善，不再犯罪；其二是以刑罚使犯罪人与社会相隔离，以免其再次实施侵害行为。特殊预防是针对犯罪人的人身危险性而科刑，是刑罚个别化原则的体现。从特殊预防的角度来看，在犯罪人被判处刑罚并交付执行之后，仍然应当给予其改过迁善的机会。在刑罚的执行过程当中，如果犯罪人认真遵守监规，接受教育改造，并认识到了自己行为的错误性，而且，还对其行为给被害人造成的损害积极采取补救措施，弥补被害人的损失，就可以认为，犯罪人的人身危险性已经得以降低或完全消除，刑罚的特殊预防目的已经实现，犯罪人没有再犯罪的危险性。刑罚的分量以为消除犯罪

〔1〕［德］汉斯·海因里希·耶赛克、托马斯·魏根特：《德国刑法教科书》（总论），徐久生译，中国法制出版社 2001 年版，第 1068-1069 页。

人的危险性，使之重返社会所必需的处理期间为标准。〔1〕当犯罪人的人身危险性因赔偿而降低时，刑罚的量也就应当相应地减少。当犯罪人的人身危险性因赔偿而完全消除时，使犯罪人与社会相隔离的刑罚将不再具有必要性。“一种正确的刑罚，它的强度只要足以阻止人们犯罪就够了”。〔2〕因此，如果通过赔偿能够实现刑罚的目的，就有充足的理由因之而减少刑罚执行的量。

在我国的传统刑事诉讼中，通过国家对犯罪人的惩处，被害人的报应情感虽然能够得到一定程度的满足，但是被害人所遭受的其他精神伤害和心理损害却几乎被忽视。被害人因犯罪所造成的财产毁损、医疗支出、收入减少等经济损失通过刑事附带民事诉讼亦难以获得适当的弥补。被害人因犯罪所造成的无钱治伤、子女辍学、生活困难等问题更是难以解决。亚里士多德认为，“杀人者与被杀者、被殴打者之间的利益分际不均，刑罚的目的在于剥夺杀人者与打人者之所得，而补被杀者与被殴打者之所失，从而使利益的分际不均变为分际均等”。〔3〕我国学者也指出，“刑罚之于恢复被犯罪所侵犯的平衡感的作用是报应论之所以主张刑罚应该存在的重要根据。”〔4〕因此，从报应论角度看，刑罚的目的应当包括法益恢复。从预防论角度看，刑罚的目的是教育、挽救犯罪人，使犯罪人复归社会，而不是

〔1〕 马克昌主编：《近代西方刑法学说史略》，中国检察出版社 1996 年版，第 196 页。

〔2〕［意］贝卡里亚：《论犯罪与刑罚》，黄风译，中国大百科全书出版社 1993 年版，第 47 页。

〔3〕［古希腊］亚里士多德：《尼各马科伦理学》，苗力田译，中国社会科学出版社 1990 年版，第 95-96 页。

〔4〕 邱兴隆：《关于惩罚的哲学：刑罚根据论》，法律出版社 2000 年版，第 59 页。

对已然之罪的事后报应。根据预防论的观点，最好的刑罚效果是犯罪人与被害人之间达成和解，犯罪人改过自新，社会关系得以恢复到犯罪之前的状态。〔1〕因而，从预防论角度看，刑罚的目的也应当包括法益恢复。

社会经验告诉我们，犯罪给被害人所造成的损害、给社会造成的不利影响往往会长期持续。因此，要恢复受损的法益，任何时候都不晚。在刑罚的执行过程当中，如果犯罪人能够对被害人所遭受的损失予以积极赔偿，对解决为传统刑事诉讼所忽视的或者难以解决的各种难题仍将是非常有利的。赔偿影响刑罚执行，既符合刑罚的一般预防目的，也符合特殊预防目的，而且还具有一定的法益恢复作用。赔偿在本质上有利于实现刑罚的目的，因而它已经不是一个纯粹的民法问题。赔偿能使行为人认识到自己的行为给他人造成的不良后果。要与被害方达成赔偿协议，行为人必须对自己的行为作出真诚悔过，因而赔偿还具有重新社会化的功能。并且，赔偿对于增进行为人的规范意识甚至比刑罚更为有效。赔偿可以让已经紊乱的社会关系得以恢复，这对于一体化的预防非常有用，这对法和平的重建也意义重大。〔2〕当通过更加温和的手段——指导、示范、请求、缓期、褒奖可以获得同样效果时，适用刑罚便是过分的。〔3〕因此，当通过赔偿能够获得与刑罚执行同样的效果时，因此而降低刑罚执行的量，对犯罪人实施减刑、假释是具有合理性的。

赔偿影响行刑符合刑罚执行的经济性原则。刑罚执行的经

〔1〕朱铁军："民事赔偿的刑法意义"，载陈兴良主编：《刑事法评论》（第26卷），北京大学出版社2010年版，第187-205页。

〔2〕［德］克劳斯·罗克辛：《德国刑法学总论（第1卷）：犯罪原理的基础构造》，王世洲译，法律出版社2005年版，第55页。

〔3〕［英］吉米·边沁：《立法理论——刑法典原理》，孙力等译，中国人民公安大学出版社1993年版，第67页。

济性原则，是指在刑罚的执行过程中，以最小的投入获得最大的预防和控制犯罪的效益。虽然没有执行刑罚或者减少执行刑罚，但却能够实现与实际执行刑罚相同的效果。[1]刑罚的执行效益，可以从刑罚执行的有效性、刑罚执行的有益性以及刑罚执行的节俭性三方面进行考察。就有效性而言，赔偿影响行刑符合刑罚执行的目的，既能实现刑罚的一般预防目的，也能实现刑罚的特殊预防目的。因而，因赔偿而给予犯罪人减刑或者假释并不影响刑罚执行的有效性。就有益性而论，赔偿使被侵害的法益在一定程度上得以恢复，既能使受害方不因遭受犯罪而生活陷入困境，也能修复被害方与被告方之间严重受损的人际关系，消除社会的不稳定因素，还有利于犯罪人的再社会化。也就是说，赔偿对被害方、被告方、犯罪人，以及对社会均为有益。就节俭性来说，通过赔偿影响减刑和假释，犯罪人的刑期得以提前结束，刑罚执行成本降低，从其投入与产出比来看，减刑、假释后的刑罚执行比宣判刑的完整执行明显要更具节俭性。因此，在刑罚执行的有效性不变，而刑罚执行的有益性增加，刑罚执行成本反而降低的情况下，因赔偿而减少刑罚的执行完全符合刑罚执行的经济性原则。

从政策的根据讲，民事赔偿影响行刑和其影响量刑也没有太大区别。长期以来，我国的财产刑执行与附带民事赔偿义务的履行对自由刑的减免几乎没有影响。在犯罪人被判处自由刑之后，犯罪人的家属不但极少配合法院执行财产刑或者主动履行赔偿义务，而且往往千方百计地转移、隐匿财产。[2]据山西省晋中市中级人民法院 2008 年对刑罚执行情况的调研发现，判

---

〔1〕 马克昌主编：《刑罚通论》，武汉大学出版社 1995 年版，第 497-498 页。

〔2〕 最高人民法院审判监督庭编著：《最高人民法院关于减刑、假释司法解释理解与适用》，人民法院出版社 2014 年版，第 41 页。

处附加财产刑和附带民事赔偿的罪犯全部执行的比例很低，分别为15.9%和31.4%，大部分判决都成了“白条”。[1]在赔偿与行刑之间建立联系，既有利于调动犯罪人履行赔偿义务的积极性，又能促进犯罪方与被害方之间矛盾和怨恨的化解，还有助于树立生效裁判的权威。因此，在赔偿与行刑之间建立联系是解决我国司法实践中这一现实问题的最佳途径。此外，近年来，经过多次刑法修订，尤其是经过《中华人民共和国刑法修正案（八）》、《中华人民共和国刑法修正案（九）》、《中华人民共和国刑法修正案（十一）》对刑法的修订之后，我国刑法中的一些常见犯罪的入罪门槛被降低、刑量也有所增加，重罪的刑期被普遍延长，并且这几次修订增设了一些轻罪。以上种种因素，导致了我国的监狱人口迅速增加。2007年，我国的监狱在押人数为140万，2012年增至167万。并且，受上述几项因素的影响，目前，监狱人口依然呈增长之势。[2]就如何解决监狱人口压力的问题而言，我国必须尽快提出应对之策。笔者认为，在赔偿与行刑之间建立联系，调动犯罪人履行赔偿义务、悔罪自新，争取减刑、假释的积极性，可以在一定程度上缓解监狱人口压力的问题。

2005年，佛山监狱在全国率先开展自觉履行财产刑和民事赔偿、补偿的修复性司法活动，鼓励服刑人员动员亲属或利用自己劳动改造获得的劳动所得，来赔偿、补偿被害人或主动缴纳罚金。将服刑人员是否履行民事赔偿，作为是否具有悔改表现的一项标准，法院在审理减刑、假释案件时将加以核实。对

---

〔1〕 陈伟等：“程序公开公正 实践延伸服务——对山西省晋中中院减刑假释试点工作的调查”，载《人民法院报》2010年9月2日，第5版。

〔2〕 王利荣：“再谈监禁刑执行变更范式的转换”，载《政法论丛》2012年第6期。

于确有证据证明其有履行能力而拒不履行的，应视为没有悔改表现，不予减刑、假释。通过开展各种形式的修复性司法活动，引导、教育服刑人员通过积极的负责任的行为重新取得被害人及其家庭和社会的谅解，使因犯罪行为受损的社会关系得以修复、愈合和改善，消除矛盾冲突。尤其是服刑人员用劳动所得进行赔偿，在中国尚未建立国家赔偿被害人制度的情况下，是一种可行的赔偿方法，对于修补被破坏的社会关系具有十分积极的意义。

将减刑、假释与财产刑执行和附带民事赔偿责任的履行挂钩，在我国有着明确的刑事政策上的根据。2010 年 2 月 8 日颁行的《最高人民法院关于贯彻宽严相济刑事政策的若干意见》（以下简称《意见》）第 34 条规定，对于危害国家安全犯罪、故意危害公共安全犯罪、严重暴力犯罪、涉众型经济犯罪等严重犯罪。恐怖组织犯罪、邪教组织犯罪、黑恶势力犯罪等有组织犯罪的领导者、组织者和骨干分子。毒品犯罪再犯的严重犯罪者。确有执行能力而拒不依法积极主动缴付财产执行财产刑或确有履行能力而不积极主动履行附带民事赔偿责任的，在依法减刑、假释时，应当从严掌握。对累犯减刑时，应当从严掌握。拒不交代真实身份或对减刑、假释材料弄虚作假，不符合减刑、假释条件的，不得减刑、假释。对于因犯故意杀人、爆炸、抢劫、强奸、绑架等暴力犯罪，致人死亡或严重残疾而被判处死刑缓期二年执行或无期徒刑的罪犯，要严格控制减刑的频度和每次减刑的幅度，要保证其相对较长的实际服刑期限，维护公平正义，确保改造效果。对于未成年犯、老年犯、残疾罪犯、过失犯、中止犯、胁从犯、积极主动缴付财产执行财产刑或履行民事赔偿责任的罪犯、因防卫过当或避险过当而判处徒刑的罪犯以及其他主观恶性不深、人身危险性不大的罪犯，在依法减刑、假释时，应当根据悔改表现予以从宽掌握。对认罪服法，遵守监规，积极参加学习、劳动，确有悔改表现的，依法予以减刑，减刑的幅度可以适当放宽，间隔的时间可以相应缩短。符合《刑法》第 81 条第 1 款规定的假释条件的，应当依法多适用假释。该条规定明确了对减刑、假释区别对待的立场，指明了在办理减刑、假释案件时贯彻宽严相济刑事政策的基本做法，对于司法实践中减刑、假释案件的正确处理有着极为重要的意义。

关于财产刑执行与否对减刑、假释的影响问题，在司法实务上存在不同的看法。时任最高人民法院副院长的姜兴长在 2005 年全国减刑假释工作座谈会上的讲话中指出，“认罪”是一种思想状态，表明犯罪分子真正认识到了自己所犯罪行的社会危害性。“服法”是一种行动状态，反映出罪犯服从法律制裁，切实履行刑罚执行活动所附加的法律义务。“服法”应当包括自由刑的执行，也包括财产刑的执行。因此，服刑人员确有财产刑执行能力而拒不执行的，就可以认定其不符合“确有悔改表现”的要件。〔1〕但也有观点认为，罚金刑的执行不应当与减刑挂钩。法院裁定减刑是针对主刑的执行情况，不能因为罚金刑没有执行就不予以减刑。对于拒不缴纳罚金的罪犯可以采取易科自由刑的方式解决。罚金刑的执行主体应当是人民法院。〔2〕还有的观点认为，尽管需要解决罚金刑执行问题，以维护法院裁判的性和严肃性，但是也不能以罚金没有缴清就不予

〔1〕 姜兴长：“在全国法院减刑、假释工作座谈会上的讲话”，载中华人民共和国最高人民法院刑事审判第一庭、第二庭编：《刑事审判参考》2005 年第 5 集 · 总第 46 集，法律出版社 2006 年版，第 158 页。

〔2〕 李忠诚：“未缴纳罚金不应阻却自由刑的减刑——兼谈罚金刑执行的对策”，载《人民检察》2005 年第 4 期。

减刑。理由如下：第一，从刑法规定的减刑条件看，减刑是以执行期间的实际表现为前提条件的，刑法并没有把不缴纳罚金作为减刑的限制性条件。所以，不应当以罪犯是否缴纳罚金作为减刑的前提条件。第二，从减刑是主刑执行中的变更执行角度看，其与罚金刑这一附加刑无关。监狱作为刑罚执行机关负责执行的是自由刑这种主刑而不是罚金刑这种附加刑。“确有悔改表现”是指罪犯在监狱中服自由刑的表现，不能单纯用缴纳罚金来衡量。第三，从监狱管理秩序的稳定和改造罪犯的角度希望，建立减刑制度就是让罪犯看到改造希望，为其提供重新做人的机会，体现惩前毖后、治病救人的刑事政策。如果对符合减刑条件但缴纳罚金有困难的罪犯不予减刑，就会使罪犯感到没有出路、没有希望，进而容易产生抗拒改造心理，影响改造质量的提高。[1]另外，最高人民法院审判监督庭为修订减刑、假释司法解释而进行的调研工作表明，关于减刑、假释与财产刑的执行和附带民事赔偿的履行情况是否具有关联性的问题，主要有以下三种意见：第一种意见，认为同意将财产刑的执行和附带民事赔偿的履行情况与减刑假释相挂钩。目前，一些法院在审理减刑、假释案件时基本上不考虑罪犯财产刑和民事赔偿责任的履行情况，这种履行与不履行、履行多与履行少都获得减刑、假释的局面，会形成错误的财产刑执行导向，加剧财产刑“空判”现象，加大财产刑执行的难度。为了体现刑罚执行的严肃性和完整性，调动罪犯执行财产刑的积极性，提高财产刑的执行率，应明确财产刑的执行和民事赔偿责任的履行情况与减刑、假释的关联机制，并予以原则性规定。第二种意见，同意将财产刑的执行与减刑、假释挂钩，但不同意附带民事赔

〔1〕“检察信箱”，载《人民检察》2004年第8期。

偿履行情况与减刑、假释挂钩。理由是，将附带民事赔偿履行情况与减刑、假释挂钩后，其复杂性、特殊性容易引起受害人到减刑、假释审理部门上访事件的增多。第三种意见，认为不应将财产刑的执行和民事赔偿责任的履行情况与减刑、假释挂钩，主要理由为：第一，实践中财产刑和附带民事赔偿的履行情况在量刑中已经予以考虑，减刑、假释时再次予以考虑，属于重复评价；第二，监狱不是财产刑和附带民事赔偿的执行机关，难以证明罪犯的财产刑和附带民事赔偿责任的执行情况；第三，罪犯有无悔改表现应以其在监狱中的改造表现为依据，财产刑执行和附带民事赔偿情况与罪犯有无悔改表现没有直接联系；第四，被判处财产刑和承担附带民事赔偿责任的罪犯数量大，且罪犯经济能力有限，将减刑、假释与之挂钩，容易造成罪犯消极改造或者抗拒改造，不利于维护监管秩序；第五，将财产刑的执行和附带民事赔偿责任的履行情况与减刑、假释挂钩，可能导致罪犯在交付执行前能执行而不执行情况的发生；第六，容易造成人民群众“以钱买刑”的误解。〔1〕为了统一认识，《意见》就减刑、假释与财产刑执行和附带民事赔偿责任的履行情况能否挂钩的问题作出了明确规定。

《意见》将减刑、假释与财产刑执行和附带民事赔偿责任的履行挂钩，既具有坚实的理论基础，也具有重要的现实意义和社会价值。一方面，罪犯依法积极主动缴付财产执行财产刑或积极主动履行民事赔偿责任既是罪犯主动积极地履行其义务的体现，也是其人身危险性降低的表现，是判定其“确有悔改表现”的外在因素之一。另一方面，将减刑、假释与财产刑执行

〔1〕 黄永维：“关于修改减刑假释司法解释若干问题的说明”，载《河南社会科学》2010年第4期。

和附带民事赔偿责任的履行挂钩，有利于解决目前存在的罚金和附带民事赔偿的“空判”现象，督促罪犯积极主动地履行自己的义务，节省执行成本，彰显判决的权威性。在罪犯积极主动地履行其民事赔偿责任的情况下，还有利于促进罪犯与被害人之间矛盾的化解，促进社会和谐。当然，实践中，财产刑没有执行或附带民事赔偿责任没有履行的情形既可能是由于罪犯确有执行或履行能力但不愿缴纳，也可能是因为罪犯根本上就没有执行或履行能力。在罪犯确有能力执行财产刑或履行民事赔偿责任而拒不执行或履行的情况下，可以将财产刑没有执行或附带民事赔偿责任没有履行视为其拒不悔改的一种外在表现，这种情况便确有导致其丧失减刑、假释资格的可能。而在罪犯根本没有缴纳罚金能力的情况下，就很难认为罚金没有缴纳与罪犯拒不悔改之间有多少关联性。因此，绝对地将减刑、假释的适用与财产刑的执行或附带民事赔偿责任的履行相挂钩，意味着无端地剥夺了一部分罪犯减刑、假释的资格。根据《意见》第 34 条的规定，只有在罪犯具备确有执行财产刑的能力或履行民事赔偿责任的能力这一前提条件，财产刑的执行或附带民事赔偿责任的履行才与减刑、假释的适用相挂钩。这样，就可以打消实践中存在的“将减刑、假释的适用与财产刑的执行或附带民事赔偿责任的履行相挂钩，对经济条件好的罪犯比较有利，但却会挫伤经济条件差的罪犯的改造积极性”的顾虑。另外，在实践中还应注意的是，财产刑的执行或附带民事赔偿责任的履行仅仅是判定罪犯是否符合减刑、假释的实质条件——确有悔改表现的因素之一、对罪犯是否具备这种实质条件，应结合其改造表现等综合地加以认定。如果仅仅依据财产刑得到执行或附带民事赔偿责任得到履行这一事实便认为罪犯符合减刑、假释的实质条件，就可能形成“花钱买减刑、假释”的局面。

《意见》中将减刑、假释与财产刑执行和附带民事赔偿责任履行挂钩的精神在最高人民法院的后续司法解释中得到了明确的反映。2019 年 4 月 24 日公布的《最高人民法院关于办理减刑、假释案件具体应用法律的补充规定》第 1 条规定，对拒不认罪悔罪的，或者确有履行能力而不履行或者不全部履行生效裁判中财产性判项的，不予假释，一般不予减刑。

第四章

民事赔偿与刑事责任的实现

近年来，在全面构建社会主义和谐社会的政策背景之下，作为有效化解犯罪人与被害人之间的矛盾纠纷和促进社会和谐的一种重要手段，民事赔偿不仅在刑事司法过程中逐渐受到了高度重视，而且，随着恢复性司法理念的传播和刑事和解制度的确立，学界有论者还进一步提出了民事赔偿应当属于刑事责任的一种实现方式的见解。然而，与此同时，根据犯罪人对被害人的民事赔偿来对犯罪人予以从宽处罚的做法是否属于“花钱买刑”，也同样引起了学界的广泛讨论。在此背景之下，全面厘清和解读民事赔偿与刑事责任之间的关系以及民事赔偿对刑事责任实现的影响情况，无疑是理论上亟待解决的一个问题。

一、民事赔偿与刑事责任的概念解析

在理论研究过程中，对核心概念的明确，是探讨与之相关问题的一个基本的逻辑前提。由于民事赔偿和刑事责任这两个概念的内涵并不是十分清楚，所以，对二者进行全面的解析，以建立起一个相对固定的讨论平台，无疑是十分必要的。

（一）民事赔偿的概念解析

从字面意思来看，所谓“赔偿”，即是指“因自己的行为使他人或集体受到损失而给予补偿”。[1]而“民事”，则一般就是指民间事务，其相关的权利义务人通常被称为“民事主体”。据此，所谓民事赔偿，一般就是指民事主体之间，因加害人的行为使被害人受到损失时，由加害人给予被害人补偿的情况。从这一概念来看，民事赔偿实际上是特指发生在平等民事主体之间的法律行为，赔偿的主体一般是实施了相关违法行为的加害人，赔偿的对象是被害人（被害人已死亡时也可以是其亲属），而赔偿的内容则一般体现为金钱或财物。

在此需要重点解决的一个问题是，民事赔偿所针对的是被害人所遭受的损失，而这里的“损失”，是仅包括物质损失，还是也包括精神损失？或者说，对被害人所遭受的精神损失的赔偿，是否属于民事赔偿的范围？应当说，在民事案件中，民事赔偿的范围包括精神损失，这是没有疑义的，而在刑事案件中，对此则存在疑问。根据2012年修订后的《刑事诉讼法》第99条第1款的规定，在刑事诉讼过程中，被害人只有在因被告人的犯罪行为而遭受物质损失时，才有权提起附带民事诉讼。2000年12月，在《最高人民法院关于刑事附带民事诉讼范围问题的规定》中也重申，对于被害人因犯罪行为遭受精神损失而提起附带民事诉讼的，人民法院不予受理。2002年7月，在《最高人民法院关于人民法院是否受理刑事案件被害人提起精神损害赔偿民事诉讼问题的批复》（已失效）中再次指出，对于刑事案件被害人由于被告人的犯罪行为而遭受精神损失提起的附带民事诉讼，或者在该刑事案件审结以后，被害人另行提起精神损害赔偿民事诉讼的，人民法院不予受理。据此，在刑事案

〔1〕 中国社会科学院语言研究所词典编辑室编：《现代汉语词典》（第6版），商务印书馆2012年版，第978页。

件中，民事赔偿的范围似乎仅仅包括物质损失，而并不包括精神损失。

然而，笔者认为，暂不论以上规定是否合理，在实际的诉讼过程中，将对被害人精神损失的赔偿排除在民事赔偿的范围之外，实际上是不可能的。一方面，在附带民事诉讼案件中，犯罪人与被害人可以就民事赔偿问题自行达成协议。在这种自愿性的协议中，是不可能排除精神损害赔偿内容的，审判机关也无权对这部分赔偿内容不予承认。在刑事和解案件中，这一点还可能表现得更加突出。另一方面，犯罪人积极赔偿被害人的精神损失，不仅同样减轻了其犯罪行为的社会危害性程度，而且无疑也表现出了其人身危险性程度的降低，所以，在量刑过程中考量犯罪人的民事赔偿情况时，不考虑精神损害赔偿，显然也是不合适的。由此，在刑事案件中，民事赔偿的范围同样既包括物质损失赔偿也包括精神损失赔偿。

（二）刑事责任的概念解析

关于刑事责任的概念，学界存在着多种不同的见解，归纳起来大致有如下几种观点：[1]①法律责任说。该学说认为，“刑事责任是国家司法机关依照法律规定，根据犯罪行为以及其他能说明犯罪社会危害性的事实，强制犯罪人负担的法律责任。”②法律后果说。该学说认为，刑事责任“是依照刑事法律规定，行为人实施刑事法律禁止的行为所必须承担的法律后果”。③否定评价说或称责难说、谴责说。该学说认为，“刑事责任是指犯罪人因实施刑法禁止的行为而应承担的、代表国家的司法机关依照刑事法律对其犯罪行为及其本人的否定性评价和谴责。”④刑

[1] 赵秉志主编：《刑法争议问题研究》（上卷），河南人民出版社1996年版，第539-542页。

事义务说。该学说认为，刑事责任是“犯罪人因其犯罪行为根据刑法规定向国家承担的、体现着国家最强烈的否定评价的惩罚义务”。⑤刑事负担说。该学说认为，“刑事责任是国家为维持自身的生存条件，在清算触犯刑律的行为时，运用国家暴力，强迫行为人承受的刑事上的负担”。也有论者在对以上观点进行全面分析的基础上指出，上述诸说从不同方面和角度来揭示刑事责任的内涵，尽管都不乏值得肯定之处，但也都有着不同程度的缺陷或不足。通过概括上述各种定义的优点，可以将刑事责任作如下界定，刑事责任是刑事法律规定的，因实施犯罪行为而产生的，由司法机关强制犯罪者承受的刑事惩罚或单纯否定性法律评价的负担。[1]这一观点可以说是我国传统刑法学的代表性见解。

在笔者看来，上述第一种观点因对“责任”本身并没有做出解释，因此并不可取，而后四种观点则在实质上并不存在较大差别，其都是在犯罪人因其犯罪行为而在法律上所产生的后果或负担这一层面来界定刑事责任的。笔者认为，这种界定方式是值得肯定的。从立法例来看，中国刑事法上的“刑事责任”一语，基本上都是以“犯罪之法律后果”的意义来使用的。1997 年经修订的《刑法》不仅在第 2 章第 1 节的标题上使用了“刑事责任”，而且在 452 个条文中有 13 个条文 21 次直接提到了“刑事责任”。1996 年经修订的《刑事诉讼法》，在 225 个条文中则有 11 个条文 16 次直接使用了“刑事责任”一语。在上述条文中，绝大多数都是在“犯罪的法律后果”意义上来使用

〔1〕 高铭暄、马克昌主编：《刑法学》（第 5 版），北京大学出版社、高等教育出版社 2011 年版，第 199-200 页。

"刑事责任"。[1]因此，概括来讲，刑事责任的实质内容就应当是犯罪的法律后果或负担。而从概念界定的科学性和严谨性的角度考虑，笔者认为，我国传统刑法学的代表性见解是相对合理的。所以，本章对刑事责任问题的讨论，主要是以这一概念为依托的。

在对刑事责任概念的理解上，关键就是要将其与其他的责任形式相区分。我国法律中的责任形式主要表现为三种，即民事责任、行政责任与刑事责任。一般来讲，所谓民事责任，即是指民事主体违反合同义务或者法定民事义务而应承担的法律后果。[2]民事责任与刑事责任的主要差别就在于：第一，民事责任是由行为人违反民事义务的行为引起的，而刑事责任则是由行为人的犯罪行为引起的。第二，民事责任是行为人向民事法律关系的相对人所负担的责任，它表现了平等民事主体之间的关系，而刑事责任是犯罪人向国家所负的责任，它表现了犯罪人与国家之间的关系。[3]第三，民事责任的功能主要体现为对民事受害人的补偿和救济，而刑事责任的功能则主要体现为对犯罪的惩罚和预防。第四，与民事责任的功能相一致，民事责任的实现方式主要以补偿和恢复受害人的权利为基本内容，包括恢复原状、返还财产、赔偿损失、停止侵害、排除妨害、赔礼道歉等形式，[4]而刑事责任的实现方式则只包括定罪处刑

---

〔1〕 杜宇：《传统刑事责任理论的反思与重构——以刑事和解为切入点的展开》，中国政法大学出版社 2012 年版，第 33 页。

〔2〕 刘彦辉："民事责任与刑事责任功能之比较"，载《求是学刊》2010 年第 2 期。

〔3〕 高铭暄、马克昌主编：《刑法学》（第 5 版），北京大学出版社、高等教育出版社 2011 年版，第 202 页。

〔4〕 张旭："民事责任、行政责任和刑事责任：三者关系的梳理与探究"，载《吉林大学社会科学学报》2012 年第 2 期。

和定罪免刑两种。第五，民事责任可通过法院的调解或当事人的和解自行解决，而刑事责任一旦确立则必须要由司法机关强制犯罪人承担。

至于行政责任，则一般是指行政法律关系的主体由于违反行政法的规定而应承担的法律后果。〔1〕行政责任与刑事责任的区别主要表现为：第一，行政责任由行为人违反行政法律规范的行为所引起，而刑事责任则由行为人的犯罪行为所引起。第二，行政责任有的要向国家负担，有的要向行政相对人负担，〔2〕而刑事责任则只能向国家负担。第三，行政责任的功能主要表现在两个方面，即通过要求责任人为或不为一定的行为，对行政行为所造成的权利侵害进行救济的功能和通过剥夺相关能力，以减少再次实施违法行为可能性的预防功能。〔3〕而刑事责任的功能则主要就是惩罚和预防犯罪。第四，行政责任的实现方式因承担的主体不同而有多种形式，〔4〕而刑事责任的实现方式则只包括定罪处刑和定罪免刑两种形式。第五，行政责任的实现通常也具有强制性，但对于向行政相对人所负担的责任，也可通过调解或协商解决，而刑事责任的实现则具有绝对的强制性。

---

〔1〕 方世荣主编：《行政法与行政诉讼法学》，中国政法大学出版社 2002 年版，第 103 页。

〔2〕 例如，行政相对人就其违反行政法律规范的行为，必须要向国家负担行政责任；而如果行政主体作出的违法行政行为侵害了行政相对人的合法权益时，则要向行政相对人负担行政责任。

〔3〕 张旭：“民事责任、行政责任和刑事责任：三者关系的梳理与探究”，载《吉林大学社会科学学报》2012 年第 2 期。

〔4〕 例如，对于行政主体所承担的行政责任，有返还权益、恢复原状、停止违法行为、撤销违法的行政行为等实现形式；对于行政公务员所承担的行政责任，主要通过警告、记过、撤职、开除等行政处分来实现；而对于行政相对人所承担的行政责任，则主要通过罚款、吊销营业执照、责令停产停业、拘留等行政处罚来实现。

二、民事赔偿与刑事责任的关系定位

（一）民事赔偿与刑事责任的关系：传统观点与新近见解

我国传统刑法理论一般认为，民事赔偿虽然是民事责任的一种重要的实现方式，但是，在刑事案件中，犯罪人积极进行民事赔偿，不仅在主观上反映了犯罪人有悔罪表现，人身危险性有所降低，而且在客观上也可以减轻犯罪行为对社会的危害，所以民事赔偿是刑事责任的一种重要的影响因素。从法律性质上讲，这一影响因素应当属于一种酌定的量刑情节。〔1〕对于这一关系定位，我国许多相关的司法解释事实上也都进行了确认。例如，2004 年 6 月颁布的《最高人民法院关于依法惩处生产销售伪劣食品、药品等严重破坏市场经济秩序犯罪的通知》第 3 条中规定，被告人和被告单位积极、主动赔偿受害人和受害单位损失的，可以酌情、适当从轻处罚。2006 年 1 月颁布的《最高人民法院关于审理未成年人刑事案件具体应用法律若干问题的解释》第 19 条第 2 款规定，被告人对被害人物质损失的赔偿情况，可以作为量刑情节予以考虑。2010 年 2 月颁布的《最高人民法院关于贯彻宽严相济刑事政策的若干意见》第 23 条也明确指出，被告人案发后对被害人积极进行赔偿，并认罪、悔罪的，依法可以作为酌定量刑情节予以考虑。此外，最高人民法院在 2010 年 9 月发布的《人民法院量刑指导意见（试行）》（已失效）中还明确规定，对于积极赔偿被害人经济损失的，综

〔1〕 赵秉志、彭新林："论民事赔偿与死刑的限制适用"，载《中国法学》2010 年第 5 期。我国许多刑法教科书也均将民事赔偿定位为一种酌定的量刑情节。参见高铭暄、马克昌主编：《刑法学》（第 5 版），北京大学出版社、高等教育出版社 2011 年版，第 264 页；赵秉志等：《刑法学》（第 2 版），北京师范大学出版社 2013 年版，第 360 页；黎宏：《刑法学》，法律出版社 2012 年版，第 361 页；等等。

合考虑犯罪性质、赔偿数额、赔偿能力等情况，可以减少基准刑的30%以下。由此可见，将民事赔偿定位为一种影响刑事责任承担的酌定量刑情节，不仅是我国刑法学界的一种普遍见解，而且也已在司法实务中得到了贯彻。

然而，近年来，随着民事赔偿在刑事司法过程中的地位和作用不断被抬高，特别是在恢复性司法和刑事和解制度的影响下，有一些学者也逐渐突破了以上对民事赔偿与刑事责任关系的传统界定，而将民事赔偿上升为刑事责任的一种实现方式加以定位。例如，有论者指出，以赔偿损失和赔礼道歉等为内容的"刑事和解"应当成为一种新的刑事责任实现方式。其理由主要在于，一方面，虽然刑事和解中的具体责任形式，如道歉、赔偿损失等，具有民事责任形式的外观，但是责任形式的性质定位，有时并不取决于其本身的固化形态，而取决于其运用的具体领域。比如，当赔偿被运用于解决侵权或违约问题时，它是民事责任的实现方式，但当赔偿被作为行政违法行为的消极后果时，就是行政责任的实现方式。那么，相应地，当赔偿被运用于解决犯罪问题时，就应当成为实现刑事责任的方式。另一方面，在和解后减轻处罚的情况下，如果将和解视为民事责任的履行方式，就必然会得出结论，民事责任的履行可以部分抵消刑事责任，刑事责任的履行可以部分转换为民事责任之履行。而事实上，刑事责任之履行与民事责任之履行乃并行之双轨，绝不可能相互交叉和替代。所以，只有将和解理解为刑事责任之实现，方能理解上述转换现象。〔1〕

也有论者针对我国1997年《刑法》第36条的规定明确指

〔1〕 杜宇：《传统刑事责任理论的反思与重构——以刑事和解为切入点的展开》，中国政法大学出版社2012年版，第158-159页。

出，该条所规定的犯罪赔偿是一种刑事责任，而不是民事责任。其具体理由是：第一，并不是所有带有财产内容的赔偿责任都是一种民事责任，一种赔偿责任方式的法律性质主要取决于导致其法律后果的法律事实之性质，而不是其责任方式本身。犯罪赔偿是由于刑事法律事实导致的一种法律后果，是根据刑法确立的一种赔偿责任，因此理应属于一种刑事责任。第二，刑事责任是刑罚的基础，但刑罚只是实现刑事责任的一种方式，除了刑罚以外，实现刑事责任还存在其他方式。第三，《刑法》第 36 条所确立的犯罪赔偿具有刑事责任的法律性质和基本内容。首先，保护公民、法人和其他组织的合法权益也是刑法的基本任务，但仅靠刑罚方式并不能够满足被害方的物质利益需求，因此需要赔偿这种责任方式来加以弥补。其次，《刑法》第 36 条所确立的犯罪赔偿体现了国家意志，表明了国家法律对犯罪行为的一种谴责和否定评价，从而具备了作为一种责任方式的法律特征和基本要求。最后，《刑法》第 36 条所确立的犯罪赔偿是犯罪在刑法上的直接法律后果，是人民法院依照刑法明文规定解决犯罪实体问题的一种责任方法。〔1〕

还有论者在讨论我国 1997 年《刑法》第 37 条所规定的非刑罚处罚方法时一并指出，非刑罚方法中包括行政处罚、行政处分、责令赔偿损失等处罚方法。不能认为，在任何场合，只要适用这些方法的，就是行政责任、民事责任的实现方法。而应当认为，当其被用作追究犯罪人刑事责任的方法时，就是犯罪的法律后果。如果不这样认识，要么就自相矛盾——对构成犯罪的只追究行政责任、民事责任。要么就以结果否认前

〔1〕 苏侃："犯罪民事责任制度质疑：兼对我国刑法功能暨刑事责任制度的反思"，载《中国刑事法杂志》2012 年第 6 期。

提——既然给予的是行政处分、民事制裁，其行为就不是犯罪行为。同时，该论者还指出，《刑法》第 36 条所规定的民事赔偿是刑事附带民事诉讼的结果，其以给予刑罚处罚为前提，故判处赔偿经济损失只是实现民事赔偿责任的方式。而《刑法》第 37 条所规定的责令赔偿损失，尽管在作出判决前被害人也可能提起了民事诉讼，但由于没有判处刑罚，所以其就不只是民事责任的实现方式，同时也是犯罪的法律后果。[1]这实际上就是肯定了“责令赔偿损失”也是刑事责任的一种实现方式。

（二）民事赔偿与刑事责任关系的合理定位

尽管不能否认，在刑事司法过程中对民事赔偿予以高度重视，不仅有利于充分保障被害人的合法权益，而且还具有缓解赔偿执行困难、促进社会和谐等多方面的积极意义。但是，将其抬高到刑事责任的实现方式这一地位，则在理论和实践中都是存在疑问的。笔者认为，从目前来看，将民事赔偿定位为刑事责任的影响因素（即酌定量刑情节）依然是具有合理性的，将其作为刑事责任的一种实现方式，不仅在理论依据上不够充分，而且在现行的法律体系中也不能作出自洽性的解释。

具体而言，首先，刑法理论上一般认为，行为人负担刑事责任的根据在于其行为了符合犯罪构成或者说构成了犯罪，而刑事责任程度的根据，则除了反映行为社会危害性程度不同的犯罪构成外，还包括构成要件之外的影响行为的社会危害性和行为人的人身危险性大小的因素，这些因素既包括犯罪实施过程中的情况，也包括犯罪之前和犯罪之后的情况。[2]犯罪人对被害人的民事赔偿就属于犯罪之后的情况。犯罪人积极进行民

---

〔1〕 张明楷：《刑法学》（第 4 版），法律出版社 2011 年版，第 560、562 页。

〔2〕 高铭暄、马克昌主编：《刑法学》（第 5 版），北京大学出版社、高等教育出版社 2011 年版，第 209 页。

事赔偿之所以会减轻其刑事责任，一方面在于这种赔偿在事后降低了其犯罪行为的社会危害性，另一方面则在于这种赔偿行为还鲜明地体现了其悔罪态度，进而表现出其人身危险性的显著降低，因为，如果一名罪犯自愿放弃其大部分的个人积蓄来赔偿被害人的损失，这将是一个有力的证明，证明其已经意识到了自己的违法行为，证明其已经有了改过自新的愿望。这种证明比起那些有关良好举止的承诺和对过去忏悔的表白更有证明力。〔1〕因此，不论是从报应还是预防的角度来讲，就不能再让这类犯罪人承担与那些没有进行民事赔偿的犯罪人相同的法律后果，而是可以予以从宽处罚。这种情况并不是由事后民事责任的承担来抵消部分刑事责任，而是始终植根于对犯罪行为的社会危害性和犯罪人的人身危险性这两种影响刑事责任程度的因素的判断。所以，不将民事赔偿理解为刑事责任的一种实现方式，也完全可以对积极赔偿后的从宽处罚作出合理的说明。

其次，对具有犯罪性质的某种行为事实，除将其评价为犯罪外，也完全可以从其他的角度对其法律性质作出多维的判断，进而追究其不同的法律责任。我国的刑事附带民事诉讼制度便体现了这一意蕴。犯罪人对被害人的侵害行为虽然已在刑法上被评价为构成犯罪，但是，这却并不妨碍从民法上将其评价为侵权行为，进而追究其相应的民事责任。对具有行政违法性质的犯罪行为也是如此。追究犯罪人的刑事责任也同样不妨碍从行政法层面将其评价为行政违法，进而追究行为人的行政责任，如吊销执照、撤职、开除等。这里也并不涉及重复评价或处罚的问题，因为其判断的法律维度并不相同，制裁的法律依据也

---

〔1〕［意］加罗法洛：《犯罪学》，耿伟、王新译，中国大百科全书出版社 1996 年版，第 433 页。

并不相同。而如果仅仅因为某一行为事实被评价为犯罪，就将民事赔偿、吊销执照、撤职、开除等所有针对这一事实的制裁措施都作为刑事责任的实现方式，那么这一结论恐怕就是难以接受的。当然，如果针对这一行为事实的责任形式在内容上出现了重合，就不能再进行重复处罚，如判处了罚金就不能再处以罚款，判处了拘役就不能再处以拘留。由此来看，尽管民事赔偿可能被用于犯罪问题的解决之中，但是其却并不是针对该行为的犯罪性质来使用，而是针对这一行为的民事侵权性质来使用，所以其也并不是刑事责任的实现方式，而依然是民事责任的实现方式。

再次，刑事责任的实现方式只包括定罪处刑与定罪免刑两种，包括责令赔偿损失在内的非刑罚处罚方法也同样不是刑事责任的实现方式。刑事责任是犯罪人因自己的犯罪行为而应承担的法律后果，其实质上是通过相应的法律后果来体现对犯罪人的谴责或否定性评价。〔1〕而不论是定罪处刑，还是定罪免刑，都是专门针对犯罪行为的法律后果，也都已经体现了对犯罪人的否定性评价，因此也就意味着刑事责任的实现。至于责令赔偿损失等非刑罚处罚方法，则是在对犯罪人进行法律制裁时一并实现其他的法律责任，以确保相应法律效果的充分实现和发挥。所以，定罪免刑并施以非刑罚处罚措施，并不是对犯罪人只追究行政责任或民事责任，而是同时追究刑事责任、行政责任或民事责任。〔2〕另外，以定罪后是否判处刑罚为标准，将民

---

〔1〕 当然，所有的法律责任都意味着对行为人的否定性评价，但是，其区别就在于，不同的法律责任在进行否定性评价时所依托的法律后果并不相同。

〔2〕 非刑罚处罚方法中的“由主管部门予以行政处罚或者行政处分”显然是行政责任的实现方式，“赔礼道歉”和“赔偿损失”则是向被害人负担的民事责任的实现方式，至于“训诫”和“责令具结悔过”，则是人民法院对犯罪人采取的教育性措施，其本身也并不是刑事责任的实现方式。

事赔偿区分为民事责任实现方式与刑事责任实现方式，也同样是不合理的。因为，定罪免刑与定罪处刑一样，都意味着已经实现了刑事责任，而并不是不责令赔偿损失，刑事责任就无从实现。更何况，刑事责任的实现具有强制性，即不以相关当事人的主观意志为转移，而不论是《刑法》第 36 条中的判处赔偿经济损失，还是第 37 条中的责令赔偿损失，其无疑都可因被害人的自愿放弃而无从实现，所以这两个条文中的民事赔偿都不是刑事责任的实现方式，而只能是民事责任的实现方式。至于对被害方物质利益的保护，也并不是只有将民事赔偿作为刑事责任的实现方式才能有效实现，通过完善其他相关的法律制度也同样可以得到满足。

复次，就将民事赔偿作为刑事责任的实现方式而言，依据我国现行法律，也不能做出自洽性的解释。我国 1997 年《刑法》第 36 条规定，由于犯罪行为而使被害人遭受经济损失的，对犯罪分子除依法给予刑事处罚外，并应根据情况判处赔偿经济损失。“承担民事赔偿责任的犯罪分子，同时被判处罚金，其财产不足以全部支付的，或者被判处没收财产的，应当先承担对被害人的民事赔偿责任。”可见，该条是将赔偿经济损失明确界定为民事责任的实现方式的。而如果将民事赔偿解释为刑事责任的实现方式，则就直接违反了这一规定。同时，刑事案件中的民事赔偿大多是通过附带民事诉讼的方式来实现的，而是否提起附带民事诉讼，则由被害人自行决定。如果被害人不予提起或撤回起诉，则法院不得在刑事诉讼中解决该民事赔偿问题。这样，如果将民事赔偿作为刑事责任的实现方式，则无疑是将这种实现方式中所涉及的刑事追诉权交给了被害人，而这显然是违反现行《刑事诉讼法》的规定的。另外，根据最高人民法院于 2012 年 12 月颁布的《刑事诉讼法解释》第 143 条的规定，除刑事被告人外，刑事被告人的监护人和死刑罪犯的遗产继承人等也属于依法负有赔偿责任的人。那么，如果将民事赔偿作为刑事责任的实现方式，则刑事被告人的监护人和死刑罪犯的遗产继承人等无疑也属于应当承担刑事责任的人，而这显然是与刑法中的罪责自负原则相矛盾的。所以，将民事赔偿定位为刑事责任的实现方式，在现行法律体系之下也并不具有可行性。

最后，将民事赔偿作为刑事责任的实现方式，也更加容易催生“花钱买刑”的不良现象。尽管在理论上对“花钱买刑”还存在着一些不同的看法，但是，在当下，公众对此的共同质疑是，“富人可以花钱免刑，只要有钱，即使不是真心悔罪也能被赦免。而穷人即使是真心悔罪，因无法进行赔偿而被判重罪，其后果是公开的司法不公。”〔1〕的确，在将民事赔偿作为刑事责任的实现方式之后，司法机关可能更加重视的就是犯罪人是否进行了赔偿以及赔偿了多少，进而直接将其作为处刑轻重的依据，至于犯罪人是否真心悔罪，则是无关紧要的。这在当前贫富差距较大的社会背景之下，无疑是十分危险的，其可能直接导致的结果就是，一方面，使富裕的犯罪人无法感受到惩罚之痛，从而不利于打击和预防犯罪。另一方面，使贫穷的犯罪人对司法公正丧失信心，进而强化其反社会心理。最终，刑事司法所本应彰显的社会正义也就荡然无存了。所以，尽管我们力求通过民事赔偿来实现“案结事了”，但是，在任何情况下都不能忽略刑事司法所担当的对社会公平正义的指引责任。我们应当铭记，刑事司法体系“与社会正义直觉越吻合，其道德信誉

〔1〕 王瑞君：“赔偿在刑事司法中的理性定位——兼论被害人救济难题的破解”，载《内蒙古社会科学（汉文版）》2010年第5期。

越高。它越偏离经验主义惩罚，并对偏离就越不在乎，其道德权威就越低”。[1]

三、民事赔偿对刑事责任的影响：程度及其实现方式

民事赔偿对刑事责任的影响源于其酌定量刑情节的性质，即其是通过反映犯罪行为的社会危害性和犯罪人人身危险性的大小来影响刑事责任的。所以，并不是任何情形的民事赔偿都可以影响刑事责任，而是只有在这种民事赔偿能够反映出犯罪行为的社会危害性程度和犯罪人人身危险性程度的变化时才可能影响刑事责任。在正常情况下，法院依法判处民事赔偿，犯罪人依法承担民事赔偿，其一般不会对刑事责任的轻重产生影响。而如果犯罪人明知应予赔偿且有赔偿能力，但是却通过隐匿财产等拒不赔偿或只做少量赔偿，则无疑就会加剧或强化其犯罪行为的社会危害性和其本身的人身危险性，所以就应当适当加重其刑事责任。反之，如果犯罪人能够积极主动地去赔偿被害人，且在一定程度上取得了被害人的谅解，则无疑就应当适当减轻其刑事责任。由此可见，民事赔偿对刑事责任的影响不仅有其条件限制，而且这种影响还具有双向性，即根据不同的赔偿情况，既可能加重刑事责任，也可能减轻刑事责任。就加重刑事责任而言，其实现方式无疑就是从重处罚，这一点比较容易掌握。而减轻刑事责任的实现方式，在理论上则既包括从轻处罚，也包括减轻处罚和免除处罚。那么，民事赔偿可以成为哪一种实现方式的根据呢？对此，则需要展开进一步的讨论。

---

〔1〕［美］保罗·H. 罗宾逊：《刑法的分配原则——谁应受罚，如何量刑?》，沙丽金译，中国人民公安大学出版社 2009 年版，第 184-185 页。

笔者在总体上认为，民事赔偿作为酌定量刑情节，既可以成为从轻处罚的根据，也可以成为减轻或免除处罚的根据或根据之一。以下对这三种情形分别予以说明。

（一）根据民事赔偿的情况予以从轻处罚

对犯罪人积极主动地赔偿被害人的，在量刑上一般都可予以从轻处罚，这一点不但在理论上并无异议，而且也已得到了相关司法解释的确认。在此需要注意的是，实践中，有的被害人可能会“狮子大开口”，提出严重超出法律规定的范围或标准的巨额赔偿要求。对此，不能因犯罪人未完全满足其赔偿要求，就直接认定为犯罪人不主动赔偿被害人。而应当是，只要犯罪人在与法律规定的范围或标准大体相当的程度上积极主动地赔偿了被害人的损失，就应当认定为属于主动赔偿被害人。此外，司法机关也不能单纯以犯罪人的赔偿数额来判断犯罪人悔罪程度的高低，并据此决定从轻处罚的幅度，而是应当综合考虑法律规定的赔偿范围或标准、犯罪人对犯罪行为的责任程度、犯罪人的赔偿能力等因素来进行综合判断。否则，一方面可能导致犯罪人的利益受到损害，另一方面则可能导致“花钱买刑”现象的泛滥，从而严重损害法律的尊严与公正性。

另外，在被告人积极赔偿被害人的情况下，在予以从轻处罚的同时，如果被告人符合缓刑的适用的条件，还应当尽可能地对其宣告缓刑。对此，可具体参考以下案例：

2009 年 12 月 1 日，河南春光装饰工程有限公司承包了焦作市烟草局办公楼室外装修改造工程，并由被告人高某作为河南春光装饰工程有限公司的驻工地代表，负责该工程。后高某将楼外挂铝塑板工程承包给无施工资质的被告人杨某。杨某在负责安排工人施工中明知施工现场有高压线，既未采取防范措施，也未对工人进行技术和安全教育培训就组织工人施工，致使施工人员杨某某、翟某某、杨一某三人在施工时触电，杨某某被当场电死，翟某某、杨一某被电伤。经鉴定，杨某某死亡系由于遭受电击。另查明，案发后二被告人已与被害人杨一某、被害人杨某某的家人达成赔偿协议。

焦作市山阳区人民法院一审后认为，被告人杨某、高某在安全生产条件不符合国家规定的情况下即组织施工，造成重大伤亡事故，二被告人系直接责任人员，其行为均构成重大劳动安全事故罪。二被告人当庭自愿认罪，并如实供述自己的罪行，可以从轻处罚。依照我国《刑法》第 135 条、第 67 条第 3 款的规定，判决被告人杨某、高某犯重大劳动安全事故罪，各判处有期徒刑 1 年。

一审宣判后，二被告人均提出上诉。被告人杨某上诉称，其在事故发生后，积极抢救伤者，并等候公安机关来处理，事后也积极赔偿被害人的经济损失，没有前科。一审量刑过重。其辩护人辩称，被告人杨某在事故发生后并没有离开现场，而是积极参与抢救工作，并等候公安机关来处理，应从轻处罚。被告人杨某积极赔偿被害人的损失，已取得被害人谅解。建议对其判处缓刑。被告人高某上诉称，一审对被告人量刑过重。其辩护人辩称，被告人高某的罪责与被告人杨某相比较责任要轻，但一审对二被告人的量刑是一样的。一审对被告人高某明显处罚过重，可对被告人高某宣告缓刑。

另查明，在二审期间，二被告人能积极赔偿被害人翟某某的部分经济损失，并保证一定按照法院的民事生效判决继续履行赔偿义务，从而取得了被害人的谅解。焦作市中级人民法院二审后认为，原判决事实清楚、证据确实充分，对二被告人适用法律正确。鉴于本案属于过失犯罪，事发后二被告人能积极参与抢救被害人，并能积极赔偿被害人杨一某、杨某某的经济损失，积极赔偿被害人翟某某的部分经济损失，取得被害人的谅解，有悔罪表现。二被告人没有再犯罪的危险，可对二被告人适用缓刑。被告人及辩护人所提出的可对二被告人宣告缓刑的理由成立，本院予以采纳。依照我国《刑事诉讼法》第 189 第 2 项、《刑法》第 135 条、第 67 条第 3 款、第 72 条之规定，判决如下：第一，维持河南省焦作市山阳区人民法院（2011）山刑初字第 173 号刑事判决对被告人杨某、高某的定罪部分；撤销河南省焦作市山阳区人民法院（2011）山刑初字第 173 号刑事判决对被告人杨某、高某的量刑部分。第二，被告人杨某犯重大劳动安全事故罪，判处有期徒刑 1 年，缓刑 2 年。第三，被告人高某犯重大劳动安全事故罪，判处有期徒刑 1 年，缓刑 2 年。[1]

（二）根据民事赔偿的情况予以减轻处罚

关于量刑情节的减轻处罚功能，我国 1997 年《刑法》第 63 条第 1 款规定，犯罪分子具有本法规定的减轻处罚情节的，应当在法定刑以下判处刑罚。本法规定有数个量刑幅度的，应当在法定量刑幅度的下一个量刑幅度内判处刑罚。同时，该条第 2 款还作出规定，犯罪分子虽然不具有本法规定的减轻处罚情节，但是根据案件的特殊情况，经最高人民法院核准，也可以在法定刑以下判处刑罚。理论上一般将前者称为法定的减轻处罚，将后者称为酌定的减轻处罚。

由于民事赔偿并不属于法定的减轻处罚情节，因此在具有这一情节时，并不能直接根据《刑法》第 63 条第 1 款对犯罪人予以减轻处罚。但是，我国《刑法》第 63 条第 2 款毕竟还规定了酌定的减轻处罚，而能否根据民事赔偿等酌定量刑情节对犯

〔1〕 http：//vip. chinalawinfo. com/case/displaycontent. asp？gid = 118272540。

罪人予以减轻处罚，在很大程度上便取决于该款中的“案件的特殊情况”是否包括具有酌定量刑情节的情况。

目前，在这一问题上，理论上是存在争议的，分歧主要表现在两个方面：一是从狭义的角度作出解释，认为现行《刑法》将1979年《刑法》中的“具体情况”改为“特殊情况”，意在强调其案情的“特殊”之处，即涉及政治、外交、国防、宗教、民族、统战等国家利益的情况。二是从广义的角度所作的理解，主张除上述国家利益外，还包括对个案量刑产生重大影响的其他情况。例如，犯罪的手段、犯罪的时空及环境条件、犯罪的对象、犯罪造成的结果、犯罪的动机、犯罪后的态度、犯罪人的一贯表现等，均可以成为考虑因素。〔1〕由此，如果采纳第一种理解方式，那么，由于这些“特殊情况”只是反映国家利益的需求，而并不反映犯罪行为的社会危害性和犯罪人的人身危险性程度，因此并不属于量刑情节的范围，据此对犯罪人予以减轻处罚也就并未反映出量刑情节的功能。而如果采纳第二种理解方式，则由于这些“特殊情况”可以分为两类，一类是反映国家利益需求的特殊情况，另一类则是反映犯罪行为的社会危害性程度和犯罪人的人身危险性程度的特殊情况，即量刑情节，所以如果根据后者对犯罪人予以减轻处罚，则无疑就反映出量刑情节的功能。

在这一问题上，笔者认为，以上“广义说”的见解是合理的。首先，将法定减轻处罚情节之外的、反映犯罪行为的社会危害性程度和犯罪人的人身危险性程度的事实情况纳入“案件的特殊情况”范围之内，并不会突破这一法律用语的基本含义。1997

---

〔1〕 赵秉志、刘媛媛：“论当前刑法改革中的酌定减轻处罚权”，载《法学》2010年第12期。

年《刑法》第63条第2款明确规定，犯罪分子虽然不具有本法规定的减轻处罚情节，但是根据案件的特殊情况……从基本的语义逻辑的角度来理解，这里的“案件的特殊情况”在范围上只是排除了法定减轻处罚情节的存在，而并未排除其他任何与案件有关的事实情况。而且，从这一用语本身的含义来看，所谓“案件的特殊情况”，在很大程度上取决于犯罪行为和犯罪人的特殊情况，而绝非仅指案件本身与国家若干重大利益的相关性。因此，将反映犯罪行为的社会危害性和犯罪人的人身危险性程度的事实情况纳入“案件的特殊情况”范围之内，不但并不会突破这一法律用语的基本含义，反而是更加符合这一用语的基本要求的。其次，将法定减轻处罚情节之外的、反映犯罪行为的社会危害性和犯罪人的人身危险性程度的事实情况纳入“案件的特殊情况”范围之内，能够满足量刑活动灵活性的需要。尽管现行《刑法》对量刑活动中如何适用量刑情节作出了一些原则性的规定，但量刑活动的最终目的是实现罪责刑相适应。在司法实践中，由于具体犯罪在情节上的千差万别，并不能排除对一些不具有法定减轻处罚情节的犯罪，即使宣告法定最低刑仍然无法满足罪责刑相适应原则的情况。因此，必须要在刑法上作出一些灵活性的规定。而《刑法》第63条第2款就是在减轻处罚方面的灵活性规定。对此，就如同在法定的从轻与从重处罚情节之外，还应当承认酌定的从轻与从重处罚情节一样，在法定的减轻处罚情节之外，也应当承认酌定的减轻处罚情节的存在。最后，无论是1997年《刑法》还是1979年《刑法》的实践运用均证明，需要适用特殊减轻（酌定减轻）来处理的案件类型和数量均不少，且并不局限于涉及政治、外交等因素。从最高人民法院近年来公布的一些复核案件来看，其核准的理由大体包括以下情形：主观故意的偶发性、犯罪行为的客观危害相对较轻、被害人的特殊因素（特殊体质、特殊关系）、犯罪行为没有造成严重社会危害后果、不构成立功的检举、不构成自首的坦白、悔罪、初犯、犯罪动机和目的不恶，等等。[1]这些理由均不是出于政治、外交等方面的考虑。

鉴于此，犯罪人对被害人的民事赔偿情况是可以考虑在"案件的特殊情况"之内的。但是，在实践中，仅存在民事赔偿这一个酌定情节往往并不能直接形成"案件的特殊情况"。所以，在犯罪人积极赔偿被害人的案件中，对犯罪人适用酌定减轻处罚，除具有这一酌定情节外，往往还需要存在其他的从宽量刑情节相配合，才能最终形成"案件的特殊情况"，进而对犯罪人予以减轻处罚。

另外，如果案件中存在同时具有从轻处罚和减轻处罚两个从宽幅度的法定量刑情节，而仅根据这一情节的具体情况还不足以选择适用减轻处罚，那么，犯罪人对被害人的积极赔偿情况往往还可以对其形成补强作用，进而促使法院最终选择从宽幅度较大的减轻处罚。这种情形在司法实践中也比较常见。比如，以下案例就是如此：

被告人吴某与被害人刘某兰系同事与情人关系。2011 年 6 月 29 日夜晚 9 时许，吴某酒后与朋友一起到罗山县城"钻石人间 KTV"唱歌时，用手机联系刘某兰过去唱歌，刘某兰说与朋友一起正在罗山县城"银庄 KTV"唱歌，拒绝过去。吴某就来到"银庄 KTV"二楼包房内喊刘某兰到"钻石人间 KTV"去，刘某兰拒绝前往，双方发生争执、撕扯，被人拉开。后在"银庄 KTV"门前，双方又发生争执，吴某用力将刘某兰仰面摔倒

---

〔1〕 刘树德：《实践刑法学·总则》，中国法制出版社 2010 年版，第 241－258 页。

在地。2011年6月30日，刘某兰发现身体不适，于当日下午到罗山县中医院进行检查后，当日18时30分入住信阳市中心医院治疗。2011年6月30日18时40分，信阳市中心医院对刘某兰进行相关检查后，诊断为重型颅脑损伤，并认为患者病情危重，随时可能有生命危险，主任医师把病情及手术风险向家属讲明，家属要求暂不手术，保守药物治疗。2011年7月1日10时，主任医师将查房检查情况向家属讲明，家属要求继续保守治疗。2011年7月2日凌晨2时30分，刘某兰病情危重，其家属要求转上级医院治疗。2011年7月2日凌晨3时45分，刘某兰家属将其转往武汉抢救，后于当日死亡。经罗山县公安局法医学鉴定，刘某兰多处软组织损伤，颅骨骨折，硬膜外血肿，蛛网膜下腔出血，脑挫裂伤，系重度颅脑损伤致呼吸循环衰竭死亡，刘某兰系钝器外伤致重度颅脑损伤死亡。

另经审理查明，被告人吴某于2011年7月1日到信阳市中心医院看望刘某兰，并为刘某兰预交了医疗费人民币10 000元。2011年7月2日早上，吴某得知刘某兰转往武汉抢救，遂找姐姐借钱，姐姐给了吴某一张银行卡让他取钱。吴某带着该银行卡到中国工商银行罗山县支行取款，准备取钱转交给刘某兰作为治疗费后到公安机关投案自首。罗山县公安局干警接被害人亲属报警后，赶到中国工商银行罗山县支行门口，将吴某带回公安局。吴某供述了致刘某兰倒地受伤的主要犯罪事实。2011年8月30日，吴某近亲属与刘某兰近亲属就民事赔偿事宜达成赔偿协议，吴某一次性赔偿刘某兰近亲属各项经济损失人民币450 000元。刘某兰近亲属出具了谅解书，对吴某的犯罪行为表示谅解，并表示司法机关可以对吴某酌情从轻处理。

河南省罗山县人民法院审理本案后认为，被告人吴某因琐事与被害人发生争执后，故意伤害被害人身体，致被害人受伤，后经抢救无效死亡，其行为已构成故意伤害罪。吴某的辩护人辩称，被告人的主观恶性小，暴力程度轻，民事部分已赔偿，并有自首情节，建议减轻处罚。经审理查明，吴某在被公安机关抓获前确实已准备去投案，到案后能如实供述犯罪事实，且当庭认罪，根据《最高人民法院关于处理自首和立功具体应用法律若干问题的解释》，应认定为自首，依法可以从轻或减轻处罚。吴某案发前与被害人关系较好，其系酒后邀被害人唱歌遭拒后失去理智，致被害人摔倒在地受伤，主观上系间接故意。吴某在被害人治疗期间积极筹钱作为治疗费用，并看望被害人。被害人去世后，吴某近亲属代表其与被害人近亲属就民事赔偿事宜达成协议，赔偿了损失，取得一定谅解，依法对吴某可酌情予以从轻处罚。综合本案案情，根据吴某的犯罪起因、动机、犯罪手段及情节、犯罪后的表现等，决定对吴某减轻处罚。对辩护人的上述辩护意见，本院予以采纳。经本院审判委员会讨论决定，依照《刑法》第 234 条、第 67 条第 1 款之规定，判决如下：被告人吴某犯故意伤害罪，判处有期徒刑 5 年。[1]

（三）根据民事赔偿的情况予以免除处罚

关于免除处罚，我国 1997 年《刑法》不仅在总则第 37 条中进行了原则性的规定，即“对于犯罪情节轻微不需要判处刑罚的，可以免于刑事处罚，……”，而且在总则和分则的许多法定量刑情节中还作出了一些具体的规定，如《刑法》第 19 条规定，又聋又哑的人或者盲人犯罪，可以从轻、减轻或者免除处罚。第 20 条第 2 款规定，正当防卫明显超过必要限度造

[1] http：//vip. chinalawinfo. com/case/displaycontent. asp？gid=118275229。

成重大损害的，应当负刑事责任，但是应当减轻或者免除处罚。第390条第2款规定，行贿人在被追诉前主动交代行贿行为的，可以减轻处罚或者免除处罚等。由于《刑法》第37条中的“情节”可同时包括法定情节与酌定情节，所以适用免除处罚的依据既可以是法定量刑情节，也可以是酌定量刑情节。而不论是依据何种量刑情节，案件在整体上都必须要达到“犯罪情节轻微不需要判处刑罚”的程度，才能对犯罪人适用免除处罚。

所谓“犯罪情节轻微”，一般是指行为虽已达到犯罪的程度，但案件的整体事实所反映出的犯罪行为的社会危害性和犯罪人的人身危险性都比较小。而所谓“不需要判处刑罚”，则是指从犯罪行为的社会危害性和犯罪人的人身危险性的具体情况来看，仅对犯罪人作出有罪宣告就已经能够实现惩治与预防犯罪的目的，因而并不需要对犯罪人实际判处刑罚。在这里，“犯罪情节轻微”是前提条件，而“不需要判处刑罚”则是评价结果。

一般来讲，在犯罪人积极有效地赔偿了被害人的案件中，如果案件在整体上达到了犯罪情节轻微的程度，则原则上均可以对犯罪人适用免除处罚。因为，在这样的案件中，不仅犯罪行为的社会危害性和犯罪人的人身危险性都比较小，而且，犯罪人通过积极有效地赔偿被害人，也已经基本化解了二者之间的矛盾纠纷。这样，再对犯罪人判处刑罚，不但并无必要，反而还可能再次激化矛盾。这实际上也就意味着，尽管免除处罚的适用在根本上仍是以犯罪情节轻微为前提的，但是，民事赔偿情况往往可以成为其中的一个重要的考量因素。关于这一方面的实务处理情况，可参见以下案例：

被告人晏某与其妹夫段某某合伙购买了一台装载机。2009

年9月7日，安康城建集团开发公司承建的锦绣山庄16号楼工地需开挖取土回填，工地负责人郑某与段某某联系并讲好当晚施工，费用每小时200元。晚18时许，被告人晏某根据段某某的交代，带雇佣的司机被告人王某强驾驶装载机到锦绣山庄工地取土施工，被告人晏某在现场负责该车的安全。当晚，施工现场未设置夜间照明设施和安全警示标志，且夜间视线不好，被告人晏某在公路边防范来往车辆及行人安全，远离取土现场，让王某强独自操作装载机往返取土回填工地。23时许，王某强在操作装载机卸土后，铲斗在复位过程中下压，将在取土现场内解手的刘某某压拖致死，造成重大事故。

另查明，被告人王某强、晏某及安康城建集团与被害人亲属就民事赔偿达成协议，赔偿给被害人亲属各项损失共29万元（已履行）。被害人亲属表示对二被告人谅解，并书面请求对二被告人尽量从轻处罚。

陕西省安康市汉滨区人民法院审理本案后认为，被告人王某强身为铲车司机，在无照明设施也无现场指挥人员的情况下，夜间实施取土和运土作业，将在场内解手的被害人撞压致死。被告人晏某身为车主，负责取土施工安全管理时，对安全管理有疏漏，未及时发现和阻止刘某某进入取土现场，导致被害人死亡的后果发生。二被告人的行为均已构成重大责任事故罪。鉴于此次事故安康城建集团开发公司和被害人均有过错，二被告人在案发后均能如实交代自己的犯罪事实，并赔偿了被害人的全部经济损失，得到了被害人亲属的谅解，认罪态度较好，有悔罪表现，可酌情从轻处罚。对被告人王某强可以处以缓刑。被告人晏某犯罪情节轻微，可以免予刑事处罚。据此，依照《刑法》第134条第1款、第37条、第72条第1款和《最高人民法院关于刑事附带民事诉讼范围问题的规定》第4条之规定判决如下：第一，被告人王某强犯重大责任事故罪，判处有期徒刑 2 年，宣告缓刑，缓刑考验期限 3 年。第二，被告人晏某犯重大责任事故罪，免予刑事处罚。[1]

---

〔1〕 http://vip. chinalawinfo. com/case/displaycontent. asp? gid = 117803387。

第五章

刑事附带民事诉讼中民事赔偿的范围

在我国现行刑事立法中，“民事赔偿”的概念仅出现在1997年《刑法》第36条第2款[1]的规定中。除此之外，刑法和刑事诉讼法均再未针对这一概念作出任何具体的规定。对于《刑法》规定的“民事赔偿”，可以理解为，在刑事附带民事诉讼提起后，由人民法院在对犯罪分子判处刑事处罚的同时，根据犯罪性质、情节、被害人遭受损失的程度、被告人的经济状况等具体情况，一并判处犯罪分子赔偿被害人遭受的经济损失。[2]围绕着刑法中规定的民事赔偿的范围，尤其是针对应否将精神损害赔偿纳入其中的问题，曾引发了我国刑事法学界的广泛讨论。以我国现行刑事立法和相关司法解释的规定作为依据，依照刑事法的基本理论，笔者认为，我国现行刑法中规定的民事赔偿的范围既包括因犯罪行为对被害人造成的直接损失，也应包括由犯罪行为给被害人造成的间接损失。但目前，民事赔偿的范围应局限于物质损失。因此，对于被害方提出的精神损害赔偿的诉求，只能待刑事立法的规定被正式修正之后才能由人

---

〔1〕 我国1997年《刑法》第36条规定，“由于犯罪行为而使被害人遭受经济损失的，对犯罪分子除依法给予刑事处罚外，并应根据情况判处经济赔偿。承担民事赔偿责任的犯罪分子，同时被判处罚金，其财产不足以全部支付的，或者被判处没收财产的，应当先承担对被害人的民事赔偿责任。

〔2〕 陈国庆主编：《中华人民共和国刑法最新释义》，中国人民公安大学出版社2012年版，第36-37页。

民法院予以支持。以下笔者将对上述观点进行详细阐述。

一、附带民事诉讼的赔偿范围包括被害人遭受的直接损失和间接损失

根据我国现行《刑法》第36条和《刑事诉讼法》第101条的规定，在我国，适用于刑事附带民事诉讼中的民事赔偿的范围限于被害人因被告人的犯罪行为而遭受的物质损失。[1]这里的物质损失既包括由于被告人的犯罪行为而使被害人遭受的直接损失，也应包括由此而产生的一定范围内的间接损失。

（一）附带民事诉讼的赔偿范围应包括被害人因犯罪行为遭受的直接损失

对于附带民事诉讼中民事赔偿的范围应包括被害人因犯罪行为而遭受的直接损失这一问题，在我国刑事法学界并不存在任何争议。长期以来，司法实务界对此也达成了较为一致的意见。就被害人遭受的直接损失的范围而言，其既应包括由犯罪行为给被害人带来的实际财产的直接减损，亦应包含有被害方为弥补犯罪行为对其造成的侵害而支出的必要费用。

值得注意的是，根据最高人民法院于1999年10月27日公布的《全国法院维护农村稳定刑事审判工作座谈会纪要》的规定，刑事附带民事诉讼案件中民事赔偿的范围“不包括因犯罪

---

〔1〕 此处需要说明的是，对于刑事附带民事诉讼中民事赔偿的范围，我国1997年《刑法》第36条采用“经济损失”一词对其进行限定，而2018年修订后的《刑事诉讼法》第101条使用的则是“物质损失”一词。笔者认为，无论是使用“经济损失”还是“物质损失”，其所指代的民事赔偿的范围是一致的。由于物质损失是与精神损失相对应的概念，且多为我国刑事法理论界和司法实务界所采用，因此，本章统一采用“物质损失”的概念对我国现行附带民事诉讼的赔偿范围进行限定，而不再对上述二词作出区分。

分子非法占有、处置被害人财产而使其遭受的物质损失”。对于这些物质损失，应当根据1997年《刑法》第64条的规定处理，即予以追缴或者责令退赔，对被害人的合法财产，应当及时返还。2000年12月4日，由最高人民法院审判委员会通过的《最高人民法院关于刑事附带民事诉讼范围问题的规定》第5条规定，犯罪分子非法占有、处置被害人财产而使其遭受物质损失的，人民法院应当依法予以追缴或者责令退赔。……经过追缴或者退赔仍不能弥补损失，被害人向人民法院民事审判庭另行提起民事诉讼的，人民法院可以受理。2012年12月20日最高人民法院公布的《刑事诉讼法解释》第139条对被害人享有的可就因犯罪人非法占有或处置财产遭受物质损失而提起附带民事诉讼的权利作出了明确的否定性规定。根据该条规定，“被告人非法占有、处置被害人财产的，应当依法予以追缴或者责令退赔。被害人提起附带民事诉讼的，人民法院不予受理。”由此看来，在我国现行刑事司法实践中，由犯罪分子非法占有或者处置的被害人的财产被完全排除出了附带民事诉讼的赔偿范围。这就等于在刑事立法规定的基础上，又进一步限定了刑事附带民事诉讼案件中民事赔偿的范围。

对此，有学者认为，相关司法解释作出的上述限制是欠妥当的。因为即使被犯罪分子非法占有或处置的财产可以通过追缴、退赔等方式偿还被害人，但这些措施对被害人的保护仍然是不够周全的。在犯罪分子拒不交还财产或者财产已被消耗的情况下，排除刑事附带民事诉讼这一补救措施，显然是缺少了一个有效的保护手段。此外，司法解释的这一限制性规定与刑法、刑事诉讼法及民法通则的规定也并不相符。在刑法和刑事诉讼法仅作出原则性的规定，且《民法通则》第117条明确规定财产被侵占的，侵害人可以产生赔偿责任的情况下，相关司法解释将因犯罪分子非法占有、处置的财产排除出刑事附带民事诉讼的赔偿范围，这种做法是明显存在疑问的。[1]笔者同样赞同这一观点。毋庸置疑，犯罪人非法占有或处置财产同样会造成被害人遭受一定的物质损失，这与犯罪人直接施加侵害于被害人的人身或其他财产而使被害人遭受的物质损失并无二致。只不过根据我国1997年《刑法》第64条的规定，被害人能够通过司法机关主动采取追缴、责令退赔、返还财产等方式，获得一定的物质补偿。但在某些情形中，如司法机关执法不到位，不主动采取追缴、责令退赔或者返还财产等措施的，或者在某些案件中，被害人虽然也取回了被犯罪人非法占有或处置的财产，但却无法同时获得该财产在被非法占有或处置期间出现的减损或贬值的补偿的，不允许被害人就该财产遭受的物质损失提起附带民事诉讼，而仅通过1997年《刑法》第64条的规定对被害人进行弥补，就不能完全补偿被害人遭受的全部物质损失，也难以实现对被害人的合法权益进行全面保护的目标。此外，将犯罪人非法占有或处置的财产纳入附带刑事诉讼的赔偿范围，与我国1997年《刑法》第64条的规定之间也并不存在冲突。因为《刑法》第64条仅是针对犯罪所得之物与所有之物的处理作出的规定，即便其明确了犯罪人非法占有或处置的原属于被害人的财物的归属，也并未排斥被害人可以就该财物的“失控”和消耗而遭受到的物质性损失要求犯罪人进行民事赔偿。当然，犯罪人非法占有或处置财物，不仅可以给被害人造成直接损失，同时还可能使被害人遭受间接损失。针对间接损失的内容，笔者将在下一部分予以论述。

[1] 邵世星、刘选：《刑事附带民事诉讼疑难问题研究》，中国检察出版社2002年版，第139-140页。

（二）附带民事诉讼中民事赔偿的范围应包括一定范围内被害人遭受的间接损失

有观点指出，我国附带民事诉讼的赔偿范围应具有物质性和直接性。附带民事诉讼的赔偿范围仅限于因犯罪行为直接造成的物质性损失，……而且，物质损失应当是犯罪行为直接造成的，间接损失不在赔偿范围之列。[1]笔者并不赞同上述将间接损失排除出附带民事诉讼赔偿范围的观点。应当指出的是，在《全国法院维护农村稳定刑事审判工作座谈会纪要》发布之时，最高司法机关确实曾将间接损失排除出附带民事诉讼的赔偿范围。[2]但在《最高人民法院关于刑事附带民事诉讼范围问题的规定》正式通过后，最高司法机关实际上就已经改变了以往不将间接损失纳入附带民事诉讼赔偿范围的态度。该规定第2条明确指出，被害人因犯罪行为遭受的物质损失，是指被害人因犯罪行为已经遭受的实际损失和必然遭受的损失。这里的"必然遭受的损失"，指的就是那些因犯罪行为的实施而给被害人造成的可期待利益的损失，如因被害人身体损伤而产生的误工费，因行为人损坏被害人的财产而使被害人丧失的本可以获得的该财产的租赁费等。此类损失既不属于因犯罪行为的实施而给被害人造成的实际财产的直接减损，也不属于被害方为弥补犯罪行为对其造成的侵害而支出的必要费用，而是基于被害人所受的损伤或因被害人的财物被毁损，而使被害人本应获得的利益发生的灭失，因此，应将其归入间接损失的范畴。对于

---

〔1〕 张军主编：《〈中华人民共和国刑事诉讼法〉适用解答》，人民法院出版社2012年版，第225页。

〔2〕《全国法院维护农村稳定刑事审判工作座谈会纪要》指出，关于附带民事诉讼的赔偿范围，在没有司法解释规定之前，……赔偿只限于犯罪行为直接造成的物质损失，不包括精神损失和间接造成的物质损失。

附带民事诉讼中民事赔偿的范围应包含被害人因犯罪行为而产生的误工费这一间接损失等内容，已由《刑事诉讼法解释》第155条所确认。此外，在司法实践中，司法机关也均支持被害人提出的要求赔偿误工费这一间接损失的诉求。

当然，在承认附带民事诉讼的赔偿范围应包括间接损失的同时，也应对间接损失的成立范围进行一定程度上的限定。即只有与行为人所实施的犯罪行为存在必然的因果关系，且在通常情况下，被害人必然可以获得的物质性收益，才属于《最高人民法院关于刑事附带民事诉讼范围问题的规定》第2条规定的"必然遭受的损失"。对一些仅仅只是一种可能得到或需通过一定努力才能得到的利益，由于与犯罪行为之间不存在必然的因果关系，则不能纳入赔偿的范围。[1]

二、附带民事诉讼的赔偿范围包括被害人遭受的物质损失

根据侵害对象的不同，将附带民事诉讼中民事赔偿的范围划分为物质损失和精神损失，是我国刑事法及理论最通常采取的分类方法。而将物质损失纳入民事赔偿的范围，也早已获得了我国现行刑事立法和相关司法解释的明确认可。依照物质损失赔偿的内容不同，又可以将其区分为人身损害赔偿和财产损害赔偿两类。具体而言，这两类损害赔偿应当包括如下内容：

（一）人身损害赔偿

根据最高人民法院发布的《刑事诉讼法解释》第155条的规定，在附带民事诉讼中，犯罪人应予赔偿的人身损害主要可以分为以下三种情形：第一种情形，被害人因犯罪行为导致一般的人身伤害的，犯罪人应赔偿被害人为治疗和康复支付的合

〔1〕朱铁军：《刑民实体关系论》，上海人民出版社2012年版，第128页。

理费用，以及因误工减少的收入，包括医疗费、护理费、交通费、误工费等。第二种情形，被害人因犯罪行为导致残疾的，除应包括上述内容外，民事赔偿的范围还应涵盖为被害人配置残疾生活辅助用具等支出的费用。第三种情形，被害人因犯罪行为导致死亡的，犯罪人除应根据抢救治疗情况赔偿上述第一种情形中花费的各项费用外，还应当赔偿丧葬费等其他费用。

由上述规定可以看出，从功能上看，我国附带民事诉讼中的人身损害赔偿主要发挥的是补偿作用，即用以弥补因犯罪行为对被害人造成的直接或间接的人身损害支出。这是因为，人的生命健康本身是无法用价值来计算的，因此，对犯罪行为所造成的人身损害无论哪种情况都不能从人的物质价值、人的某一器官、人身健康的价值等角度用金钱来计算和赔偿。〔1〕在这种情况下，对因犯罪行为造成的人身伤害，行为人主要能够赔偿的也就只有那些可以用客观的、能够用数字或金钱加以衡量的被害方遭受到的财产性损失，这其中既包括被害人因治疗身体损伤而支付的医疗费用，也应涵盖由犯罪行为导致的被害人预期利益的减损和因生活费用的增加所消耗的那部分支出。

（二）财产损害赔偿

在财产损害赔偿中，同样存在其是否应包含间接损失的讨论。对此，持否定观点的学者认为，财产损害赔偿以被害人的犯罪行为直接造成的实际损失为限，不包括间接损失。〔2〕持肯定观点的学者则依照损害与赔偿的因果关系，将财产损害赔偿

〔1〕关中翔：“论犯罪行为的民事责任”，载《法律科学（西北政法学院报）》1991年第1期。

〔2〕张军主编：《〈中华人民共和国刑事诉讼法〉适用解答》，人民法院出版社2012年版，第229页。

划分为直接损害赔偿和间接损害赔偿两类，并认为，财产损害赔偿既包括直接损害赔偿，又应涵盖间接损害赔偿。[1]而持折中说的学者则认为，对犯罪行为所造成的财产损失既不能一味强调全部赔偿，也不能一概否定对间接损失的赔偿。在一般情况下对犯罪行为追究赔偿财产损失的范围应限于直接财产损失。对于因犯罪行为而使受害人遭受的间接财产损失，……在下列犯罪中，应判令行为人进行赔偿：①以营利为目的而侵吞他人财产或侵犯他人财产权利的犯罪。如挪用公款非法营利的，假冒他人专利、商标而造成专利权人或商标专用人财产损失的。②故意损毁公民个人财产或承包人、租赁经营人所承包、租赁经营的财产，从而给公民个人或承包、租赁经营人造成严重的经济困难，或使其承受不应有的经济负担的犯罪。③犯罪情节比较轻微，可以不追究刑事责任的犯罪，在这种情况下，实际上是按民事违法处理的，因而行为人应承担全部赔偿责任。”[2]

正如上文所述，笔者认为，间接损失亦应被包含在附带民事诉讼的赔偿范围之中。因此，笔者在此支持肯定说的观点，即认为财产损害赔偿包括直接损害赔偿和间接损害赔偿两方面的内容。其中，直接的财产损害赔偿是指犯罪人需要偿付的、因犯罪行为导致的被害人财产的毁损、价值的贬损或被害人为弥补犯罪行为对本人财产的侵害而支出的必要费用。间接的财产损害赔偿则是指犯罪人需要偿付的、因犯罪行为使得被害人丧失的能够通过该财产而必然获取到的预期收益。

对于上述折中说的观点，笔者在肯定其所蕴含的对间接的

---

〔1〕 唐文胜：《犯罪损害赔偿研究》，中国人民公安大学出版社 2010 年版，第 147 页。

〔2〕 关中翔：“论犯罪行为的民事责任”，载《法律科学（西北政法学院学报）》1991 年第 1 期。

财产损害赔偿的范围进行限定的精神的同时，也对该观点所提出的，应将因实施侵吞他人财产或侵犯他人财产权利的犯罪行为而获得的非法利益和因行为人实施故意损毁被害人财产的行为而给被害人造成的严重的经济困难或使其承受不应有的经济负担纳入间接财产损害赔偿的看法表示质疑。正如上文所述，根据《最高人民法院关于刑事附带民事诉讼范围问题的规定》第 2 条的规定，附带民事诉讼中间接财产损失赔偿的范围仅应限于被害人因犯罪行为而必然遭受的财产损失。很显然，行为人因实施犯罪行为而获得的非法利益并不属于被害人必然遭受的损失，对此，应根据 1997 年《刑法》第 64 条的规定，予以追缴。而因犯罪行为给被害人造成的严重的经济困难或使其承受的不应有的经济负担也并不都属于被害人必然遭受的财产损失的范围。对于被害人尤其是从事生产经营的被害人而言，故意毁损由其所有或占有的财产固然会使其遭受一定的财产损失，甚至会严重影响其所从事的生产经营活动，但只有那些在通常情况下，因由犯罪行为所直接侵害的且被害人可以通过该财产所必然能够获得的预期的经济利益才能够被纳入间接财产损失的范围。如果被害人通过该财产并不必然能够获取到预期的经济利益，行为人实施犯罪行为侵害的只是被害人获取利益的可能性，即便因该可能的预期利益的丧失造成被害人陷入经济困难的境地或使其承受不应有的经济负担，也不能将之纳入间接的财产损害赔偿的范围。至于间接的财产损害赔偿究竟应适用于何种犯罪，笔者认为，不需要作特别的限定。在司法实践中，只要是因犯罪行为对特定财物的侵害导致被害人丧失必然能够获取到的预期利益的，均应视为间接的财产损害赔偿所包含的内容。

三、目前我国附带民事诉讼的赔偿范围不应包括被害人遭受的精神损失

尽管《全国法院维护农村稳定刑事审判工作座谈会纪要》和《最高人民法院关于刑事附带民事诉讼范围问题的规定》均已明确将被害人因犯罪行为而遭受到的精神损失排除出附带民事诉讼的赔偿范围，但在这两个司法解释颁行之后通过且明确认可精神损害赔偿属于民事诉讼中侵权损害赔偿内容的《最高人民法院关于确定民事侵权精神损害赔偿责任若干问题的解释》及此后通过的《侵权责任法》仍然引发了我国新一轮的关于附带民事诉讼中精神损害赔偿所属地位的激烈讨论。持肯定说和否定说观点的学者仍然旗帜鲜明地站在截然对立的两个阵营，并相应地提出了据以支持己方观点的论据。

总的说来，支持精神损害赔偿属于我国现行附带民事诉讼制度中民事赔偿范围的学者提出了如下五种依据：①不同位阶的立法应该遵从合宪性原则与法制统一原则的要求，我国宪法已经明确规定了对公民精神权利的保护，一般立法即应该与之保持一致。加之，目前，我国民事和行政诉讼领域都对公民精神损害救济给予了肯定，因此，承认刑事案件中精神损害赔偿的请求权有助于保持法律部门之间的协调统一。〔1〕②由于有关精神损害赔偿不属于附带民事诉讼中民事赔偿范围的规定均属于相关司法解释的规定，因此，根据新法优于旧法、上位法优于下位法的法律适用原则，侵权责任法实施后，司法解释在与

〔1〕 崔晓娟：“论刑事被害人精神损害赔偿”，载《人民司法（应用）》2013年第1期。

其“规定不一致或相冲突时，应适用侵权责任法的规定。[1]③附带民事诉讼本质上是民事诉讼，只不过是附带在刑事诉讼过程中，因而附带民事诉讼与单独的民事诉讼在实体上的处理不应有实质性差别。既然单独的民事诉讼可以提起精神损害赔偿，那么附带民事诉讼应该也可以提起。[2]④犯罪行为对人身权益和财产权利的侵害本质上是一种更加严重的侵权行为，应同等对待。……在民法规定侵权行为所造成的精神损害应承担民事赔偿责任的情况下，对于犯罪这种严重侵权行为给他人造成的精神损害，根据举轻明重原则，显然更应当承担民事赔偿责任。[3]⑤在强奸、伤害致残、以毁容手段伤害、侮辱等犯罪中，给被害人造成财产的损害可能不大，但精神方面的痛苦可能是巨大的。在这种情况下，虽然金钱不能完全弥补受侵害的精神利益，但可以使受害人在其他方面得到精神的享受。[4]

认为我国现行附带民事诉讼制度中民事赔偿的范围不包含精神损害赔偿的学者，则用以下论据对该观点加以支持：①于法无据。无论在刑法中还是在刑事诉讼法中，都只提出对经济损失或物质损失要进行赔偿，而没有提到精神损失的赔偿。[5]②与在民事诉讼案件中，精神损害赔偿主要用以抚慰被害人的精神创伤，并制裁被告人有所不同，在刑事案件中，被告人被定罪

---

〔1〕 吴子浩：“追究刑事责任后仍应赔偿精神损失”，载《人民法院报》2011年8月4日，第7版。

〔2〕 刘广三：“从精神损害赔偿看附带民事诉讼”，载《法治研究》2010年第7期。

〔3〕 齐昌德：“刑事被害人获得精神损害赔偿的必要性”，载《人民检察》2012年第19期。

〔4〕 张文志：“‘刑附民’精神损害赔偿若干问题研究”，载《法学杂志》2006年第4期。

〔5〕 苏先绪：“浅析刑事附带民事诉讼的适用条件及赔偿原则”，载《中南政法学院学报》1991年第2期。

判刑，受到了制裁，这本身就是保护了被害人的合法权益。因此，在一般情况下，也就是抚慰了被害人精神上的损害，不需要用经济赔偿再次制裁犯罪者以补偿被害人的精神损害。[1]③虽然在本质上，附带民事诉讼仍属于民事诉讼，但附带民事诉讼在程序上依附于刑事诉讼而存在，在程序运行和法律适用上均优先适用刑事诉讼法，这使得附带民事诉讼具有了某种公法色彩。此外，附带民事诉讼与单独运行的民事诉讼程序相比，在赔偿范围等实体处理方面，也存在着特殊性。[2]因此，应按照刑事立法和司法解释的相关规定，将精神损害赔偿排除出附带民事诉讼的赔偿范围。④刑事附带民事诉讼中精神损失往往物质化。如侮辱罪，刑法规定，构成本罪必须以情节严重为要件。而情节严重的侮辱行为，一般表现为造成被害人的精神失常，自杀等严重后果，而对这种后果的损失的赔偿，又体现为对被害人的治疗费和丧葬费等的赔偿，仍然是属于物质损失的范畴。倘若侮辱行为情节不严重，则不构成犯罪。因而也就只存在单纯的民事赔偿。[3]⑤如果不将精神损害赔偿排除出附带民事诉讼的赔偿范围，一方面相当多的刑事案件受害人会要求精神损害赔偿，司法机关的确将面临诉讼激增的局面。另一方面因行为人经济方面的原因，司法机关对刑事附带民事诉讼案件的执行本来就存在“执行难”的问题，如再加上精神损害方面的赔偿，会使司法机关陷入更加尴尬的境地。[4]

---

〔1〕 张世琦：“刑事案件中涉及经济赔偿的见个问题”，载《人民司法》1990年第10期。

〔2〕 张军主编：《〈中华人民共和国刑事诉讼法〉适用解答》，人民法院出版社2012年版，第225页。

〔3〕 苏先绪：“浅析刑事附带民事诉讼的适用条件及赔偿原则”，载《中南政法学院学报》1991年第2期。

〔4〕 朱铁军：《刑民实体关系论》，上海人民出版社2012年版，第128页。

对于上述两种观点，笔者更倾向于支持否定说的观点，即认为，在我国现行刑事附带民事诉讼制度中，应将精神损害赔偿排除出民事赔偿的范围。除了上述否定说提出的理由外，笔者在此补充说明以下几点：

第一，现阶段应对附带民事诉讼与单纯的民事诉讼作区别性对待。尽管笔者同样赞同多数学者所认可的，刑事附带民事诉讼在本质上应属于民事诉讼，在诉讼过程中，应结合民事诉讼的相关规定对之进行处理的观点，但正如上述持否定说的学者所言的那样，目前，我国现行法律制度框架内存在的附带民事诉讼带有鲜明的“公法”色彩，较之民事法律和司法解释的相关规定，刑事法律和司法解释的规定更具有适用上的优先性。对此，2012年《刑事诉讼法》第102条规定，附带民事诉讼应当同刑事案件一并审判，只有为了防止案件审判的过分迟延，才可以在刑事案件审判后，由同一审判组织继续审理附带民事诉讼。这一规定虽未明确指出刑事法律应比民事法律优先适用，但却从程序适用的角度确立了刑事法优先的原则。在《刑事诉讼法解释》中，最高司法机关则更进一步表明了其所持的刑事法律优先适用的态度。该司法解释第163条明确规定，人民法院审理附带民事诉讼案件，除刑法、刑事诉讼法以及刑事司法解释已有规定的以外，适用民事法律的相关规定。这就意味着，在当前刑事法律和司法解释均已经明确将精神损害赔偿排除出附带民事诉讼中民事赔偿范围的情况下，即便民事法律和相关司法解释中规定了精神损害赔偿的内容，也应优先适用刑事法律和相关司法解释的规定。

当然，在附带民事赔偿范围中排除精神损害赔偿的内容，也并不违法合宪性原则与法制统一原则的要求。因为即便是将现行

《中华人民共和国宪法》（以下简称《宪法》）第38条[1]认定为是对公民精神权利进行保护的规定，该条也只是对我国公民享有的人格尊严权进行的原则性的肯定。根据合宪性原则的要求，相关法律规定应当与该规定的精神相符合，即应在本法的规定中体现保护公民精神权利的内容。但这并不当然地就意味着，不支持精神损害赔偿的规定就属于违宪性的规定。而我国现行民事法律和相关司法解释虽然均规定了精神损害赔偿的内容，但这些规定却均未排除刑事法律和相关司法解释可以就其规定的相关事宜作出例外性的规定。相反，民事性法律和司法解释均肯定了这些例外性规定的存在。如《民法通则》第8条第1款就开宗明义地指出，在中华人民共和国领域内的民事活动，适用中华人民共和国法律，法律另有规定的除外。《侵权责任法》第5条明确规定，其他法律对侵权责任另有特别规定的，依照其规定。《最高人民法院关于确定民事侵权精神损害赔偿责任若干问题的解释》也在制定目的中明确指出，该解释仅适用于《民法通则》等法律规定的民事侵权案件中。这些规定均是我国现行民事法律和相关司法解释认可刑事法律和相关司法解释作出例外性规定的佐证。因此，即便在精神损害赔偿已被民事法律和相关司法解释所明确认可的情况下，我国现行刑事法律和司法解释将其排除出附带民事诉讼的赔偿范围，也并不违反法制统一原则的要求。

第二，目前，在我国刑事法律体系中，明确对附带民事诉讼的赔偿范围进行规定的法律文件主要有《刑法》和《刑事诉讼法》两部法律，及《全国法院维护农村稳定刑事审判工作座

〔1〕我国《宪法》第38条规定，中华人民共和国公民的人格尊严不受侵犯。禁止用任何方法对公民进行侮辱、诽谤和诬告陷害。

谈会纪要》《最高人民法院关于刑事附带民事诉讼范围问题的规定》《最高人民法院关于人民法院是否受理刑事案件被害人提起精神损害赔偿民事诉讼问题的批复》(已失效)、《刑事诉讼法解释》等四部司法文件。上述法律和司法文件中的相关规定均将附带民事诉讼中民事赔偿的范围限定为被害人因犯罪行为的侵犯而遭受的物质损失，并相应直接或间接地排除了精神损害赔偿的内容。需要提及的是，针对被害人提出的精神损害赔偿的诉求，《刑事诉讼法解释》在第138条明确规定，因受到犯罪侵犯，提起附带民事诉讼或者单独提起民事诉讼要求赔偿精神损失的，人民法院不予受理。根据该规定，在我国精神损害赔偿不适用于两种诉讼程序中，一种是附带民事诉讼，另一种是在刑事审判程序结束后另行提起的民事诉讼。究其原因，主要有以下三点：其一，与附带民事诉讼相同，被害方在刑事审判程序结束后另行提起的民事诉讼中的民事赔偿的诉求也是以行为人实施的犯罪行为作为赔偿根据的，该民事诉讼同样具有明显的依附于刑事判决结果的特征，也同样应贯彻现行刑事附带民事诉讼中所持的不将精神损害赔偿纳入赔偿范围的精神。否则，将出现因民事诉讼提起时间的不同而造成判决结果不同的混乱局面。如此，绝大部分被害人肯定会选择在刑事案件审结后，另行提起民事诉讼，要求同时赔偿物质损失和精神损失。这样，势必导致附带民事诉讼制度被架空、虚置。[1]其二，若支持在另行提起的民事诉讼中提出的精神损害赔偿的诉求，则将意味着，被害方可就同一行为提起两次损害赔偿请求，这势必会造成“一事两诉”的程序性瑕疵，从而破坏刑事效率和刑事公正

---

〔1〕 胡云腾等：“关于适用《中华人民共和国刑事诉讼法》的解释理解与适用”，载最高人民法院刑事审判一、二、三、四、五庭主办：《刑事审判参考》(2012年第5集：总第88集)，法律出版社2013年版，第116页。

的基本精神。其三，从司法实践中附带民事诉讼的赔偿执行情况来看，尤其是在被告人被送监服刑或是执行死刑之后，甚至连附带民事诉讼中的物质损害赔偿判决均难以得到有效执行。如若此时再赋予被害方在刑事判决结束后就精神损害赔偿另行提起民事诉讼的权利，更将导致附带民事诉讼赔偿判决形成“空判”的结果，从而引发新的社会矛盾。[1]正是基于上述原因，无论是在现行刑事附带民事诉讼中，还是在刑事审判结束后另行提起的民事诉讼中，人民法院均不应支持被害方提出的精神损害赔偿的诉求。

第三，现阶段不宜将残疾赔偿金和死亡赔偿金纳入附带民事诉讼中民事赔偿的范围。在讨论精神损害赔偿时，不得不提及残疾赔偿金和死亡赔偿金的归属问题。对此，在我国，有学者将之纳入精神损害赔偿的范围。[2]也有学者认为，其与精神损害赔偿并不相同，二者均属于侵犯赔偿责任的范畴[3]。在我国相关司法解释中，也出现过对残疾赔偿金和死亡赔偿金所属性质的不同认识。具体而言，在《最高人民法院关于确定民事侵权精神损害赔偿责任若干问题的解释》中，司法机关曾将残疾赔偿金和死亡赔偿金视为精神损害赔偿的内容。而在《最高人民法院关于审理人身损害赔偿案件适用法律若干问题的解释》中，司法机关则一反常态，采取了将死亡赔偿金和精神损害赔

---

〔1〕胡云腾等：“关于适用《中华人民共和国刑事诉讼法》的解释理解与适用”，载最高人民法院刑事审判一、二、三、四、五庭主办：《刑事审判参考》（2012年第5集：总第88集），法律出版社2013年版，第116页；刘为波：“刑事附带民事诉讼制度修改内容的理解与适用”，载《法律适用》2013年第7期。

〔2〕刘德法：“对精神损害纳入刑事附带民事赔偿的思考”，载《中州学刊》2013年第3期。

〔3〕张新宝：“《侵权责任法》死亡赔偿制度解读”，载《中国法学》2010年第3期。

偿金予以分别规定的方式。[1]对于残疾赔偿金和死亡赔偿金的性质，笔者赞同部分民法学者提出的“逸失利益”说，即认为残疾赔偿金和死亡赔偿金并非是对人身权和生命权本身的救济，抑或是对人身或生命价值的赔偿，不是用来与人的健康和生命进行交换的等价物，而是用来维持被害人及其近亲属未来的生活水平和用以弥补因犯罪行为而给被害人及其近亲属带来的各种现实利益损失的赔偿，其并不具备精神损害赔偿的性质。[2]

当然，即便是残疾赔偿金和死亡赔偿金不具有精神损害赔偿的属性，在现阶段，在我国的附带民事诉讼制度中，也不应将其纳入民事赔偿的范围。

这是因为，首先，《最高人民法院关于确定民事侵权精神损害赔偿责任若干问题的解释》和《最高人民法院关于审理人身损害赔偿案件适用法律若干问题的解释》均明确规定，上述解释适用于《民法通则》和《中华人民共和国民事诉讼法》（以下简称《民事诉讼法》）规定的单纯的民事诉讼程序中，因此，即便上述司法解释规定了残疾赔偿金和死亡赔偿金的内容，也并不意味着，在刑事附带民事诉讼的民事赔偿中，应当同样纳入残疾赔偿金和死亡赔偿金的内容。其次，《刑事诉讼法解释》第155条第2款规定，犯罪行为造成被害人人身损害的，应当赔偿医疗费、护理费、交通费等为治疗和康复支付的合理费用，以及因误工减少的收入。造成被害人残疾的，还应当赔偿残疾

---

〔1〕 根据《最高人民法院关于确定民事侵权精神损害赔偿责任若干问题的解释》第9条的规定，精神损害抚慰金包括残疾赔偿金、死亡赔偿金和其他精神抚慰金。而《最高人民法院关于审理人身损害赔偿案件适用法律若干问题的解释》则在第17条对残疾赔偿金和死亡赔偿金进行规定之后，又针对被害人及其近亲属所享有的精神损害赔偿权进行了规定。

〔2〕 张新宝：“《侵权责任法》死亡赔偿制度解读”，载《中国法学》2010年第3期。

生活辅助具费等费用，造成被害人死亡的，还应当赔偿丧葬费等费用。目前，不宜对该款规定的“等费用”作包括残疾赔偿金和死亡赔偿金在内的扩大化解释。这与当前我国刑事附带民事诉讼中民事赔偿的执行率低有关系。如按照相关民事司法解释的规定，将残疾赔偿金和死亡赔偿金纳入附带民事诉讼中民事赔偿的范围，就意味着对命案，被害人是城镇居民的，仅死亡赔偿金一项，一般就要赔 40 万元以上。被害人是农村居民的，一般也要赔 20 万元左右。而据调研，凡套用民事标准，将死亡赔偿金、残疾赔偿金纳入判赔范围的，赔偿到位率都极低。这就使得附带民事诉讼中“空判现象突出，缠讼、闹访十分普遍，严重影响案件裁判的法律与社会效果”。〔1〕最后，有学者指出，司法实践对具有精神损失性质的死亡补偿金的支持，是对新中国成立几十年来交通肇事案件死亡赔偿习惯的遵循和认可，……部分法院以死亡赔偿金属于精神损失赔偿为由，在一般犯罪案件中不支持死亡赔偿金，而对交通肇事案件予以支持，是一种自相矛盾的做法。〔2〕对此，司法解释的制定者给出的答复是，之所以在交通肇事案件中支持被害方提出的残疾赔偿金和死亡赔偿金的诉求，主要是考虑到，机动车发生交通事故造成人身伤亡、财产损失的，通常有第三者责任强制保险，被告人的赔偿能力也较高，一般不会导致空判。〔3〕笔者认为，将残

〔1〕 胡云腾等：“关于适用《中华人民共和国刑事诉讼法》的解释理解与适用”，载最高人民法院刑事审判一、二、三、四、五庭主办：《刑事审判参考》（2012 年第 5 集：总第 88 集），法律出版社 2013 年版，第 122 页。

〔2〕 孙启福、夏川：“死亡赔偿制度的嬗变及反思——以死亡赔偿金及精神抚慰金为视角”，载《西南政法大学学报》2010 年第 2 期。

〔3〕 胡云腾等：“关于适用《中华人民共和国刑事诉讼法》的解释理解与适用”，载最高人民法院刑事审判一、二、三、四、五庭主办：《刑事审判参考》（2012 年第 5 集：总第 88 集），法律出版社 2013 年版，第 122 页。

疾人赔偿金和死亡赔偿金排除出附带民事诉讼中民事赔偿的范围，是在当前我国尚未建立社会保险制度和被害人国家补偿制度等配套措施的形势下，受附带民事诉讼执行率低下的司法现状影响而采取的无奈之举。无论残疾人赔偿金和死亡赔偿金是否属于精神损害赔偿的范畴，在国家尚未建立相关的辅助性措施和配套制度，附带民事诉讼的执行状况也并未得到有效的改善之前，不宜将之纳入民事赔偿的范围之中。

第四，当前，虽不能将精神损害赔偿纳入附带民事诉讼中民事赔偿的范围，但这并不意味着被害人所遭受的精神损害就不能获得相应的补偿。根据《刑事诉讼法解释》第 155 条第 3 款的规定，附带民事诉讼当事人就民事赔偿问题达成调解、和解协议的，赔偿范围、数额不受本条第 2 款规定的限制。这就意味着，虽然根据现行刑事立法和相关司法解释的规定，在通常情况下，法官并不能依职权主动判处犯罪人赔偿被害方因犯罪行为而遭受到的精神损害，但如果被害方与加害方在自愿、合法的情况下达成了调解或和解协议，该协议中所包含的精神损害赔偿的内容就可以被法官支持。当然，被害方提出的残疾赔偿金和死亡赔偿金的诉求同样可以通过达成调解协议或和解协议的方式由人民法院予以支持。

第六章

刑事附带民事诉讼中民事赔偿数额的确定

一、问题的提出

我国2012年经全面修订的《刑事诉讼法》第99条第1款明确规定，“被害人由于被告人的犯罪行为而遭受物质损失的，在刑事诉讼过程中，有权提起附带民事诉讼。被害人死亡或者丧失行为能力的，被害人的法定代理人、近亲属有权提起附带民事诉讼。该法通过之后，2012年11月5日，由最高人民法院审判委员会第1559次会议通过的《刑事诉讼法解释》又对上述规定作出了进一步的解释。根据《刑事诉讼法解释》第138条的规定，被害人因人身权利受到犯罪侵犯或者财物被犯罪分子毁坏而遭受物质损失的，有权在刑事诉讼过程中提起附带民事诉讼。被害人死亡或者丧失行为能力的，其法定代理人、近亲属有权提起附带民事诉讼。因受到犯罪侵犯，提起附带民事诉讼或者单独提起民事诉讼要求赔偿精神损失的，人民法院不予受理。由上述规定不难看出，目前，在我国的刑事附带民事诉讼制度中，民事赔偿的范围限于由行为人的犯罪行为给被害人带来的物质损失。这里的“物质损失”既包括人身损失，又包括财产损失，而精神损失则并不属于行为人应予偿付的民事赔偿的范围。对于被害方提起的精神损失赔偿的诉求，人民法院不应予以支持。[1]

尽管对于上述关于附带民事诉讼中民事赔偿范围的规定是否合理的问题，在我国刑事法学界仍然存在诸多争议，但将物质损失作为附带民事诉讼案件中民事赔偿的主要内容却早已被我国广大司法机关所认可，并在司法实践中长期得以践行。需要注意的是，由于目前我国刑事法律中规定的附带民事诉讼的赔偿范围和赔偿标准与单纯的民事法律中规定的赔偿范围和赔偿标准并不统一，加之关于附带民事诉讼中赔偿数额确定的法律规定不甚明确，司法实践中出现了不区分具体案情而统一确定民事赔偿金额和对于相似案件判处数额相差悬殊的民事赔偿金这两种颇为极端的处理方式。这样的裁判方式不仅容易引发被害方对附带民事诉讼判决强烈不满和抵触情绪，同时还可能产生社会公众质疑审判机构公正与否的负面影响。针对司法实践中出现的上述问题，如何在当前的法律体制之下合理地确定附带民事诉讼中民事赔偿的数额，就成为我国刑事法理论和司法实践中一个迫切需要解决的问题。

二、刑事附带民事诉讼中赔偿数额确定的影响因素

合理地确定刑事附带民事诉讼中民事赔偿的数额，绝不是一个简单的单据数额相加的问题，而是要考虑到各种相关因素

---

〔1〕 在此需要特别说明的是，残疾赔偿金和死亡赔偿金并非是对人身权和生命权本身的救济，抑或是对人身或生命价值的赔偿，不是用来与人的健康和生命进行交换的等价物，而是用来维持被害人及其近亲属未来的生活水平和用以弥补因犯罪行为造成被害人及其近亲属的各种现实利益损失的赔偿，其并不具备精神损害赔偿的性质。参见张新宝："《侵权责任法》死亡赔偿制度解读"，载《中国法学》2010 年第 3 期。当然，尽管残疾赔偿金和死亡赔偿金均不具有精神损害赔偿的属性，现阶段，在我国的附带民事诉讼制度中，也不应将残疾赔偿金和死亡赔偿金纳入民事赔偿的范围之中。

的影响。[1]目前，我国刑事法学界围绕刑事附带民事诉讼中赔偿数额确定之影响因素的讨论，主要集中在是否应考虑行为人的赔偿能力这一问题上。除此之外，笔者认为，可能影响民事赔偿数额确定的因素还包括被害人实际遭受的物质损失和被害人有无过错及其过错程度这两方面的内容。以下笔者将分别对这三种可能对民事赔偿数额的确定产生影响的因素进行具体分析。

（一）被害人实际遭受的物质损失

毫无疑问，无论是从我国现行刑事法律和司法解释的规定来看，还是从刑事法理论的角度出发，被害人实际遭受的物质损失均应成为刑事附带民事诉讼中民事赔偿数额确定的前提条件和关键性的判定依据。当然，这也与构建民事赔偿制度的初衷相辅相成。在原有的正常的社会关系遭到不法行为或犯罪行为侵害之后，采取物质补偿的方式虽然无法彻底地恢复已遭破坏的社会关系，或者使遭受侵害之物复归原貌，但这种对被害人权利受损状态加以弥补和救济的补偿性手段确实也能在一定程度上发挥修补社会关系和维系社会秩序的作用。

对于被害人实际遭受的物质损失这一因素，在此需要强调的是，一方面，当前，在我国的刑事附带民事诉讼制度中，在确定民事赔偿的数额时，必须将被害人因犯罪行为遭受的损失限定在物质损失的范围内，而排除精神损失的内容。尽管这种立法设计并不科学合理，也广受诟病，但这却是由我国现行刑事立法的现状所决定的。在该项法律未被废止或作出修改之前，其应在司法实践中得到尊重和贯彻落实。另一方面，根据 2000

〔1〕 秦瑞基、田孝民："刑事附带民事诉讼的实体和程序问题分析"，载《人民司法》2002 年第 5 期。

年12月4日由最高人民法院审判委员会第1148次会议通过的《最高人民法院关于刑事附带民事诉讼范围问题的规定》第2条的规定，这里所指的被害人遭受的物质损失，应是指被害人因犯罪行为已经遭受的实际物质损失和必然遭受的物质损失，这就相应排除了那些被害人主观上认为的、不确定的和仅具有概括可能性的损失。

（二）行为人的赔偿能力

对于行为人的赔偿能力应否成为影响附带民事诉讼中民事赔偿数额确定的一个因素，在我国刑事法学界一直存在着较为激烈的争论。对之采赞成说的学者认为，人民法院在个案的处理上，有必要也应当考虑案件的具体情况，综合考虑包括被告人经济状况在内的诸多因素，在权衡各种利益需要之后，确定公正的赔偿数额。之所以要考虑行为人的赔偿能力，是因为，损害赔偿责任是财产责任，如果加害人的经济状况很差，没有财产或者财产很少，无力负担这种责任，这时对他们施以财产制裁实际上是不可能的。[1]不考虑行为人的赔偿能力作出的判决必定是不折不扣的空判，没有丝毫的法律意义和社会意义，相反，只能给被害方造成法院言而无信的印象，有损于法律的严肃性和法院的尊严，不符合实事求是的原则。[2]与此观点相对应的是，另有学者认为，行为人的赔偿能力不应成为附带民事诉讼中民事赔偿数额确定的影响因素。这些学者从刑事法律规定的变迁、被害人合法权益的全面保护、行为人赔偿能力的不确定性及其确定的困难程度、审判程序和执行程序的差异性

---

〔1〕 杨立新、刘洪林："刑事附带民事诉讼的基础理论问题"，载《国家检察官学院学报》2013年第6期。

〔2〕 秦瑞基、田孝民："刑事附带民事诉讼的实体和程序问题分析"，载《人民司法》2002年第5期。

等多个角度对赞成说的观点进行了驳斥。〔1〕

针对上述两种截然不同的观点，笔者认为，欲判断行为人的赔偿能力应否成为影响附带民事诉讼中民事赔偿数额确定的因素，首先应当以现行刑事法律和司法解释的规定作为出发点展开讨论。

应当肯定的是，虽然我国1996年修订的《刑事诉讼法》和1998年9月2日发布的《最高人民法院关于执行〈中华人民共和国刑事诉讼法〉若干问题的解释》均未将行为人的赔偿能力作为附带民事诉讼中民事赔偿数额确定的影响因素来加以明确规定，但是，在该法施行之时，我国的最高司法机关对之却是持认可和支持的态度。如《最高人民法院关于执行〈中华人民共和国刑事诉讼法〉若干问题的解释》第99条规定，对于被害人遭受的物质损失或者被告人的赔偿能力一时难以确定，以及附带民事诉讼当事人因故不能到庭等案件，为了防止刑事案件审判的过分迟延，附带民事诉讼可以在刑事案件审判后，由同一审判组织继续审理。如果同一审判组织的成员确实无法继续参加审判的，可以更换审判组织成员。这里将被告人赔偿能力的确定作为民事诉讼单独进行的依据，实际上就暗含了应将其作为确定附带民事诉讼中民事赔偿数额的考量因素这一内容。在此司法解释通过之后，由最高人民法院于1999年10月27日发布的《全国法院维护农村稳定刑事审判工作座谈会纪要》首次对行为人的赔偿能力影响附带民事诉讼中民事赔偿数额确定

〔1〕兰跃军："刑事附带民事诉讼的几个问题"，载《安徽大学法律评论》2012年第2期；吴靖："附带民事诉讼案件若干疑难问题研究"，载《山东审判》2003年第2期；郇砚："附带民事诉讼限制赔偿范围的反思与矫正——兼论附带民事诉讼'执行难'的解决对策"，载《重庆师范大学学报（哲学社会科学版）》2011年第6期。

的原则作出了明确性的规定。根据该纪要，关于附带民事诉讼的赔偿范围，在没有司法解释规定之前，应注意要适当考虑被告人的赔偿能力。被告人的赔偿能力包括现在的赔偿能力和将来的赔偿能力，对未成年被告人还应考虑到其监护人的赔偿能力，以避免数额过大的空判引起的负面效应，被告人的民事赔偿情况可作为量刑的酌定情节。此后通过的相关刑事法律和司法解释虽未再次重申上述内容，但将行为人的赔偿能力作为附带民事诉讼中民事赔偿数额确定的影响因素来加以考量的做法却被我国各级司法机关一以贯之。如在 2006 年 11 月 8 日召开的第五次全国刑事审判工作会议上，时任最高人民法院副院长的姜兴长就又再一次强调指出，确定附带民事诉讼的赔偿数额，应当以犯罪行为直接造成的物质损失为基本依据，并适当考虑被告人的实际赔偿能力。[1]由此可见，在我国 1996 年《刑事诉讼法》施行的很长一段时间里，我国的相关司法解释和最高司法机关均是将行为人的赔偿能力作为确定附带民事诉讼中民事赔偿数额的影响因素来加以肯定的。

需要引起高度注意的是，尽管在 2012 年经全面修订的《刑事诉讼法》中，关于附带民事诉讼中民事赔偿范围的规定与 1996 年《刑事诉讼法》的规定相比并无本质上的差别，但该法却在第 101 条增加了“人民法院审理附带民事诉讼案件，可以进行调解，或者根据物质损失情况作出判决、裁定”的规定。其中，有关“根据物质损失情况作出判决、裁定”的规定就是对民事赔偿数额的确定方法作出的规范性的限定，这实际上就已经将行为人的赔偿能力这一因素排除出附带民事诉讼中民事

---

〔1〕 姜兴长：“关于当前刑事审判需要着重抓好的几项工作——在第五次全国刑事审判工作会议上的总结讲话（节录）”，载最高人民法院一、二、三、四、五庭主编：《刑事审判参考》2006 年第 5 集，法律出版社 2007 年版，第 80 页。

赔偿数额确定的考量因素之外。此外，2012 年 12 月 20 日由最高人民法院发布的《刑事诉讼法解释》第 155 条第 1 款规定，对附带民事诉讼作出判决，应当根据犯罪行为造成的物质损失，结合案件具体情况，确定被告人应当赔偿的数额。该款中“结合案件具体情况，确定被告人应当赔偿的数额”的表述虽然不甚明确，但从该条第 2 款，犯罪行为造成被害人人身损害的，应当赔偿医疗费、护理费、交通费等为治疗和康复支付的合理费用，以及因误工减少的收入。造成被害人残疾的，还应当赔偿残疾生活辅助具费等费用。造成被害人死亡的，还应当赔偿丧葬费等费用的规定却不难看出，这里所指的“案件具体情况”仅仅是指那些因行为人所实施的犯罪行为而给被害人造成的医疗费、护理费、交通费等实际物质损失，而并不包括行为人的赔偿能力这一内容。据此，笔者认为，从上述刑事立法和司法解释的规定来看，实际上，在 2012 年《刑事诉讼法》正式施行之后，我国就已经摒弃了以往将行为人的赔偿能力作为影响附带民事诉讼中民事赔偿数额确定因素的做法，而仅将被害人因犯罪行为实际遭受的物质损失作为法定的确定民事赔偿数额的唯一标准。

针对上述持赞成说的学者所提出的如不考虑行为人的赔偿能力，将造成附带民事诉讼中民事赔偿判决空判的结果，从而有损法律的严肃性和法院的尊严的观点，笔者承认其中蕴含着合理的因素，即当前在我国附带民事诉讼制度的实施过程中，确实存在着民事赔偿判决执行率过低的问题。如据北京市第一中级人民法院执行庭的统计，2004 年该院刑事附带民事诉讼案件的申请执行标的额为 666 万元，实际执行额为 89 万元，实际执行额仅占申请执行额的 13.4%。2005 年该院附带民事诉讼案件的申请执行额为 1918 万元，实际执行额为 123 万元，实际执行额占申请执行额的比例下降到6.4%。[1]而据山东省青岛市中级人民法院的另一项调研结果显示，5年来，在该院以判决方式结案的2300多件刑事附带民事诉讼案件中，90%以上案件的民事部分执行不了，最后成为“空判”。与此相比，经由黑龙江省哈尔滨市中级人民法院审理的刑事附带民事诉讼案件的执行率虽略有提高，但从总体的执行率上来看，也并不尽如人意。如2005年，在该院受理的刑事附带民事诉讼案件中，被害人的赔偿率仅为38.9%，2006年虽有上升，但该比例也仅达到43.7%，同样有超过一半的被害人无法实际获得民事赔偿。[2]

当然，随着我国司法机关执法水平的提高、执法环境的改善、公民生活水平的提高和法律意识的增强，近些年来，我国附带民事诉讼执行率过低的问题已经得到了一定程度的改善。但目前，其却仍然是我国附带民事诉讼制度中一大急需解决的难题，成为制约我国附带民事诉讼立法发展的一个重要因素，同时，也引发了一系列的社会问题。司法实践中，部分得不到实际赔偿的被害人或其亲属往往试图通过缠讼、上访等方式解决附带民事诉讼的执行问题，一些比较极端的被害人或其亲属甚至采取私力救济乃至犯罪手段获取相关的民事赔偿，或者在获赔无望的情况下，对犯罪人及其亲属进行打击报复。这些由附带民事诉讼执行率过低而带来的负面产物不仅大大削弱了司法裁判的权威性，还带来了一系列新的社会矛盾，造成社会关系和社会秩序的进一步紊乱。

尽管笔者承认，在我国的司法实践中，确实存在附带民事

---

〔1〕 北京市第一中级人民法院刑一庭：“关于刑事附带民事诉讼面临的司法困境及其解决对策的调研报告”，载《法律适用》2007年第7期。

〔2〕 李爽：“论刑事附带民事诉讼制度的立法完善：寻求利益平衡的途径”，载《中国人民公安大学学报（社会科学版）》2012年第1期。

诉讼判决执行率过低的问题，但笔者坚持认为，以上述持赞成说学者的观点，即主张降低不具有赔偿能力的行为人所应偿付的民事赔偿数额，并不能真正解决该问题，反而会带来被害人的合法权益受到再一次侵害的负面效果。这是因为，一方面，导致我国司法实践中附带民事诉讼案件民事赔偿判决执行率过低的原因是多方面的。行为人的赔偿能力仅仅是其中的一个因素，司法机关执法方式的单一化和相关配套制度的缺失等均是造成这一问题的原因。而解决这一问题的关键也并不在于削减行为人应予偿付的赔偿金的数额。相对于削减民事赔偿金额这一手段，通过在侦查阶段建立财产保全制度、在审判阶段确立赔偿与量刑相结合的原则，在执行阶段构建国家救助与公民个人赔偿相结合的制度等相关配套机制，可以更好地解决附带民事诉讼执行率过低的问题，也能够在相当程度上缓解行为人的赔偿能力对附带民事诉讼判决执行产生的影响。

另一方面，从法律所持的公平正义的基本理念来看，所有的犯罪人都是平等的，其需要对自身实施的犯罪行为负责，并承担起弥补被害人因犯罪行为所遭受的损失的责任。在法律面前，所有被害人也都是平等的，其有权利要求法律对犯罪人所实施的犯罪行为进行惩罚，并获得与之所遭受的侵害程度相当的补偿。这就是说，犯罪人所承担的责任大小应当与其实施的犯罪行为的危害程度成正比，被害人所获得的民事赔偿的多少也应当与其所遭受的损失程度成正比。犯罪行为对被害人造成的损失越大，被害人获得的民事赔偿的金额就应当越多。反之，如果犯罪行为仅给被害人带来较为轻微的损害，那么，被害人所获得的民事赔偿也应相对较少。但如果将行为人的赔偿能力作为影响民事赔偿数额确定的一个因素，那么，上述情形将会变得大为不同。对于遭受同样侵害的被害人而言，一个幸运的被害人在碰到一个赔偿能力较高的犯罪人时，其可以获得的民事赔偿就相对较高。而一个倒霉的被害人在碰到一个赔偿能力较低或完全没有赔偿能力的犯罪人时，其就只能获得低于实际遭受损失的赔偿金额，甚至于完全无法获得任何赔偿金额。此时，被害人所获得的民事赔偿金额就会受制于行为人的赔偿能力。为获得足额的民事赔偿，其只能寄希望于受到更为富有的、且赔偿能力更高的犯罪人的侵害，这对被害人来说，显然是不公平的。在犯罪行为实施之时，被害人就已经遭受到了犯罪人的无情侵害，其所受损失的大小取决于犯罪人实施的犯罪行为的轻重。在对犯罪行为进行惩处时，如若再将犯罪人的赔偿能力作为评价被害人能够获得多少赔偿金额的标准，就无异于将被害人置于了较犯罪人更低的地位上。很显然，这种做法是站在以犯罪人为中心的刑事诉讼模式的立场上确立起来的处理方法，与现行我国所构建的注重被害人与被告人权利的平衡并更加强调被害人合法权益保护的诉讼模式并不相吻合。此外，在我国，还有学者曾尖锐地指出，将行为人的赔偿能力作为附带民事诉讼赔偿数额确定的评价标准的做法，一方面可能起到鼓励犯罪人及其家属通过隐瞒个人财产来逃避赔偿义务。另一方面可能鼓励法官想方设法减少对被害人损害赔偿的判决，甚至有时因被告人无赔偿能力导致判决的不可执行性，在调解无效的情况下，法官为避免附带民事诉讼原告人继续诉讼得不偿失，通常会动员被害人撤诉。或者对被害人及其家属施加压力，要求他们主动减少、放弃或撤回损害赔偿请求。[1]实际上，上述学者的担忧并非没有根据，我国司法实践中附带民事诉讼案件

〔1〕 兰跃军："刑事附带民事诉讼的几个问题"，载《安徽大学法律评论》2012年第2期。

执行情况的混乱恰恰印证了上述判断。这样，以行为人的赔偿能力作为评价附带民事诉讼中民事赔偿数额确定的标准，就使得被害人在受到犯罪人的第一次伤害之后，还将面临司法机关联手犯罪人实施的第二次伤害。

更何况，行为人的赔偿能力并不是一个静止、不变的概念，其伴随着行为人的生活环境、就业情况、法律关系等多种因素的变化而变化。行为人在接受审判时不具有赔偿能力或赔偿能力较差，并不意味着其在未来也不具有相应的赔偿能力。以行为人一时的赔偿能力即裁定其可以全部免除或部分免除对被害人应予承担的赔偿义务，不但从一定程度上变相鼓励了行为人寻找各种借口、制造各种条件来逃避其应当承担的法律责任，而且也完全剥夺了被害人从行为人处获得救济的权利。此外，即便就审判之时行为人所具备的真实的赔偿能力的判断而言，其也是一项十分艰巨的任务。在司法实践中，公诉人通常不承担查明并证实被告人所具有的赔偿能力的责任，要求被害人承担此项举证责任显然是显失公平的，而如果让被告人自己举证，其结果显然又难以获得被害人和公众的认同。在此种情况之下，这项举证和证明责任就只能由审判机关来承担。对于以法庭审判为工作核心，且已经担负着沉重的工作压力的审判机关而言，这就“像民事执行工作查清被执行人有无执行能力一样艰巨”。[1]由此观之，且不论将行为人的赔偿能力作为附带民事诉讼中民事赔偿数额确定的影响因素的做法是否合理，仅从行为人所具有的赔偿能力这一客观条件的判断上来看，审判机关也很难作出一个确定的、公允的判断，要求其承担此项职责更是在无形

---

〔1〕 高遥生：“完善刑事附带民事诉讼的五点考虑”，载《法制资讯》2008年第2期。

之中使其背负上了更加沉重的负担。

综合上述分析，笔者认为，依据我国2012年《刑事诉讼法》和相关司法解释的规定，将行为人的赔偿能力作为影响附带民事诉讼中民事赔偿数额确定的因素，是没有法律根据的。此外，这种做法也难以解决司法实践中出现的附带民事诉讼民事赔偿判决执行率过低的问题，更不符合全面保护被害人合法权益的诉讼理念。对于审判机关而言，查清并判明行为人有无赔偿能力及赔偿能力的大小也近乎是一项难以完成的任务。基于上述理由，笔者得出如下结论：在确定附带民事诉讼中民事赔偿的数额时，不应将行为人的赔偿能力作为影响因素加以考量。

（三）被害人的过错

尽管我国2012年《刑事诉讼法》和相关司法解释均将被害人实际遭受的物质损失作为确定附带民事诉讼中民事赔偿数额的唯一评价依据，但笔者仍然认为，在确定行为人应予偿付的民事赔偿的数额时，应将被害人有无过错及过错的大小作为一个独立的影响因素来加以考量。当然，这与现行刑事法律的规定也并不冲突。究其原因，是因为在确定附带民事诉讼赔偿数额的过程中，被害人实际遭受的物质损失具有考察的优先性和数额确定的最终决定性的影响，而被害人有无过错以及过错的大小所发挥的仅仅是对之进行修正的辅助性作用。具体而言，审判机关必须在对被害人实际遭受的物质损失进行考察之后，才能得出行为人应予偿付的民事赔偿的基本数额。并进而以此为基础，将被害人有无过错及过错的大小作为考量因素，对民事赔偿的数额加以修正，并最终确定个案中民事赔偿的具体数额。更进一步说，被害人实际遭受的物质损失是附带民事诉讼中民事赔偿数额确定的法定因素，而被害人的过错情况则是一项虽未被法律规定但却应当在具体判断时予以考量的酌定因素。将被害人有无过错及过错的大小作为影响行为人应承担的民事赔偿责任的依据，已为我国民事法律和司法解释所认可，刑事附带民事诉讼制度自然也概莫能外。[1]在附带民事诉讼民事赔偿数额的确定过程中，如果被害人不具有过错，那么，行为人就应当承担起全部的刑事责任，并赔偿因其犯罪行为使被害人遭受的全部物质损失。如果被害人具有过错，则应依据该过错的大小，要求其与犯罪人共同承担因犯罪行为的侵害使其遭受的损失。由此，对于被害人自身应当承担责任的部分，也应当排除出犯罪人所承担的刑事责任和民事赔偿责任的范围之外。

三、刑事附带民事诉讼中民事赔偿数额确定的具体方法

在确定附带民事诉讼民事赔偿数额的过程中，除了应当准确把握其中的影响因素之外，还应掌握该数额确定的具体方法。在讨论这一具体方法之前，不妨先来看一个关于附带民事诉讼的真实案例。

---

〔1〕《民法通则》第131条规定，受害人对于损害的发生也有过错的，可以减轻侵害人的民事责任。2003年12月26日公布的《最高人民法院关于审理人身损害赔偿案件适用法律若干问题的解释》第2条第1款规定，受害人对同一损害的发生或者扩大有故意、过失的，依照《民法通则》第131条的规定，可以减轻或者免除赔偿义务人的赔偿责任。但侵权人因故意或者重大过失致人损害，受害人只有一般过失的，不减轻赔偿义务人的赔偿责任。2004年11月11日最高人民法院研究室出具的《最高人民法院关于对参加聚众斗殴受重伤或者死亡的人及其家属提出的民事赔偿请求能否予以支持问题的答复》指出，聚众斗殴中受重伤或者死亡的人，既是故意伤害罪或者故意杀人罪的受害人，又是聚众斗殴犯罪的行为人。对于参加聚众斗殴受重伤或者死亡的人或其家属提出的民事赔偿请求，依法应予支持，并适用混合过错责任原则。

案例：徐某某故意伤害案[1]

被告人徐某某，2013年7月21日因涉嫌故意伤害罪被浙江省杭州市公安局萧山区分局依法刑事拘留，后于同年8月2日被执行逮捕。2013年11月1日，浙江省杭州市萧山区人民检察院以杭萧检刑诉［2013］1980号起诉书将徐某某涉嫌故意伤害一案向浙江省杭州市萧山区人民法院提起公诉。在诉讼过程中，附带民事诉讼原告人黄某某向杭州市萧山区人民法院提起附带民事诉讼，要求被告人徐某某赔偿其医疗费53 902元、误工费36 000元、营养费36 000元、继续治疗费9000元、经济作物损失费60 000元、精神损失费20 000元、护理费及住院伙食补助费、交通费17 500元，共计232 402元，并当庭提供了病历、医疗费发票、用药清单、交通费发票等证据予以佐证。

被告人徐某某对起诉书指控的故意伤害犯罪事实并无异议并表示自愿认罪，但对附带民事诉讼原告人黄某某所提出的诉请有异议。其认为黄某某所提出的经济作物损失没有依据。被告人徐某某对黄某某主张的各项损失中没有发票的部分也不予认可。徐某某同时提出，虽然其愿意赔偿法院认定的被害人遭受的合理损失，但因其没有收入来源，缺乏赔偿能力，因此，请求法院从轻处罚。

浙江省杭州市萧山区人民法院经审理查明，2013年6月26日23时许，被告人徐某某来到杭州市萧山区宁围镇二桥村传化物流基地北面的夜宵摊处吃夜宵，因向被害人尹某某、黄某某敬酒时，两人要离开未接受，而与尹某某发生争吵，并与该二

[1] 2013年12月12日浙江省杭州市萧山区人民法院出具的（2013）杭萧刑初字第1919号刑事附带民事判决书。

人发生推打。其间，被告人徐某某持刀刺伤被害人黄某某、尹某某。经法医鉴定，被害人黄某某因全身多处遭锐器伤害而导致失血性休克，其中，胸部锐器穿透伤合并心脏破裂、胸腔积血等，行开胸心脏修补术治疗，其损伤程度已构成重伤，致八级伤残，被害人尹某某构成轻微伤。案发后，被告人徐某某自动投案并如实供述了犯罪事实。

另经查明，附带民事诉讼原告人黄某某因受伤住院治疗16天，花去医药费49 271.20元，还造成误工费、护理费、住院伙食补助费、营养费、交通费等经济损失，共计79 000元。以上事实均有病历、医疗费发票、交通费发票等证据予以证实。

浙江省杭州市萧山区人民法院认定，被告人徐某某故意伤害他人身体，致一人重伤，一人轻微伤，其行为已经构成故意伤害罪。公诉机关指控的罪名成立。被告人徐某某因其犯罪行为给附带民事诉讼原告人黄某某造成的经济损失，依法应予赔偿。对附带民事诉讼原告人黄某某提出的合理部分的赔偿请求，应予支持。鉴于附带民事诉讼原告人黄某某诉请的后续治疗费目前尚未实际产生，且又未提供医疗机构的相关证明，对之不予支持。其诉请的精神损失费不属于刑事附带民事诉讼的赔偿范围，不予支持。依照我国《刑法》第234条第2款、第67条第1款、第36条第1款，《侵权责任法》第6条第1款、第16条及《最高人民法院关于审理人身损害赔偿案件适用法律若干问题的解释》第17条第1款的规定，判决被告人徐某某犯故意伤害罪，判处有期徒刑5年。此外，判决被告人徐某某赔偿附带民事诉讼原告人黄某某医疗费、误工费、护理费、营养费、住院伙食补助费、交通费等经济损失共计人民币79 000元，同时驳回附带民事诉讼原告人黄某某的其他诉讼请求。

笔者认为，在上述案件中，浙江省杭州市萧山区人民法院作出的附带民事诉讼判决是符合我现行刑事法律及相关司法解释的规定的，也是基本合理的。以本案为例，在附带民事诉讼程序中，应按照如下顺序和方法来确定民事赔偿的具体数额：

首先，应划定具体案件中属于附带民事诉讼中民事赔偿范围的物质损失的内容。正如本章开篇所指出的那样，在我国现行法律之下，附带民事诉讼制度中民事赔偿的范围仅限于由行为人所实施的犯罪行为已经给被害人造成的物质损失和必然要造成的物质损失。这里所指的物质损失既包括财产损失，也包括人身损失。在《刑事诉讼法解释》第 155 条的规定中，我国最高司法机关又进一步具体列举了属于附带民事诉讼中被害人遭受的人身损失的内容，包括医疗费、护理费、交通费等为治疗和康复支付的合理费用，以及因误工减少的收入。另外，在因犯罪行为导致被害人残疾的情况下，行为人还应赔偿残疾生活辅助具费等费用。在因犯罪行为导致被害人死亡的情形中，行为人另需赔偿丧葬费等费用。对于被害人所提出的精神损失赔偿和其可能遭受的物质损失的诉求，人民法院则不应予以支持。

在上述“徐某某故意伤害案”中，附带民事诉讼原告人黄某某诉请被告人徐某某赔偿的损失有医疗费、误工费、营养费、继续治疗费、经济作物损失费、精神损失费、护理费、住院伙食补助费和交通费等。其中，医疗费、营养费、护理费、住院伙食补助费和交通费等费用均属于被害人黄某某因犯罪行为而已经遭受的实际物质损失，且都是其为治疗和康复而支出的合理费用，误工费则属于其因犯罪行为而必然要遭受的物质损失，因此，黄某某针对上述损失提出的赔偿诉求，得到了法院的认可。鉴于精神损失费属于我国现行刑事法律和相关司法解释明确排除出附带民事诉讼赔偿范围的内容，在审判之时，继续治疗费和经济作物损失费也并未实际产生，对于黄某某提出的上述损失的赔偿诉求，法院未予支持。当然，除了未实际产生这一原因之外，人民法院之所以不支持被害人黄某某所主张的继续治疗费的诉求，其原因还在于黄某某并未针对需要继续治疗的情况提供医疗机构出具的相关证明。在司法实践中，如果被害人黄某某能够证明就其所遭受的人身损害需要接受进一步的治疗，则该继续治疗费就应当成为被害人因犯罪行为的实施而必然要遭受的物质损失。对于该项诉求，人民法院应予支持。

其次，应对证据进行审查。《刑事诉讼法解释》第 151 条规定，附带民事诉讼当事人对自己提出的主张，有责任提供证据。由此规定可以知道，在我国的刑事附带民事诉讼制度中，被害人负有证明自己遭受物质损失及损失轻重的举证责任。行为人对被害人提出的赔偿诉求有异议的，也应承担相应的举证责任。在确定附带民事诉讼民事赔偿数额的过程中，审判机关在对被害人提出的损害赔偿诉求是否属于现行法律规定的民事赔偿的范围进行判断之后，还应对被害人和行为人提供的相关证据进行审查。这主要包括以下三个方面的内容：第一，审判机关应查明被害人提出的民事赔偿诉求是否有相应的证据加以支持。对于没有证据证明的民事赔偿诉求，人民法院不应予以支持。在上述“徐某某故意伤害案”中，人民法院不支持被害人黄某某所主张的继续治疗费的诉求就是由本原因所致。第二，审查被害人和行为人提供的证据是否客观、真实。对于那些并非出自有权机构、内容虚假或系主观臆断的证明材料，应予排除。第三，判断有证据证明的被害人所遭受的物质损失与行为人所实施的犯罪行为之间是否存在直接的因果关系，即判明该项损失是否属于因犯罪行为的实施而给被害人造成的实际的财产损失或预期收益的直接减损，或者是否属于被害人为修复或削弱犯罪行为对其造成的侵害而支出的必要费用。如相关证据不能对上述事实加以印证，则应对之进行相应的排除。

再次，在确定被害人所提出的具体的损害赔偿的诉求属于我国现行刑事法律和相关司法解释规定的赔偿范围，并对之提供的相关证据进行验证之后，审判机关就应当对行为人应予承担的民事赔偿的基本数额进行计算。2012 年最高人民法院《刑事诉讼法解释》第 163 条规定，人民法院审理附带民事诉讼案件，除刑法、刑事诉讼法以及刑事司法解释已有规定的以外，适用民事法律的相关规定。具体而言，在犯罪行为给被害人带来人身损失的附带民事诉讼案件中，结合《最高人民法院关于审理人身损害赔偿案件适用法律若干问题的解释》的规定，人民法院在确定行为人应予赔偿的民事赔偿的基本金额时，应分别采取如下方法进行计算：①医疗费的金额。应根据医疗机构出具的医药费、住院费等收款凭证，结合病历和诊断证明等相关证据加以确定。医疗费的赔偿数额，按照一审法庭辩论终结前实际产生的数额确定。至于器官功能恢复训练所必要的康复费、适当的整容费以及其他的后续治疗费，赔偿权利人可以待实际发生后另行起诉。但根据医疗证明或者鉴定结论确定必然发生的费用，可以与已经发生的医疗费一并予以赔偿。②误工费的金额。对误工费应当根据受害人的误工时间和收入状况加以确定。对于有固定收入的被害人而言，误工费的金额应以被害人因犯罪行为的侵害而耽误工作，致使其被所在单位实际扣发的工资性收入为确定依据。对于没有固定收入的被害人而言，应当按照其最近三年的平均收入计算。被害人不能举证证明其最近三年的平均收入状况的，可以参照受诉法院所在地相同或者相近行业上一年度职工的平均工资计算。③护理费的金额。

护理费应根据护理人员的收入状况和护理人数、护理期限加以确定。护理人员有收入的，可以参照上述误工费的规定计算。护理人员没有收入或者雇佣护工的，应当参照当地护工从事同等级别护理的劳务报酬标准计算。护理人员原则上为一人，但医疗机构或者鉴定机构有明确意见的，可以参照确定护理人员人数。护理期限应计算至被害人恢复生活自理能力时止。被害人因残疾不能恢复生活自理能力的，可以根据其年龄、健康状况等因素确定合理的护理期限，但最长不超过20年。就被害人定残后的护理而言，应当根据其护理依赖程度并结合配制残疾辅助器具的情况确定护理级别。④交通费的金额。交通费应根据被害人及其必要的陪护人员因就医或者转院治疗而实际发生的费用计算。交通费应当以正式票据为凭。有关凭据应当与就医地点、时间、人数、次数相符合。⑤住院伙食补助费的金额。住院伙食补助费可以参照当地国家机关一般工作人员的出差伙食补助标准加以确定。被害人确有必要到外地治疗，因客观原因不能住院，就被害人本人及其陪护人员实际发生的住宿费和伙食费而言，其合理部分应予赔偿。⑥营养费的金额。营养费应根据被害人的伤残情况参照医疗机构的意见加以确定。⑦残疾生活辅助具费的金额。残疾生活辅助具费应当按照普通器具的合理费用标准加以计算。伤情有特殊需要的，可以参照辅助器具配制机构的意见确定相应的合理费用标准。辅助器具的更换周期和赔偿期限应参照配制机构的意见确定。⑧丧葬费的金额。丧葬费应按照受诉法院所在地上一年度职工月平均工资标准，以六个月总额计算。

在犯罪行为造成被害人遭受财产损失的附带民事诉讼案件中，应根据犯罪行为给被害人所有的财物造成的直接经济损失确定民事赔偿的基本金额。对于损失难以确定或者行为人对被害人提出的损失金额存在异议的，可以委托相关物价部门对财物损失情况进行鉴定。在此需要特别注意的是，2000 年 12 月 4 日，由最高人民法院审判委员会会议通过的《最高人民法院关于刑事附带民事诉讼范围问题的规定》第 5 条规定，犯罪分子非法占有、处置被害人财产而使其遭受物质损失的，人民法院应当依法予以追缴或者责令退赔。被追缴、退赔的情况，人民法院可以作为量刑情节予以考虑。2012 年最高人民法院《刑事诉讼法解释》第 139 条规定，被告人非法占有、处置被害人财产的，应当依法予以追缴或者责令退赔。被害人提起附带民事诉讼的，人民法院不予受理。追缴、退赔的情况，可以作为量刑情节考虑。由上述规定可知，目前，在我国附带民事诉讼中，行为人应予偿付的财产损失仅指那些确因犯罪行为的实施而造成的被害人实际财产的毁损或灭失。对于那些因被行为人非法占有、处置的财产而使被害人遭受物质损失的，被害人只能通过人民法院行使追缴或者责令退赔的职权来获得救济，而并不能将之纳入民事赔偿之诉，请求行为人予以赔偿。当然，在一些特定的刑事附带民事诉讼案件中，行为人所实施的犯罪行为既给被害人的人身造成了损害，又对其财产造成了损害。对于此类案件，人民法院应分别计算行为人应予赔偿的人身损失赔偿金额和财产损失赔偿金额，并判令行为人予以一并予以偿付。

另需注意的是，对于一些特定性质的犯罪，如果相关刑事法律和司法解释对此类犯罪附带民事诉讼赔偿数额的确定作出了特别性的规定，或者刑事法律虽未予以明确，但相关民事法律法规或司法解释对之作出了例外性的规定，且该规定与刑事法律和相关司法解释的规定并不相违背，此时，应遵循“特别法优于一般法”的原则，按照特别法的规定来计算附带民事诉讼中民事赔偿的金额。如根据 2012 年最高人民法院《刑事诉讼法解释》第 155 条第 3 款和《中华人民共和国道路交通安全法》第 76 条的规定，驾驶机动车致人伤亡或者造成公私财产重大损失，构成犯罪的，由保险公司在机动车第三者责任强制保险责任限额范围内予以赔偿，不足的部分，如果是在机动车之间发生的交通事故，由有过错的一方承担赔偿责任，双方都有过错的，按照各自过错的比例分担责任。如果是在机动车与非机动车驾驶人、行人之间发生的交通事故，非机动车驾驶人、行人没有过错的，由机动车一方承担赔偿责任。有证据证明非机动车驾驶人、行为人有过错的，根据过错程度适当减轻机动车一方的赔偿责任。机动车一方没有过错的，承担不超过 10%的赔偿责任。

最后，在计算完行为人应予偿付的民事赔偿的基本数额之后，审判机关还应当根据被害人的过错情况对上述基本数额作出进一步的修正。这是附带民事诉讼民事赔偿数额确定的最后一环，也是司法实践中最容易被忽略的环节。在上述“徐某某故意伤害案”的判决中，实际上就并未反映出被害人黄某某是否具有过错及其过错程度对犯罪人徐某某所承担的民事赔偿责任产生的影响。应当认识到，被害人所遭受的物质损失不一定均是由行为人所实施的犯罪行为造成的。在一些刑事附带民事诉讼案件中，行为人所实施的犯罪行为和被害人自身的原因共同导致了被害人遭受物质损失的结果。在另外一些附带民事诉讼案件中，行为人所实施的犯罪行为虽然给被害人带来的一定程度的物质损失，但是，该损失的扩大却是由被害人自身造成的。对于上述两种情形中的民事赔偿数额的确定，如果仅以被害人遭受的物质损失这一客观结果作为依据，而不考虑造成该结果的原因，并由此认为行为人应对被害人遭受的全部物质损失承担责任，便显然是有失公允的。因此，在附带民事诉讼民事赔偿数额的确定过程中，审判机关除应根据被害人实际遭受的物质损失确定行为人的赔偿责任外，还应当结合被害人的过错情况对之加以修正。只有这样，在充分权衡造成被害人物质损失的各项因素的基础上，审判机关才能作出既有助于全面保护被害人的权益又有利于维护犯罪人的合法利益的公平、正义的判决。

第七章

民事赔偿影响刑事责任与刑法的基本原则的关系

随着刑事和解制度的立法和实践推进，刑事案件中的民事赔偿（下文如无特别说明，所提及的民事赔偿皆为刑事案件中的和解赔偿）在社会公众的观念意识中留下了深刻的烙印。然而，从多年的舆论反应来看，并非大都认同民事赔偿所产生的法律效果，其中掺杂着诸多质疑、担忧甚至批判。不少人认为，民事赔偿是“以钱买刑”“赔偿减刑”的赤裸裸的表达，是权钱交易、司法腐败的现实表现。甚至有媒体声称“赔钱减刑”是法律的堕落，〔1〕痛批“金钱赎买刑罚正成为破坏刑法准则的重大弊病之一”。〔2〕刑事案件中的民事赔偿，在公众眼中何以沦落到此种境地？在笔者看来，这其中既涉及公众对民事赔偿制度或者刑事和解制度本身的误解，更多地则表现出对民事赔偿和刑罚之间关系的担忧。归结起来，这在实质上就是刑事案件适用民事赔偿进而对犯罪人予以从宽处罚是否背离罪刑法定原则，僭越刑法面前人人平等以及违背罪责刑相适应原则。面对民事赔偿影响刑事责任与刑法基本原则所可能发生的冲突，

〔1〕 原人：“‘赔钱减刑’是法律的堕落”，载《人民公安》2007年第5期。不过，从内容来看，“赔偿减刑”是作者对“赔偿从轻处罚”的误读。

〔2〕 肖擎：“赔钱减刑，法律岂能打折”，载《大众科技报》2007年2月13日。

我们应该直视其中的问题，从规范角度提供规制的途径与方法。基于此，本章将就民事赔偿影响刑事责任与刑法基本原则之间的关系为视角，分析刑事案件中民事赔偿的适用可能导致的法治风险，并据此就风险的控制进行可行性分析。

一、刑事案件中民事赔偿影响刑事责任面临的公众隐忧

刑事案件中的民事赔偿，因刑事和解制度的导入而得以在实践中广泛推广。作为西方恢复性司法理念本土化实践成果的刑事和解制度，也因良好的个案效果而在我国得以如火如荼地践行。在这一过程中，一方面是公众甚至包括部分法学专家对以民事赔偿为主要内容的刑事和解进行深刻批判，另一方面则是司法实践和法学理论上对刑事案件中民事赔偿的效益性进行辩护和推广。刑事案件中的民事赔偿就在这样的夹缝中得以生存、发展。基于经验主义的判断，前者有其坚实的公众基础，不能简单地予以否定，而后者也有丰厚的实践经验和理论加以支撑，不能视而不见。因此，我们需要从分歧的焦点入手，从刑法基本原则这一根源上来阐释，解读公众隐忧的根源和制度存在的合理性。

（一）以赔偿换取从宽处罚有违罪刑法定原则之嫌

在2012年刑事诉讼法修改前的十多年间，民事赔偿受到的最大质疑就是违背了我国刑法设立的罪刑法定原则。比如，有观点认为，刑事和解在实体处分时作出低于法定刑的刑事处罚，或者对被告人免予刑事处罚，这在一定程度上违反了罪刑法定原则、有损司法尊严。[1]从表面上看，刑事和解混淆了罪与非

---

〔1〕马静华、陈斌：“刑事契约一体化：辩诉交易与刑事和解的趋势”，载《四川警官高等专科学校学报》2003年第8期。

罪之间的标准，突破了法定的量刑界限，的确有违反罪刑法定原则的嫌疑。〔1〕罪刑法定原则要求法律明文规定为犯罪行为的，依照法律定罪处罚，所以刑事和解与罪刑法定原则之间的冲突是无法否认的。〔2〕诸如此类的观点还有很多，但概括起来基本上都认为，犯罪发生以后，如果双方在民事赔偿问题上达成合意并予以履行，司法机关就会对行为人网开一面，但基于民事赔偿对本应认定为犯罪的行为做非罪化处理，抑或做从宽处罚，都是违背罪刑法定原则的。

对于上述质疑，学者们一般从以下三个方面进行反驳：①从罪刑法定原则的内涵中挖掘民事赔偿影响刑事责任的合理性。有学者认为，罪刑法定原则的含义应当仅限于“法无明文规定不为罪，法无明文规定不处罚”。就此而言，以民事赔偿为主要形式的刑事和解为罪刑法定原则所包容，因为两者在内在精神和价值追求层面是一致的，都是为了保护犯罪人和被害人之间的利益平衡。同时，民事赔偿被视为酌定量刑情节而影响犯罪处罚，这也是罪刑法定原则所允许的。所以，民事赔偿影响刑事责任不会构成对罪刑法定原则的破坏。〔3〕②从刑法典其他的条文中探寻民事赔偿影响刑事责任的合法性。这里主要涉及1997年《刑法》第61条所规定的“应当根据犯罪的事实、犯罪的性质、情节和对社会的危害程度”来决定犯罪人的刑罚。同时，1997年《刑法》第63条第2款也规定了审判机关可以根据案件的特殊情况，经最高人民法院核准以后，对不具有刑法

〔1〕桑胜建：“刑事和解与刑法基本原则”，载赵秉志主编：《新中国刑法60年巡礼（上卷）》，中国人民公安大学出版社2009年版，第580页。

〔2〕葛琳：《刑事和解研究》，中国人民公安大学出版社2008年版，第197页脚注。

〔3〕武小凤：《冲突与对接——刑事和解刑法制度研究》，中国人民公安大学出版社2008年版，第395-397页。

典规定的减轻处罚情节的情形，可以在法定刑以下判处刑罚。由于这里的犯罪的性质、情节并没有将犯罪后的民事赔偿当然地排除在外，因此，将民事赔偿视为上述“情节”之一进作为评价犯罪人刑事责任程度的因素是合法的。③从司法解释中探寻民事赔偿影响刑事责任的合法性。近年来，最高司法机关为了进一步规范不同量刑情节对刑罚裁量的影响，以提高量刑的质量和公信力，发布了诸多司法解释和规范性文件，民事赔偿作为一种酌定从宽情节而被规定其中，从而确立了其影响量刑的合法化基础。比如于2000年12月19日施行的《最高人民法院关于刑事附带民事诉讼范围问题的规定》、2004年6月21日颁布的《最高人民法院关于依法惩处生产销售伪劣食品、药品等严重破坏市场经济秩序犯罪的通知》、2006年1月23日施行的《最高人民法院关于审理未成年人刑事案件具体应用法律若干问题的解释》、2010年2月8日颁布的《最高人民法院关于贯彻宽严相济刑事政策的若干意见》等文件中都涉及民事赔偿影响量刑的问题。〔1〕

笔者在文献整理过程中发现，在2012年《刑事诉讼法》修改之前，学者们对上述问题的争论更加突出，而在刑事和解制度被纳入《刑事诉讼法》以后，在轻罪赔偿和解案件中民事赔

〔1〕 其中，《最高人民法院关于刑事附带民事诉讼范围问题的规定》规定，被告人已经赔偿被害人物质损失的，人民法院可以作为量刑情节予以考虑。《最高人民法院关于依法惩处生产销售伪劣食品、药品等严重破坏市场经济秩序犯罪的通知》第3条规定，被告人和被告单位积极、主动赔偿受害人和受害单位损失的，可以酌情适当从轻处罚。《最高人民法院关于审理未成年人刑事案件具体应用法律若干问题的解释》第19条第2款规定，被告人对被害人物质损失的赔偿情况，可以作为量刑情节予以考虑。《最高人民法院关于贯彻宽严相济刑事政策的若干意见》第23条规定，被告人案发后对被害人积极进行赔偿，并认罪、悔罪的，依法可以为酌定量刑情节予以考虑。除此以外，还有其他一些相关的规定涉及此类内容。

偿影响刑事责任是否违背罪刑法定原则的问题上所面临的质疑多少有了改观，但是从实践来看，由于赔偿和解案件并不仅限于出现在轻伤害案件中，因此，围绕民事赔偿影响刑事责任与罪刑法定原则之间关系的争论必将持续下去，探讨这种关系仍然具有十分重要的意义。在笔者看来，公众对民事赔偿影响刑事责任有违罪刑法定原则的质疑并非没有一点道理，民事赔偿的司法实践也的确存在着背离罪刑法定原则的风险：①从刑法规范层面看，如果不能客观地评价作为酌定量刑情节的民事赔偿，那么就有可能导致违背罪刑法定原则的局面。也就是说，如果未能在赔偿和从宽处罚之间建立规范、科学、公开的评价机制和分析体系，就有可能使“赔偿等于从宽甚至免除处罚”，这无疑是对罪刑法定原则的违背。②从司法解释层面来看，司法解释的存在并非当然地符合罪刑法定原则的要求。从本源上而言，罪刑法定原则不仅限制个案裁判，而且对司法解释产生约束，然而，关于民事赔偿的司法解释未必符合罪刑法定原则的要求。在没有理顺民事赔偿影响刑事责任与罪刑法定原则之间的关系的时候，司法解释也存在违背罪刑法定原则的可能性。〔1〕因此，在实践中民事赔偿极易沦为减免犯罪人刑事责任的由头，从而破坏罪刑法定原则。

（二）以赔偿换取从宽处罚有悖罪刑均衡原则之疑

通过民事赔偿，换取对犯罪人的从宽处罚，甚至免除处罚，一直为公众所诟病。其重要原因就是，通过比较，不难看出，

---

〔1〕具体而言，这种风险主要包括两种：一司法权僭越立法权的风险，即通过不当的司法解释将民事赔偿直接作为从宽处罚的理由，忽略了罪刑法定原则之下酌定量刑情节影响刑事责任的逻辑基础，变相地修订了刑法规范中犯罪认定和处罚的基本标准；二是司法裁判层面的实践风险，主要表现为可能导致通过民事责任的承担分担了本应承担的刑事责任。

没有赔偿和解的案件与和解成功的案件在量刑上往往会出现巨大反差，使公众产生“以钱买刑”，赔偿越多。处罚越宽的直觉。宋英辉教授的调研团队曾经对刑事和解后刑罚适用问题做过调研，在和解所占比例较多的几个案由中，比如盗窃、交通肇事和故意伤害（轻伤）案件，对比和解后被判处实刑与未达成和解被判处实刑的平均量刑，结果发现，在案由相同且案情相似的案件中，和解案件加害人所被判处的平均量刑普遍低于未和解案件，有的案件量刑差距非常之大。以盗窃为例，和解案件与未和解案件被判处有期徒刑的平均量刑比例 9.9∶17.1（单位：月），而在轻伤害案件中，这一量刑比例更是高达 7.5∶17.8（单位：月）。[1]可以说，面对相似的案件中如此巨大的量刑反差，笔者已经难以从犯罪事实本身的刑事责任影响因子中找到评判的依据，赔偿其实是导致刑罚差异的主要因素。然而，赔偿究竟应当在多大程度上影响刑罚，在目前的量刑体系中很难找到一个具有广泛性、统一性和可行性的标准。和解案件处理更多依赖于司法机关的自由裁量，这必然会冲击罪刑均衡原则。

总体而言，罪刑均衡原则是刑事案件中民事赔偿影响刑事责任获得公众认同的主要障碍。在现阶段，我们必须正视民事赔偿实践对罪刑均衡原则所造成的冲击：①民事赔偿表明的人身危险性变化对量刑的影响，与传统的罪刑均衡原则有一定冲突。这一点主要是只对公众对罪刑均衡的固有理解而言的。因此，以民事赔偿影响人身危险性变化为由调整刑罚裁量，与罪刑均衡原则冲突，是当下司法机关面临的主要质疑之一。②民事赔

〔1〕 宋英辉等：“公诉案件刑事和解的实证研究”，载《法学研究》2009 年第 3 期。

偿对量刑的影响，会成为一方挟持另一方的令箭，从而根本上破坏罪与刑的内在平衡。民事赔偿往往与对犯罪嫌疑人行为的定性以及是否减免处罚相关，因此，被害人往往会以谅解为由向加害人索取更多的赔偿金，而加害人为了获得被害人的谅解进而求得量刑的减免，往往会提高赔偿数额。对于司法机关来说，在双方获得谅解的情况下，也会充分考虑双方达成的量刑建议而裁量刑罚。这样，犯罪本身所造成的危害以及民事赔偿所反映出的人身危险性变化，在刑法裁量过程中便难以得到充分的展现。③民事赔偿对量刑的影响，极易使司法裁判忽视被害人可能有重大过错的情况，导致罪责不均衡。〔1〕按照刑法理论的通说，被害人有重大过错的，应当在裁量刑罚时予以考虑，这是罪刑均衡原则的应有之意。然而，司法实践中，基于功利化的考虑，当事人甚至司法机关往往以尽快谅解为目标，从而忽视了对犯罪人人身危险性的评价，放大了民事赔偿的影响作用，由此导致罪刑均衡原则被架空。

可以说，个别司法人员在民事赔偿影响量刑问题上的不当处理，已经在社会公众中造成了极为恶劣的影响。正如有学者所言，民事赔偿在普通百姓的心目中已经成为富人逃避法律追究的“避风港”，只要实施犯罪的富人愿意而且能够完全弥补被害人因犯罪而遭受的损失，甚至使其从受害中获得收益，犯罪行为就会得到谅解，刑罚就会得到减免。〔2〕当然，不应当把司法实践中所面临的困境简单地归结为民事赔偿本身，毕竟任何一种制度出现以后在相关配套机制未完善之前都会出现一些排异反应。更何况，民事赔偿影响刑事责任与罪刑均衡原则之间

〔1〕 王利荣：“也是犯罪与责任相均衡：对附条件‘犯罪赔偿’的价值分析”，载《法律科学（西北政法大学学报）》2009 年第 4 期。

〔2〕 任华哲、李青：“刑事和解与量刑公正”，载《法学评论》2010 年第 5 期。

还具有内在的一致性。民事赔偿在一定程度上表征了犯罪人对犯罪行为的悔过态度，而罪刑均衡原则并不排斥因犯罪人真诚悔过而适当在刑罚裁量时对犯罪人予以从宽处罚。因此，如何将民事赔偿规范、公正地导入到刑罚裁量体系之中才是问题所在。在理论层面，通过引入公正的刑事责任评价体系，在罪与刑之间划出民事赔偿存在的合理空间，把这一反映行为人人身危险性变化的因素纳入刑事责任的评价中，从而在罪行、罪过、人格的共同影响下搭建罪—责—刑相适应的规范机制，是十分必要的。

（三）以赔偿换取从宽处罚有悖人人平等原则之虞

在现代法治社会，平等原则俨然已经与罪刑法定原则一起成了刑事法治实践的铁律，现代刑事司法构建、成熟的过程，也是追求人人平等、反对专制特权的过程。然而，司法实践中，法官可能会机械地参照当事双方的损害赔偿情况，并以此为基础来决定如何从宽处罚犯罪人，从而在个人财富状况与刑事责任程度之间搭建某种间接关系，对刑法面前人人平等原则造成冲击。[1]可以说，这是当下人们对民事赔偿影响刑事责任乃至刑事和解制度提出批判的又一理由。毕竟，在加害与被害的关系中，如果加害人能够给予被害人尽可能多的赔偿，就更有可能获得后者的谅解，促使其向法官求情，请求对犯罪人予以宽大处理。相反，没有足够物质基础的加害人，即便内心对犯罪行为心存懊悔，也未必能在量刑上获得应有的肯定。由此以来，赔偿必然会打破罪刑均衡的严格等量化的阶梯，而在富人与穷人之间划出不平等的沟壑。无怪乎有人会说，犯罪发生以后，富人可以“花费高价来买刑”，即便不是真心悔罪、认罪伏法，也可以被赦免。而穷人即便痛苦懊悔，也会因无法提供赔偿而

---

〔1〕 白云飞：“量刑中的损害赔偿问题研究”，载《求索》2010年第11期。

被判重刑，后果必然是不公的。〔1〕因此，以民事赔偿影响刑事责任为核心内容的刑事和解制度改革，从一开始就面临着公众的担忧和质疑。

当然，也有学者对此表达了不同的看法。其中，最常见的反驳就是对平等原则做出不同的解释，进而否定民事赔偿影响刑事责任对平等原则的侵害。在他们看来，民事赔偿与平等原则并非水火不容。平等原则之平等，是指行为人的机会平等，而非结果平等。就损害赔偿而言，仅仅是为每一个被告人提供了以实际行动表示忏悔、认罪悔过的机会，而这个机会对所有的犯罪人而言，都是客观存在的。〔2〕从解释论上来说，这种观点不无道理，但未必能够解决问题。因为在公众看来，如果行为人本身根本不具备赔偿的能力，那么从机会到结果都将无法得到公众眼中的平等。就此而言，虽然机会平等在理论上是为了维护民事赔偿影响刑事责任的正当性，但是在实践中却难以获得公众认同。比如，以同样的方式杀死一个人来窃取财物，司法机关以民事赔偿为由判处两名被告人死刑和无期徒刑，公众恐怕是难以认同的。这样的做法，也容易被人指责为是倾向于富人的制度安排，在客观上保护、促进甚至激励基于财富地位的不平等法律适用。〔3〕在笔者看来，如果刑事责任的认定与公众心中刑罚的公正理念相背离，损害的就不仅是刑法的道德信誉，社会对犯罪控制的效用也会被极大削弱。〔4〕

---

〔1〕 王瑞君："'赔偿型'刑事司法的反思"，载《河南省政法管理干部学院学报》2010年第3期。

〔2〕 王瑞君："'赔偿型'刑事司法的反思"，载《河南省政法管理干部学院学报》2010年第3期。

〔3〕 杜宇：《理解"刑事和解"》，法律出版社2010年版，第354页。

〔4〕 王瑞君："'赔偿型'刑事司法的反思"，载《河南省政法管理干部学院学报》2010年第3期。

结合上述分析，笔者认为，公众对民事赔偿影响刑事责任冲击平等原则的担忧，并不仅仅是因对平等原则的认识不同而产生的，其更多是源于公众对刑事责任的评价标准的误解。当然，作为专业性的问题，公众不可能像法官一样理解平等原则，但现实的问题却是司法者并没有对这一刑事和解制度的适用过程和结果做出专业性的解释，进而寻求公众的理解。比如，人身危险性本身具有抽象性和隐蔽性的特征，其变化程度难以为公众直接感知。相反，金钱作为一种引人关注的物质表达方式，更容易吸引公众的眼球。那么，在公众不了解人身危险性变化对刑事责任影响的情况下，就会把赔偿与从宽处罚等同起来。此时，无论如何强调机会平等，追求结果平等，都无法改变赔偿与从宽处罚之间的形式联系。因此，如果要消除公众的上述担忧，就需要司法人员在裁判过程中勇于进行说理工作，将民事赔偿影响刑事责任的具体理由、法律根据等详细的陈列出来，接受公众的质疑和评判，以寻求公众的理解和认可。

二、刑事案件中民事赔偿影响刑事责任与刑法基本原则之间的协调

刑事案件中的民事赔偿影响刑事责任，潜藏着影响刑法基本原则适用的风险，毕竟任何一种新的司法理念的出现都会给传统的法治观念造成影响。但是，这并不意味着双方存在根本性的冲突。其实，基于平衡犯罪惩治与人权保障的需要，刑事案件中的民事赔偿影响刑事责任与刑法基本原则之间表现出更多的融合性。这种契合就是我们推进刑事案件中民事赔偿影响刑事责任，贯彻刑法基本原则的基础所在。

（一）民事赔偿有法可依，体现罪刑法定原则

罪刑法定原则的提出，源于资产阶级对封建王权恣意滥用

的恐惧与反感，源于对法官沦为政治工具肆意适法的担忧与惊恐。正基于此，启蒙思想家要求立法者制定法律时必须遵循明确性等法治原则，要求司法者适用法律时必须恪守法律的明确规定，做到“法无明文不为罪，法无明文不处罚”。而公众对民事赔偿影响刑事责任破坏罪刑法定原则的担忧也正是源于这种最原始的情感。在他们看来，以民事赔偿之名宽免犯罪人的刑罚已经打破了刑法对罪刑关系的严格规定，是法官以法治的名义肆意解释法律的后果。

那么，刑事案件中民事赔偿影响刑事责任果真违背罪刑法定原则么？其实不然。因为无论是从两者的精神内核，还是从现行刑法的具体规定来看，都可以认为它们之间具有天然的融合性。一方面，民事赔偿与罪刑法定原则殊途同归，其目的都是为了实现犯罪人的权益保障并兼顾被害人利益，两者在实质上并不冲突。罪刑法定原则是借助法律明文规定来实现对犯罪人的人权保障，而民事赔偿则是依托对刑事责任的客观评价而保障犯罪人权利，避免其遭受不应有、不必要的刑罚。就此而言，两者都体现了刑法的人权保障功能。正如有学者所言，加害人与被害人以赔偿的方式和解以后，被害人的权利得到保障，犯罪人的权利受到尊重，较好地实现了刑罚的轻缓与谦抑，减少刑罚适用的负面效应。罪刑法定原则也要求尽量减少刑法的错用和滥用，故此两者在精神与价值追求上是一致的。〔1〕另一方面，在现行刑法典中民事赔偿影响刑事责任有着明确的刑法依据，两者在实质上并不冲突。具体而言，民事赔偿影响刑事责任合法性的基础就是1997年《刑法》第61条第1款，即

〔1〕 武小凤：《冲突与对接——刑事和解刑法制度研究》，中国人民公安大学出版社2008年版，第395页。

"对于犯罪分子决定刑罚的时候，应当根据犯罪的事实、犯罪的性质、情节和对于社会的危害程度，依照本法的有关规定判处。"根据该规定，犯罪所造成的社会危害程度，是决定犯罪分子应当承受的刑罚的影响因素之一。而对于"社会的危害程度"，在1997年《刑法》中并没有做出明确的规定。对此，作为一个规范表达，需要司法者在适用本条款时对其内涵作出准确的理解和把握。一般而言，这里的"社会的危害程度"，应当是犯罪行为给社会所造成的严重危害，其中既包括犯罪行为给被害人所造成的损害，也包括给被害人所在社区、社会公众等造成的损害。据此，犯罪行为发生以后，如果危害程度发生变化，行为人的刑事责任也应有所变化。具体到民事赔偿中，如果民事赔偿缓解了犯罪人与被害人之间的紧张关系，修复了受损的社区关系，犯罪人为这种改变所付出的努力就应当得到法律的认可，在科处刑罚时应有所体现。这是法律明确规定的当然结果。从这一规定也可以看出，影响犯罪人刑事责任变化的不是民事赔偿本身，而是民事赔偿所带来的犯罪行为之社会危害程度的变化。

令人困惑的是，为什么刑法早已作此规定，但仍会引发公众争议呢？在笔者看来，这正是法律规定模糊所引发的司法问题，因为何谓"社会危害程度"，完全是个人见仁见智的规范评价。但模糊并非一概被视为法律的不足，因为它正是法律解释的根源所在。坚持罪刑法定原则，也不能做到每一条法律规定都可以明确到法官机械适用的程度，仍然会留有少许的模糊空间以弥补成文法的漏洞。这种模糊性不会违背罪刑法定原则，只要法官对模糊条款的解释符合一般人的见解和法律的基本原则即可。也就是说，在法律规范模糊的境况下，作出的解释应当避免不协调和不合理。[1]就民事赔偿是否属于“社会危害程度”评价因素的范围而言，在作出解释时，需要注意解释的协调性和合理性。就前者而言，自首、坦白、立功等多个犯罪后情节对行为人量刑的影响，都为民事赔偿影响刑事责任提供了良好的范例，故而，从认罪伏法、修复因犯罪引发的紧张关系而言，民事赔偿与坦白等一脉相承，应当得到法律认可。就后者而言，加害人积极做出民事赔偿，在很大程度上表明了其认罪悔过、改过自新的态度，是人身危险性变化的征表，而后者是刑事责任评价的因素之一，因此，加害人积极进行民事赔偿的，司法人员可以在刑事责任上做出相应的评价。由于上述解释是在法律规定模糊即公众可能存在歧义的情况下作出的，司法者在适用上述规范时，必须明确两项任务：一是应当对民事赔偿影响刑事责任的理由作出合理的解释；二是将该解释公之于众，使公众了解法律裁判的理由，以明确民事赔偿措施背后的罪刑法定之根据。

（二）民事赔偿影响刑事责任，符合罪责刑相适应原则

“受害人的权利受到了同样的侵犯，但施害者接受的刑罚却因为金钱而有所区别。这是否与公平公正的原则相背离?”[2]这是公众面对“赔偿从宽处罚”时经常会发出的疑问。在公众的观念里，“赔偿从宽处罚”与传统的刑罚公正、公平理念相违背。在他们看来，犯罪事实应当是决定对犯罪人适用刑罚的最根本依据。在这种观念的背后，我们看到了贝卡里亚所建构的与犯罪相对应的刑罚阶梯的影子，其与早期刑事古典学派的刑

〔1〕张明楷：《刑法格言的展开》（第3版），北京大学出版社2013年版，第58页。

〔2〕严峻：“‘赔钱减刑’引发的是非争议”，载《法制与社会》2007年第6期。

法学家们所倡导的绝对罪刑均衡原则基本一致。在他们的刑法理论中，犯罪与刑罚之间是一一对应的。犯罪发生以后，只有犯罪行为及其所造成的危害后果才能决定对犯罪人应当判处何种刑罚。刑罚的公正性，要求司法者根据犯罪行为的社会危害性从价值或者程度上对犯罪人进行对等性处罚。除此之外，其他情节不应当也不能成为影响刑罚的因素。因此，犯罪发生以后的民事赔偿，并不能改变犯罪行为及其侵害结果。按照罪刑均衡原则，当然不能改变理应判处的犯罪人的刑罚。

不过，随着刑法理论的发展，犯罪与刑罚之间的关系已经不再像公众传统观念中理解得那样机械、固化。虽然绝对罪刑均衡原则有助于限制法官的自由裁量权，实现刑罚公正，但是在犯罪预防问题上却不尽如人意。这促使刑事社会学派的学者们开始把研究视角从犯罪行为转向了犯罪人，从纯粹的刑罚报应理论转向了以犯罪预防为目标的理论研究。其最主要成果就是将人身危险性特征作为刑罚裁量的重要标准，根据人身危险性的不同而配置不同的刑罚，以满足犯罪预防的需要，从而提出了刑罚个别化的主张。但是，由于人身危险性本身的抽象性使该判断体系潜藏着刑罚擅断和侵犯人权的风险，更主要的是其过于强调预防而忽视了报应正义这一刑罚本身最基本的属性，因此，刑事社会学派的上述主张也遭遇了学界的批判和修正。不过，大多数学者都认识到应当把犯罪限定在已然之罪，但刑罚不能完全以已然之罪为转移，须照顾到预防犯罪的需要，这时考虑人身危险性是必要的。[1]据此，虽然刑法理论认可刑罚个别化的积极作用，但是不会把人身危险性作为刑罚裁量的唯

---

〔1〕 陈兴良：《刑法的价值构造》（第2版），中国人民大学出版社2006年版，第519页。

一根据。在该理论框架下，以社会危害性为基础的绝对罪刑均衡原则与以人身危险性为特征的刑罚个别化共同建构起了更合理的刑罚裁量体系。其中，社会危害性作为根本性的判断标准，可以确保刑罚裁量不会偏离报应正义的根本性，而人身危险性则有利于根据各个犯罪人的不同情况对刑罚的量进行调控，避免刑罚过量，实现特殊预防。当然，由于刑罚个别化和罪刑均衡原则产生的背景不同，我国刑法理论界一直力图消融两者之间的矛盾，从而提出了刑事责任的概念，改变了罪—刑之间的刑法逻辑结构。〔1〕在此基础上，罪责刑相适应原则在我国1997年修订后的《刑法》中得以确立。根据1997年《刑法》第5条的规定，刑罚的轻重，应当与犯罪分子所犯罪行和承担的刑事责任相适应。这样，就既维持了罪刑之间的均衡性，也实现了刑罚个别化。更重要的是，这为民事赔偿影响刑事责任提供了强有力的理论支撑。

从绝对罪刑均衡原则到罪责刑相适应原则，民事赔偿与刑罚之间的关系发生了显著变化。按照绝对罪刑均衡原则的要求，由于民事赔偿无法改变犯罪的既成事实，因此，不能对刑罚裁量造成影响。而在罪责刑相适应原则之下，在确定刑罚的程度时不仅要考虑已然之罪，还涉及对以人身危险性为内容的未然之罪发生之可能性的评估问题。民事赔偿不是通过改变已然之罪影响刑事责任，而是通过表征人身危险性的变化而影响刑事责任，从而在犯罪与刑罚之间达成新的均衡。这种新的均衡不会构成对刑罚公正的背叛。因为绝对罪刑均衡原则下犯罪与刑罚之间的公平性，是追求刑罚一般化层面的公平，是形式化的

---

〔1〕陈兴良：《刑法的价值构造》（第2版），中国人民大学出版社2006年版，第517页。

平等，而忽略了犯罪人的个体差异，如初犯、偶犯、再犯等在刑罚处罚上的不同，本身也会导致个案的不公正。民事赔偿也正是在这个层面作为人身危险性表征因子而被纳入到刑事责任的评价体系之中的。它反映出行为人人身危险性的变化，并最终影响刑事责任程度，因此，因民事赔偿而改变刑罚裁量，不会对刑罚公正性造成冲击，亦如刑罚个别化原则不会与罪刑均衡原则相冲突一样。但是，如何确保民事赔偿不会打破犯罪与刑罚关系的底线是更重要的问题。为此，尚需理性看待民事赔偿在刑罚裁量中所发挥的作用。从根本上说，刑罚一般化所反映的刑罚公正性乃是整个罪刑关系的基础，刑罚个别化只有在刑罚一般化的前提下才具有生命力。没有刑罚一般化就没有刑罚个别化。离开了刑罚一般化，必然导致罪刑关系的彻底毁损。[1]因此，在民事赔偿与犯罪基本事实之间，决定刑罚基本量的是犯罪的基本事实，而非民事赔偿，民事赔偿只能在不影响刑罚基本量的情况下对量刑作出一定限度的调整。只有这样，才能确保民事赔偿影响刑事责任切合罪责刑相适应原则的要求。

（三）民事赔偿影响刑事责任合乎刑法面前人人平等原则

刑法面前人人平等原则强调任何人的合法权利应当受到刑法的平等保护，任何人违反刑法规定的义务都应当受到平等的制裁。在本质上，其侧重于表现刑法与行为人之间的关系，即在适用刑法时，应以法律为尺度，既不允许任何人享有超越法律的特权，也不允许因种族、财产、职业等对任何人造成歧视。[2]具体就刑事案件中的民事赔偿而言，贯彻刑法面前人人平等原则，应当是指任何人都有参与民事赔偿的机会。任何犯

---

〔1〕王振生："刑罚个别化问题再研究"，载《政治与法律》2007年第2期。

〔2〕陈忠林："刑法面前人人平等原则"，载《现代法学》2005年第4期。

罪人在进行民事赔偿且真诚悔罪的情况下都可以得到法律肯定性评价的机会。不过，从司法实践来看，就在民事赔偿中贯彻刑法面前人人平等原则所遭受的主要质疑是，经济状况较差的加害人根本没有能力与被害人进行赔偿协商，此时，此类人就可能被排斥在民事赔偿之外，使其因经济原因在适用法律上不平等。此外，在被害人不愿意接受协商的情况下，民事赔偿制度是否在不同的加害人之间赋予了不平等的从宽处罚机会，也是值得探讨的问题。对此，不妨结合刑法面前人人平等原则的内容和民事赔偿的属性进行分析。

一方面，刑法中的平等原则最重要的内容之一是适用法律的平等，其中包括定罪平等、量刑平等和行刑平等。笔者认为，民事赔偿并不构成对刑法面前人人平等原则的侵犯。一方面，从形式上来说，现行刑法的规定，为每一个人平等适用“民事赔偿影响刑事责任”提供了法律保障。比如，《刑法》第 61 条明确了民事赔偿影响刑事责任的法定条件，这就意味着任何犯罪人都应当依据这一规定得到平等对待，只要通过民事赔偿表明了人身危险性的变化，就应当依法在量刑时予以体现。可以说，该条款为民事赔偿提供了法律保障，无论是穷人或者富人，都可以据此享有权利或者承担义务。事实上，民事赔偿并没有把无能力承担赔偿义务的人排除在外，其可能因为贫穷而无法作出赔偿，但也可能以较低的赔偿金获得谅解。其可能因为富有而轻松赔偿，但也可能以较高的赔偿获得谅解，甚至也可能遭到被害人的拒绝。我们能将这些无法获得谅解或者拒绝赔偿的个案视为对犯罪人的不平等么？显然不能，因为法律没有设定一条明线或者暗线使穷人无法参与赔偿，相反在实践中看到很多并不富有的加害人通过借款、降低赔款等方式获得了被害人的谅解。事实上，民事赔偿的特点就是以法律作保障而兼顾当事人的意思自由。在这一过程中，法律为平等的实现提供了保障，而只要落实罪刑法定原则，也就意味着刑法面前人人平等的实现。

有学者认为，这种看似“相同”的免刑机会，实际上是建立在个人财产状况基础上的“机会”，虽然犯罪后参与协商的机会相同，但能够利用这种机会的客观基础和可能性是“不同”的，因此，它本质上不属于一种“相同”的免刑机会。[1]对此，笔者难以认同。法律上的从宽处罚情节，是给犯罪人提供一种改过自新、认罪悔过以求得法律谅解的机会。犯罪人能否获得某一情节上的法律认可，受到多种因素的影响，但是，只要法律提供了一种人人都可以享有的机会，而没有在设定机会的同时从实质上将部分人排除在外，就不能认为其违背平等原则。以教育权为例，国家依法保障公众上大学的权利，但是有人因家贫而无法上学，有人因贪玩而名落孙山，有人因努力而金榜题名，也有人因精神状况不佳而无法受教育，难道可以据此就认为公众在教育权上是不平等的么？民事赔偿与刑法面前人人平等原则的关系亦是如此。法律为每个人提供了享有权利的机会，但是，个人因个体条件差异实现权利的机会会有所不同，这时不能将结果差异归咎于法律本身。

另一方面，从属性上来说，民事赔偿是一种自由意志的表达。无论贫穷与富有，加害人都可以参与进来。如果说这种平等协商把贫困的加害人排除在外的话，那么民事法律规范本身就是一个不平等的制度体系。亦如在民事侵权行为中一样，侵权行为发生以后，不管是贫穷者还是富有者，都应当对自己的

---

〔1〕 于志刚：“关于民事责任能否转换为刑事责任的研讨”，载《云南大学学报法学版》2006年第6期。

侵权行为负责，参与到平等解决纠纷的过程中去，法律没有也不可能限制穷人为自己的侵权行为承担责任。而在犯罪案件中，大多数犯罪行为同时也是侵权行为，在民事案件可以以平等的方式进行协商的，在刑事案件中当然也可以做到，这样就不会因贫穷而使加害人受到不公正的对待。当然，在结果层面上，民事赔偿所带来的结果可能有所不同，但自愿本身早已构成对平等的限制。双方当事人愿意对话本身就意味着结果可能有所差异，只要差异是在自愿的范围内，就应当在程序和实体上予以接受。〔1〕

其实，公众往往把被害人不接受协商和贫穷人无法赔偿等同起来，从而将前者归结于后者之中。其实，被害人是否接受协商，不完全取决于加害人的财产状况，还受到被害方情感因素的影响。将基于被害人的个体特殊性所产生的个案差异，归咎于加害人的财产状况并据此认定民事赔偿有损刑法面前人员平等原则，显然是不客观的。因为法律并没有规定民事赔偿协商参与者的财产底线，任何人都有参与的机会。被害人是否愿意协商、接受协商，取决于诸多因素，加害人的偿付能力只是其中之一，后者并不必然构成双方无法协商的理由。

三、刑事案件中民事赔偿的风险控制

和解案件中民事赔偿的自愿性以及刑事处罚的严厉性，使司法实践中的裁判处理可能会僭越刑法基本原则。然而，这种风险并非来自于民事赔偿制度本身，而是源于制度的实践模式尚不够成熟。现在虽然无法完全避免这种风险，但可以通过制度设计将这种风险控制在合理的范围之内。

〔1〕 杜宇：《理解“刑事和解”》，法律出版社2010年版，第358页。

（一）强化刑事判决书说理

判决书说理，是连接案件事实和裁判结论的重要组成部分。通过翔实的说理和论证，不但可以使裁判结论显得有理有据，消除公众疑惑，而且可以提高司法权威，强化司法公信力。然而，“现行裁判文书省略了举证、质证、认证的操作运转过程及结论的形成过程。外界对裁判文书所反映的程序运转过程和实体裁判理由无从了解，使原本公开的审判活动变成了一种暗箱操作，导致程序的‘空洞化’和‘形式化’。”〔1〕我国裁判文书说理部分缺失仍然相当严重，这在刑事案件中民事赔偿达成以后如何评价犯罪人的刑事责任问题上表现得尤为突出。难怪公众将民事赔偿等同于“以钱买刑”，亦认为加害人因民事赔偿而获得宽大处理严重违背了刑法基本原则。其实，导致公众误解甚至个别司法人员滥用民事赔偿的，与司法裁判文书的说理性不足有密切关系。

强化裁判文书说理，对于强化民事赔偿影响刑事责任与刑法基本原则的契合具有重要意义。首先，强化裁判说理，意即明确民事赔偿以后从宽处罚或者不予从宽处罚的理由，有助于打消公众“以钱买刑”心中的疑虑。以从宽处罚为例，强化裁判说理，要求司法人员必须明确从宽处罚与人身危险性变化、社会危害程度等因素之间的关系，进而对如何影响刑事责任作出具体的分析和研判。对于有多个量刑情节，尤其是从重和从宽等情节并存时，如何影响刑事责任会进行严谨的分析、论证。此时，公众就会理解“赔偿并不必然导致从宽处罚”，而是必须以刑事责任的变化为中介，这样公众的质疑就会大大地得以消

---

〔1〕高洪宾、黄旭能：“裁判文书改革与司法公正”，载《政治与法律》2002年第3期。

除。其次，强化裁判说理，彰显了裁判的逻辑性，有助于消除司法暗箱操作，增强司法公信力。公众之所以认为民事赔偿有违刑法基本原则，是因为裁判文书没有明确民事赔偿从宽处罚符合罪刑法定的根据所在，没有明确刑法面前人人平等原则的价值内涵，没有明确罪刑之间刑事责任的核心地位。而强化裁判的逻辑性，必然要求司法人员严格遵循法律的明确性规定，解释刑罚裁量的根据和理由，明晰个案之间的差异性所在。在这一过程中，由于所有结论、证据使用都有规范可循，避免了司法裁判暗中操作所产生的肆意和滥权，因此会增强司法裁判的说服力、提高公信力，使当事人和公众信服。最后，强化裁判说理，可以为规范民事赔偿提供实践指导。司法人员绝不应机械地适用法律，而应当根据法律的精神作出有助于实现法律价值和法律目标的裁判准则。民事赔偿的不规范，就在于规则的不健全和司法实践的不统一。而强化裁判说理以后，那些论证严谨、结合妥当，裁判合情、合理、合法的案件，必然会成为此类刑事裁判的样本，为其他地区各个级别法院审理同类案件形成指导作用，促进司法裁判的规范性和权威性。

当然，在强化裁判说理的过程中，需要注意的是，说理部分不仅要涉及证据认定理由、量刑根据，还要说明赔偿说额的确立标准和依据。对于存在多重量刑情节的，要注意对量刑情节之间竞合时对刑事责任的影响作出重点论证。

（二）建立案件裁判指导制度

如前文所述，公众对民事赔偿的担忧，与1997年《刑法》第61条规定的概括性以及民事赔偿协商过程中的随意性密切相关。法律规范的价值在于通过明确、具体的制度设计来指引公众的行为，评价公众行为的性质和后果，这些显然都与民事赔偿自身的规范性不足以及肆意性相冲突。对此，通常可以考虑，要么修改完善刑法的规定，明确将民事赔偿及其效果作为量刑情节规定在刑法中，要么建立完善的制度程序对民事赔偿进行约束和监管。然而，由于制度完善本身需要经过不断的实践检验和理论论证，因此难免有远水不解近渴之疑。在此情况下，笔者认为，建立刑事案件民事赔偿案例指导制度有助于缓解这一困境。

案例指导制度，是指最高司法机关按照法定程序定期向社会公布的对刑事司法工作具有指导价值的案例的制度。案例指导制度由于在案件的典型性、说理的逻辑性、裁判的准确性等方面获得高度认可，具有一定的公信力，因此，有助于在全国司法系统形成示范效果，弥补司法解释的不足。具体就刑事案件的民事赔偿这一实践而言，规范有序的案例指导制度必然会发挥独特的作用。

一方面，建立民事赔偿案例指导制度，可以弥补法律明确性不足。民事赔偿所面临的最大疑问就是是否有法可依的问题。由于 1997 年《刑法》第 61 条并没有明确规定“社会的危害程度”的内涵，而人身危险性与刑事责任之间的关系远未为公众所理解、接受，因此，现行刑法对于民事赔偿影响刑事责任的规定是模糊、概括的。但是，这并不意味着 1997 年《刑法》第 61 条规定违反了罪刑法定原则，因为法律在实现明确性的同时还要保持法律的灵活性和稳定性，由此就要求法律在特定时候适用模糊性的语言来表示，当然这种模糊性不能违背公众对某一规范的通常认识。不过，随着此类案件的增多，如果不能在法律的明确性层面有所突破，必然面临越来越多的质疑和批判，尤其是在死刑适用这样的重大案件中。此时，案例指导制度所具有的灵活、高效、直接的特点就可以很好适应现实需要。“案例指导制度可以在不影响刑法规范开放性的前提下，弥补和消除刑法规范的模糊性缺陷，实现刑法的明确化。”[1]比如，通过案例指导制度，可以明确民事赔偿与人身危险性之间的关联性，阐明人身危险性对刑事责任的制约机理，从而搭建民事赔偿与刑事责任变化的规范平台。更为重要的是，通过公布指导案例，可以对1997年《刑法》第61条的有关规范用语进行解释性说明，为其他案件适用提供可借鉴的先例，进而避免肆意和专断。

另一方面，建立民事赔偿案例指导制度，可以为民事赔偿影响量刑提供可借鉴的指导。对民事赔偿合法性的质疑，使公众开始怀疑司法裁判能否做到罪责刑相适应。如果说民事赔偿使双方谅解进而从宽处罚犯罪人尚可以为公众理解，那么在被害人拒绝谅解而加害人积极赔偿的情况下，能否从宽处罚，各地就有不尽一致的做法，这不仅反映了法官在民事赔偿适用问题上的不同理解，而且在对比之中加大了公众对司法公平的担忧。案例指导制度则有助于解决这一问题。比如，在最高人民法院于2011年12月20日发布的4号指导案例“王某才故意杀人案”中，山东省高级人民法院认为，被告人王某才的行为已构成故意杀人罪，罪行极其严重，论罪应当判处死刑。鉴于本案系因婚恋纠纷引发，王某才求婚不成，恼怒并起意杀人，归案后坦白悔罪，积极赔偿被害方经济损失，且平时表现较好，故对其判处死刑，可不立即执行。同时考虑到王某才故意杀人手段特别残忍，被害人亲属不予谅解，要求依法从严惩处，为有效化解社会矛盾，依照《刑法》第50条第2款的规定，判处被告人王某才死刑，缓期二年执行，同时决定对其限制减刑。上述裁判理由不仅说明了民事赔偿对死刑适用的影响，而且明

---

〔1〕张建军：“案例指导制度对实现刑法明确性的作用”，载《法学杂志》2013年第9期。

确了在被害人不予谅解的情况下如何评价的根据。本案例的公布就为其他办理此类棘手案件中的法官提供了明确指导。

其实，现行的一些相关规定也为建立民事赔偿案例指导制度提供了明确依据。2010 年 11 月 26 日发布的《最高人民法院关于案例指导工作的规定》第 2 条第 2 项规定，本规定所称指导性案例，是指裁判已经发生法律效力，并符合条件的案例。这里的条件之一就是法律规定比较原则的案件。很显然，在存在民事赔偿的案件中如何评价加害人的刑事责任，就属于指导性案件需要解决的问题。当然，建立案例指导制度的前提，是在裁判文书中加强说理、论证并完善裁判文书公开制度。因为严谨、翔实的裁判说理是建立案例指导制度的核心，而公开裁判文书则是推动案例制度发挥实效的关键。

(三) 明确民事赔偿的法定从宽量刑情节地位

无论是从法规层面探讨 1997 年《刑法》第 61 条的规定，还是从理论上分析人身危险性对刑事责任的影响，都不能彻底打消公众对民事赔偿公平性的顾虑。从根本上说，最直接的方式是将民事赔偿作为一项法定从宽量刑情节规定在刑法中，这样就可以向公众宣示民事赔偿所具有的功能，从而为司法裁断提供明确的法律依据，避免刑罚裁量的混乱。

一方面，确立民事赔偿的法定量刑情节是可行的。随着民事赔偿在恢复社会关系、弥补被害人损失等方面发挥积极作用，最高司法机关在不同的规范性文件中就民事赔偿对刑事责任的影响作出了明确规定。如 1999 年 10 月最高人民法院印发的《全国法院维护农村稳定刑事审判工作座谈会纪要》中就规定，“被告人积极赔偿损失的，可以考虑适当从轻处罚。”此后，2000 年 12 月 19 日施行的《最高人民法院关于刑事附带民事诉讼范围问题的规定》第 4 条更是进一步明确，被告人已经赔偿被害人物质损失的，人民法院可以作为量刑情节予以考虑。2004 年 6 月 21 日下发了《最高人民法院关于依法惩处生产销售伪劣食品、药品等严重破坏市场经济秩序犯罪的通知》，其中第 3 条规定，被告人和被告单位积极、主动赔偿受害人和受害单位损失的，可以酌情、适当从轻处罚。在 2006 年 1 月发布的《最高人民法院关于审理未成年人刑事案件具体应用法律若干问题的解释》中也明确了民事赔偿对量刑的影响。而 2010 年 2 月颁布的《最高人民法院关于贯彻宽严相济刑事政策的若干意见》对民事赔偿的量刑意义作出了更为具体、细致的规定。其中第 23 条指出，被告人案发后对被害人积极进行赔偿，并认罪、悔罪的，依法可以作为酌定量刑情节予以考虑。从上述规定来看，将民事赔偿作为一项法定从宽情节，并不存在技术上的问题。尤其是在 2012 年《刑事诉讼法》将刑事和解作为一项具体制度规定以后，这种做法就更具可行性。

另一方面，在规范设计上，宜将民事赔偿从宽之规定作为“可以型”量刑情节，而非“应当型”量刑情节。之所以提出该建议，主要是考虑到民事赔偿与人身危险性减弱之间并不是必然联系的。加害人对被害人作出赔偿具有各种原因和动机，而只有对那些真诚悔罪、认罪伏法的犯罪人才有从宽处罚的必要。如果将民事赔偿作为应当从宽处罚的情节，就意味着行为人只要进行赔偿就应当从宽处罚。如此规定会破坏民事赔偿存在的正当价值，破坏司法裁判的内在公正价值。同时，将其作为可以型情节，还在于民事赔偿系表征人身危险性变化的因素，而影响犯罪人刑事责任的关键因素应当是犯罪行为本身的社会危害性，而后者取决于犯罪中的种种情节，并非犯罪后的赔偿等因素。如果将犯罪后反映人身危险性因素的情节作为应当从宽处罚的规定，就意味着犯罪后的人格变化对刑事责任的认定会产生决定性的影响，从而改变社会危害性和人身危险性之间在量刑时的主从地位，有违刑事责任的基本理论。综合考虑，将民事赔偿作为“可以”从宽处罚的法定量刑情节是合理的。

当然，将民事赔偿作为一项法定从宽情节，未必会消除公众对民事赔偿与刑法三大基本原则相冲突的所有顾虑。但是，从法治规范化的角度来看，将早已在司法实践中经过检验的解释性规定上升到刑法典的一部分，不仅是合理的也是可行的。

四、结语

民事赔偿受到公众质疑，不仅源于法律规范的明确性不足，还有财富两极分化等社会背景，以及公信力弱化等司法背景，甚至还受到“官当”等封建特权思想对公众心理的现实影响。这提醒我们，以民事赔偿为主要载体的刑事和解之路必然要面临诸多障碍。毕竟，西方的刑事和解和恢复性司法是建立对传统刑事司法制度进行批判的基础上，并且注重与实践相融合，已经得到公众的理解和共鸣。而我国的刑事和解一直和主流刑事纠纷解决方式并存，它的建立并非源于对传统司法的成熟性批判的基础上。[1]换句话说，西方是在批判的基础上提出刑事和解，而我国则是在实践的基础上批判现有的制度，从中寻求刑事和解立论的正当性，使公众接受它。这就会因前期对刑事和解讨论不足，而在实践中面临多方面的冲击。事实上，今天从刑法基本原则等多个角度对刑事案件中的民事赔偿之实践与改革进行论证，更多的是在弥补刑事和解制度推行过程中所缺失的公众基础。公众之所以质疑，在于他们大多是一个制度旁

---

〔1〕 张朝霞、谢财能：“刑事和解：误读与澄清———以与恢复性司法比较为视角”，载《法制与社会发展》2010 年第 1 期。

观者，而司法文书说理性的不足、司法公开的不规范以及涉案当事各方的低调行事，都会使刑事和解处于“犹抱琵琶半遮面”的境地，给社会公众营造一种不易为人所知、违背司法规律的神秘氛围。因此，刑事案件中民事赔偿的实践发展，尚有赖于司法论证的强化和司法公开的推动。

第八章

死刑案件中刑事和解的正当性

有步骤、分阶段地推进死刑制度改革是中国刑事法治发展的必然趋势。在这一过程中，通过酌定量刑情节来限制死刑的适用是现阶段的一个有益尝试。就此而言，在刑事和解制度被法律明文规定之前，我国近年来死刑案件中的刑事和解实践〔1〕无疑有助于实现限制死刑适用的酌定量刑情节的多样化。

在刑法理论中，酌定量刑情节是指我国刑法认可的，从审判实践经验中总结出来的，对行为的社会危害性和行为人的人身危险性程度具有影响的，在量刑时灵活掌握、酌定适用的各种事实情况。〔2〕与法定量刑情节相比，酌定量刑情节是刑法规范中没有明确规定但又能够反映行为的客观危害性和人身危险性的对量刑具有一定影响的情节。而能够对死刑适用造成影响的量刑情节有很多，比如说犯罪起因、犯罪动机、犯罪手段、犯罪主体因素、自首、立功、真诚悔过等等。而被害人与加害人的

---

〔1〕 关于我国近年来死刑案件中的刑事和解实践，参见孙万怀："死刑案件可以并需要和解吗？"，载《中国法学》2010 年第 1 期。

〔2〕 高铭暄、马克昌主编：《刑法学》（第 4 版），高等教育出版社、北京大学出版社 2010 年版，第 286 页。

和解在死刑案件中的适用与“真诚悔过”有着必然的联系。[1]可以说，真诚悔过是实现从被害人与加害人的和解到刑事和解转变并最终使刑事责任得以减轻的一座金桥。

当然，被害人和加害人之间的和解并不能引起刑事和解的必然结果，司法认可在确定和解的效力和法律后果方面具有最终的裁决力。当事人双方的和解为加害人提供了一个表明其人身危险性降低的机会。在预防未然之罪成为量刑时需要考虑的重要因素的前提下，人身危险性的降低必然导致刑罚力度的调整，这是刑罚公正性的内在要求。这种要求反映到死刑案件中就是可能出现从死刑立即执行向死缓甚至无期徒刑的根本性转变。然而，并不能把死刑案件中刑事和解影响死刑裁量的情形简单地归结为“对罪行极其严重依法罪该处死并须立即执行的案件，仅因或者主要根据加害方的认罪、道歉、赔偿与被害人的谅解和宽恕即予以从轻判处死缓。”[2]其实，只有在被害人与加害人的和解能够反映出加害人人身危险性的变化时，其才能成为影响量刑的酌定情节。而如果加害人把和解作为刑罚裁量的交易筹码，则和解并不能表明加害人悔罪、反省的内心状态，更不能反映其人身危险性降低的人格变化，也就不能把其作为酌定量刑情节加以对待。从这个层面上说，和解是与基本犯罪事实一起成为司法裁判综合考虑的要素。毕竟，刑事和解的正

---

〔1〕 这里需要注意的是：①正确看待犯罪人的悔罪和积极赔偿被害方的关系。积极赔偿被害方是犯罪人真诚悔罪的表现之一，相反则不能说明其真诚悔罪，而犯罪人及其亲属无能力赔偿却表示未来予以赔偿，也不能否定被害人的悔罪真诚性；②正确看待被害人的谅解与犯罪人的真诚悔罪。谅解有助于认定悔罪，但是不谅解也不代表加害人没有悔罪认识。详见赵秉志：“中国死刑案件审判的热点问题：以刑事实体法为考察视角”，载《刑法论丛》2010年第2期。

〔2〕 梁根林：“死刑案件被刑事和解的十大证伪”，载《法学》2010年第4期。

当性在于被害人损失得以弥补的同时，加害人的真诚悔过有助于修复因犯罪行为而受损的社会关系。所以，对于那些手中握着大把金钱要求和解却又叫嚣犯罪无碍的加害人来讲，其与被害人之间的和解显然是不具有正当性可言的，司法机关当然也不可能认可和解协议的效力，否则刑事和解就确实变成了赤裸裸的“钱刑交易”。

那么，我国近年来死刑案件中的刑事和解实践是否具有正当性呢？对此，在理论上存在着激烈的争议。本章将致力于解答这一问题。

一、刑事和解基础问题之梳理

对死刑案件中刑事和解正当性的分析绝非“空中楼阁”，对刑事和解基础问题的梳理能够为这种分析提供必要的前提。基于此，笔者拟以刑事和解的基础问题为切入点展开讨论。

（一）刑事和解的概念

与当前刑事法学界对刑事和解制度内容与结构的研究所表现出的车水马龙的热烈场面不同，对于刑事和解这一概念的研究则明显呈现“门前冷落车马稀”的局面。[1]不过，虽然在理论研究上似乎把刑事和解概念置于相对灰暗的角落，但从既有的研究成果来看，仍然存在着一定的争鸣。

首先，从刑事和解主体差异性的角度看，有学者认为，刑事和解是指加害人（犯罪嫌疑人或被告人）以认罪、赔偿、道歉等方式与被害人达成谅解以后，国家专门机关不再追究加害

〔1〕 武小凤：《冲突与对接——刑事和解刑法制度研究》，中国人民公安大学出版社2008年版，第44页。

人刑事责任或者对其从轻处罚的一种案件处理方式。[1]在此，参与刑事和解的主体有加害人、被害人和国家专门机关。有学者指出，刑事和解是经由办案机关或者其他机构、人员主持，加害人与被害人在平等、自愿的基础上进行对话、协商，通过赔礼道歉、赔偿、提供特定服务和宽恕等方式达成和解，修复被破坏的社会关系，办案机关在当事人达成和解协议的基础上，综合案件情况，特别是犯罪的危害性、加害人悔过、赔偿情况及被害人态度，作出撤销案件、不起诉决定或者在量刑上从轻处理。[2]在此，刑事和解的主体涵盖了办案机关、特定的社会机构或人员、加害人以及被害人。也有学者在界定刑事和解的概念时只明确了两种主体即被害人（或追诉人）和加害人。该学者认为，刑事和解是在犯罪发生以后，犯罪人以积极认罪并实施相应的弥补行为为条件，犯罪的受害方或追诉方以谅解、让步并降低或放弃追究刑事责任的要求为条件，双方通过沟通、协商，达成互利性合意，并依该合意对犯罪人的刑事责任产生一定影响并解决犯罪纠纷的机制。[3]

其次，从在刑事和解中是否需要第三方“调解”的角度看，有学者认为，刑事和解（即加害人与被害人的和解）一般是指犯罪发生之后，经由调停人使被害人与加害人面对面交谈，共同协商解决刑事纠纷的模式。[4]也有学者在刑事和解的概念中强调加害人和被害人双方的自主性和国家专门机关的最终决定

---

〔1〕 陈光中：“刑事和解的理论基础与司法适用”，载《人民检察》2006年第10期。

〔2〕 宋英辉等：“我国刑事和解实证分析”，载《中国法学》2008年第5期。

〔3〕 武小凤：《冲突与对接——刑事和解刑法制度研究》，中国人民公安大学出版社2008年版，第59页。

〔4〕 杨兴培：“刑事和解制度在中国的构建”，载《法学》2006年第8期。

性，比如主张刑事和解是指在刑事诉讼中，加害人以认罪、赔偿、道歉等形式与被害人达成和解后，国家专门机关对加害人不追究刑事责任、免除处罚或者从轻处罚的一种制度。〔1〕

最后，从司法机关在刑事和解中定位差异的角度看，有观点把司法机关作为审查并最终确定和解效力的机关，这也是大多数论者所持的主张。如有论者认为，刑事和解是指在犯罪后，加害人和被害人直接或在经由调停人的帮助下商谈、协商，在加害人以认罪、赔偿、道歉等形式与被害人达成谅解，经国家司法机关审查认可后，对加害人不追究刑事责任、免除处罚或者从轻处罚的一种刑事司法制度。〔2〕也有观点强调司法机关在刑事和解过程中发挥职权的积极性。如有学者指出，刑事和解是指犯罪行为发生后，经由司法机关的职权作用，被害人与犯罪人面对面地直接商谈，促进双方的沟通与交流，从而确定犯罪发生后的解决方案，目的是恢复犯罪人所破坏的社会关系、弥补被害人所受到的伤害，使犯罪人改过自新，复归社会。〔3〕此外，亦有观点仅仅表明刑事和解是加害人与被害人关系的弥补，而未明确司法机关的地位。如有论者提出，刑事和解是将当事人私下和解引入刑事诉讼中的一种做法，它主要是通过犯罪人与被害人之间面对面的接触并经专业法律人员充当第三者，促进双方的沟通与交流，从而确定犯罪发生后的解决方案。〔4〕

通过对上述诸多相异的概念从要素上进行归类、梳理，可

---

〔1〕 陈光中、葛林：“刑事和解初探”，载《中国法学》2006年第5期。

〔2〕 袁剑湘：“论刑事和解的主体与适用范围——以刑事和解的界定为出发点”，载《法学评论》2010年第3期。

〔3〕 刘守芬、李瑞生：“刑事和解机制建构根据简论”，载《人民检察》2006年第14期。

〔4〕 傅达林：“刑事和解：从‘有害的正义’到‘无害的正义’”，载《社会科学文摘》2005年第12期。

以发现，参与和解的主体、是否需要调停人的参与以及司法机关在刑事和解中的定位是三个至关重要的容易引起争议的要素，而对于加害人与被害人之间的和解方式和功能在理论上则几乎没有太大争议。欲厘清在刑事和解的内涵中该三要素的具体界定问题，就不能回避刑事和解的本质、调停人的作用和司法机关的性质等诸多理论问题。在我国，刑事和解的兴起有特定的司法实践背景作支撑，同时也与刑事法学界对西方加害人与被害人和解制度为表征的恢复性司法理论及被害人保护制度倾注的极大热情密切相关。因此，刑事和解的本质应当是借助对被害人的充分保护，缓和国家与犯罪人之间激烈对抗的状态，促使犯罪人的复归和国家的稳定发展。这样看来，刑事和解的主体就必然包含加害人、被害人和行使国家公权力的司法机关。就调停人而言，其主要的功能就是促使加害人与被害人的和解，使因犯罪行为而受损的社会关系尽快恢复，消除社会公众因犯罪的发生而产生的恐惧感，培植社会群体对法律的信仰和国家统治的信心。可以说，在加害人与被害人不能直接面对的场合，调停人客观、中心的社会地位对于促使当事双方和解的顺利实现具有重要的价值。〔1〕与之相关，司法机关在和解过程中是应当成为一个终局裁判者还是兼具司法者和调停者的双重角色，则关系到刑事和解的公信力和生命力。众所周知，司法机关是国家公权力的代表，在犯罪行为发生以后，其承担着惩治犯罪、保障人权的重要机能。在刑事诉讼程序中，侦查机关和公诉机关在一定程度上处于同加害人相对立的位置。对此，人们习惯于表达为“侦查机关和公诉机关同被害人是站在一起的”。而审

〔1〕但是，在加害人与被害人基于主动接触而自行达成和解的场合，调停人的身份就显得多余。因此，调停人并非不可或缺的刑事和解的主体。

判机关是最终裁决者，如果参与到调停过程之中，公正性则难免受到质疑。因此，如果承担追诉职能和审判职能的司法机关扮演调停者的角色，无疑会割断刑事和解的生命之源。所以，在刑事和解中司法机关的定位依然是本色演出——对加害人与被害人的和解情况以及加害人人身危险性的变化加以审查，并进而作出是否准予刑事和解的司法认定。这既决定着刑事和解与《刑事诉讼法》中“刑事调解”〔1〕的差异，也成为其与民间“私了”的本质区别。

综上所述，笔者认为，刑事和解是指在犯罪行为发生后，加害人和被害人直接接触，或在调停人的帮助下商谈、协商，在加害人以悔过、道歉、赔偿等形式与被害人达成谅解后，由国家司法机关予以审查认可，从而根据加害人人身危险性的变化对其予以从轻、减轻、免除处罚或不追究其刑事责任〔2〕的一种刑事司法制度。

（二）和解中的被害人——兼议和解的界限

从深层次上讲，作为冲突承受者的被害人，是刑事和解机制中不能缺席的主人与对话者之一，否则刑事司法的纠纷解决制度将是徒有外表的，很大程度上会遭遇失败。〔3〕从浅层次上看，被害人直接决定着刑事和解的边界和效力。所以，在讨论刑事和解时，尤其是在分析被害人死亡的死刑案件能否被“和解”时，对被害人的内涵和外延的界定便显得尤为重要。

被害人并不是刑事诉讼法学中独有的概念。随着被害人学

---

〔1〕 根据我国2018年修订的《刑事诉讼法》第212条的规定，人民法院对自诉案件可以进行调解。

〔2〕 但是，对于罪行极其严重、可能判处死刑的案件而言，即使能够实现刑事和解，其司法效果也只能限定在从轻、减轻处罚的范围内。

〔3〕 朱桐辉：“刑事冲突解决的失衡与校正——被害人保护视角”，载《刑事法评论》2009年1期。

的兴起和发展，被害人已经超越犯罪学的学科界限而成为前者的核心范畴。然而，由于犯罪侵害的法益多样性，对被害人的外延也有着多种不同的划分标准。不同的界定直接影响着当事人的主体资格和权益，也制约着其在刑事和解中能够发挥何种程度的作用。

首先，根据犯罪行为侵害法益的不同，被害人可以分为个体被害人、社会被害人和国家被害人。针对此三种类型的被害人，笔者认为，从刑事和解的产生背景来看，只有个体被害人才能参与刑事和解。这是因为，刑事和解的“最大力量在于，通过承认被害人所遭受的损害与孕育个人责任原则，它关注社区中个体的问题与利益而非抽象的秩序”。[1]在刑事诉讼过程中，追诉机关作为国家公权力的代表，本来充当的就是国家、社会利益代言人的角色。因此，社会或国家被害人不会受到像个体被害人那样的在刑事诉讼中往往遭受的“二次被害”。只有个体被害人，在遭受犯罪侵害以后，“获得损害赔偿的权利不仅难以得到保证，而且在其失去了对犯罪的报复与和解权之后，长期以来被刑事诉讼程序边缘化，其功能和身份除了成为帮助司法机关实现证实犯罪的一名证人以外，基本上就是一个‘被遗忘的人’”。[2]因此，只有把和解权赋予个体被害人，才能保证刑事和解的正当性。

其次，从被害人的个体属性上看，被害人可以分为自然人被害人和单位被害人。对于自然人被害人能够成为刑事和解的主体在理论上是没有争议的，而对于单位被害人能否参与刑事

〔1〕 这是德国学者 Dieter Roessner 的观点。转引自劳东燕：“被害人视角与刑法理论的重构”，载《政法论坛：中国政法大学报》2006 年第 5 期。

〔2〕 武小凤：“刑事被害人权利及其保护的国际法渊源：有关联合国法律文件的形成、适用及进展”，载《刑法论丛》2010 年第 2 期。

和解，则存在着不同的观点。对此，持否定论学者认为，将单位设置为刑事和解制度的主体存在着构建上的难题，约定俗成的刑事和解的主体是自然人。持肯定态度的学者认为，在单位犯罪的场合，单位往往具有更为直接的刑事和解需求，也更易达成刑事和解，因而理应成为制度化的刑事和解主体。[1]事实上，从制度设计初衷来看，刑事和解的目的是为了改变被害人在刑事诉讼程序中的不利地位，补偿其因犯罪行为受到的损害和心理失衡。在传统诉讼模式下，被遗忘的“被害人”不只是自然人被害人，还有诸多受犯罪侵害的单位被害人，二者在诉讼中处于几乎相同的境地。受到侵害的单位被害人也有获得赔偿的心理需求，有通过赔偿扭转不利生存境地的现实需要。因此，将单位被害人纳入刑事和解之中是必要的。

最后，根据是否直接遭受犯罪行为的侵害，被害人可以分为直接被害人和间接被害人。区分直接被害人和间接被害人的一个重要价值就在于可以更好地揭示犯罪行为对社会、对他人所造成的痛苦和伤害。明确直接被害人的意义在于，在侵害个体法益的犯罪中，被害人是犯罪结果的直接承受者，对犯罪所带来的痛苦的感受最为深刻，有迫切参与犯罪处理的心理和情感，大部分的刑事和解就是以其为主体的。而在侵害社会或国家法益的犯罪中，个体被害人一般是犯罪行为严重社会危害性的直接承受者，虽然犯罪不具有侵害个体法益的性质，但是，与社会或国家相比，个体更能真切感受和体验到犯罪所带来的痛苦。毕竟，社会、国家是一个抽象的主体，其对犯罪的情感是通过个体被害人表达出来的。因此，特定条件下，在侵害社

〔1〕 武小凤：《冲突与对接——刑事和解刑法制度研究》，中国人民公安大学出版社 2008 年版，第 224-226 页。

会、国家法益的部分犯罪的场合，也可以赋予个体被害人参与刑事和解的权利。就间接被害人而言，在直接被害人存在的场合，因后者的不可替代性，前者由犯罪所遭受的伤害只能通过直接被害人所获得的物质补偿和精神抚慰加以弥补。不过，在直接被害人死亡的情况下，比如杀人案件中，死者的近亲属则承受着他人无法体会和替代的精神摧残，作为存在的个体，其部分可期待的利益必将随着直接被害人的离去而丧失。此时，作为一个犯罪后果的间接承受者，间接被害人代替直接被害人参与刑事和解便必然具有正当性。〔1〕

以上述对被害人范畴的考察为基础，能够参与刑事和解的被害人应当具有两个特征：①个体被害人（包括自然人被害人和单位被害人）；②直接被害人。例外的是直接被害人死亡案件中的近亲属即间接被害人。据此，刑事和解只能存在于有被害人的场合。〔2〕以前文的分析为基础，死刑案件适用刑事和解的情形，也就仅限于可能判处死刑并且存在个体被害人（在直接被害人死亡时由间接被害人代替）的场合。

（三）对“和解”的理解——和“谁”之解

根据前述对参与主体范围的界定，刑事和解的内容应该包括两个层次：加害人与被害人的和解以及加害人与国家公权力的和解。

加害人与被害人的和解颇具私法的性质，即在犯罪行为发

〔1〕 在这个意义上，有学者把间接被害人称为“程序被害人”，即相对于实体被害人而言，自身并没有遭受犯罪行为的直接侵害，而是法律拟制的由实体被害人的法定代理人、近亲属或者法律规定的有关机构（团体）担当的参加刑事诉讼的诉讼参与人。详见刘万奇：“刑事被害人论纲”，载《法制与社会发展》2001 年第 2 期。

〔2〕 笔者认为，讨论死刑案件刑事和解正当性的前提是合理限定被害人的概念和案件范围，只有这样才能为正当性论证提供一个必要的前提。

生以后，加害人与被害人直接进行接触，或者由独立的第三方从中加以斡旋，以使双方当事人能够坦诚相见，在加害人认罪、道歉、赔偿的前提下，获得被害人的原谅并达成符合双方利益的和解协议。被害人通过表达其内心的不满和愤懑，借助情感的宣泄，帮助加害人认识侵害行为给其带来的痛苦和伤害，从而有助于后者认识到犯罪行为的社会危害性并真诚悔过。对于被害人而言，通过对加害人当面的诉说和斥责，可以发泄内心的压抑和痛恨。这种交流式的沟通模式能够使双方当事人理性地分析犯罪行为给自身带来的影响，从而做出符合自身利益的选择。仅此而言，加害人与被害人的和解同民事契约具有相类似的性质，但还不属于完整意义上的刑事和解，因为和解的达成仅仅是对加害人和被害人个人关系的一种调整，而尚没有对加害人刑事责任的认定产生现实的影响，不具有刑事法律上的强制力。

加害人与国家公权力的和解，即司法机关认可加害人为弥补犯罪结果所作出的努力以及表现出的人身危险性降低的人格变化，进而给予从轻、减轻或免除处罚或不追究刑事责任的处理。正是由于这一审查认可的过程，赋予加害人与被害人的和解具有刑事的性质，避免了极端的刑法私法化。[1]此外，加害人与被害人在和解过程中的力量不均衡性使得“和解”容易走

---

〔1〕 有学者认为，死刑案件的刑事和解侵蚀了核心国家刑罚权，使刑法私法化走向了极端。因为直接根据加害与被害双方是否达成赔偿或者和解协议决定被告人的生死，不仅会导致国家刑罚权的让与，而且会异化出加害与被害双方讨价还价的过程，从而使法官边缘化，进而将刑法私法化推向极端。详见梁根林：“死刑案件被刑事和解的十大证伪”，载《法学》2010年第4期。笔者认为，刑事和解并不是简单地等同于加害人与被害人的和解，法官在认定能否刑事和解的过程中需要发挥其积极的能动作用，既要审查和解协议的正当性，又要审查案件本身的事实和证据。所以，即使在死刑案件中，如果坚持刑事和解内容的两个层次，刑法私法化走向极端的现象并不会产生。

向扭曲。这种力量不均衡性可能使加害人重新陷入“二次被害”的境地，也有可能损害加害人的合法权益。因此，建立在自愿、平等、公平基础上的契约性的和解协议有必要接受公权力的监督，以保障和解的严肃性和正当性。由此看来，刑事和解为保障被害人利益而生，但生来就需要国家公权力的监督和制约。

作为一种酌定量刑情节，加害人与被害人的和解能否导致刑罚从轻、减轻、免除乃至不追究刑事责任的效果，将取决于司法机关的最终认定。如果司法机关对和解协议予以认可，一个完整的刑事和解才得以达成。相反，一旦和解协议被司法机关所否定，或者作为酌定量刑情节没有为司法机关所认可，反映到裁判结果上即刑事责任未受影响，那么就不能确认刑事和解的存在。从这个意义上说，刑事和解同被害人与加害人的和解（或者一般意义上的民事赔偿）有着本质的区别。“刑事和解所承载的国家、被害人、被告人的三方法律关系并非一种均衡的——即三方享有同等或对等权利（或权力）的关系，这一法律关系是以被害人选择是否接受和解、启动诉讼程序的权利为核心构建起来”，〔1〕并以司法机关认可和解协议、减免刑事责任而终结诉讼程序。

二、死刑案件中刑事和解的普遍正当性

从死刑案件能否被“和解”的现有争议看，有学者从法理根据、法治语境、和谐社会建构、刑法基本原则、刑事政策、被害人的缺失等多角度对死刑案件被“和解”的适当性大加批

〔1〕 徐阳：“刑事和解中权力过度推进之危害及其防范——被害人保障维度的度量”，载《法学评论》2009年第6期。

判。[1]通过上述对刑事和解的内涵和诸要素的分析，笔者认为，不管是从刑法基本理论还是刑事政策甚至是从社会现状的角度对死刑案件被“和解”加以批驳，这实质上仍然是对刑事和解正当性的质疑，因为与刑法基本理论的冲突也好，与法治环境不协调也罢，都无法摆脱对刑事和解的正当性根基而直接面对死刑案件的和解。所以，对死刑案件适用刑事和解正当性的论证，应当从刑事和解的普遍正当性和死刑案件中刑事和解的特殊正当性两个层面加以展开。因此，笔者将分别围绕刑事和解的普遍正当性和特殊正当性展开讨论。

普遍正当性，是指刑事和解制度存在的合理性根基和理论依据。它是刑事案件被“和解”的理论基础。而作为刑事案件的一种，死刑案件被“和解”的正当性也必然建立在该普遍正当性的基础之上。

（一）刑事和解普遍正当性的法理基础

就传统犯罪观而言，学界秉持的是犯罪的本质是孤立的个人反对统治关系的斗争这一观念。[2]据此，犯罪发生以后应当由代表统治阶级利益的国家公权力机关对犯罪进行追诉，代表国家、代表被害人对犯罪人定罪量刑，以实现报应和社会正义。而基于恢复性司法理念的刑事和解则把犯罪看作是对被害人的侵害，意图通过加害人与被害人的和解，补偿被害人的损失并恢复受损的社会关系，从而建构以被害人为中心的新型刑事司

---

〔1〕 梁根林：“死刑案件被刑事和解的十大证伪”，载《法学》2010年第4期；孙万怀：“死刑案件可以并需要和解吗?”，载《中国法学》2010年第1期。

〔2〕 其实，马克思作出“犯罪是孤立的个人反对统治阶级的斗争”这一表述的前提，是基于批判犯罪是对法规范的违反这一本质认识。马克思说，那些把法和法律看做是某种独立自在的一般意志的统治的幻想家才会把犯罪看成单纯是对法和法律的破坏。参见《马克思恩格斯全集》（第3卷），人民出版社1956年版，第399页。

法模式。笔者认为，此种模式下的刑事和解即使带来被害人地位的恢复与崛起，也不会改变更不可能颠覆传统的犯罪观。

首先，被害人地位的回归并不意味着犯罪本质的改变。恐怕任何人都无法反驳在某些犯罪中被害人所承受的伤害要远远大于国家和社会。在这种情况下，通过让被害人参与和解来补偿犯罪行为带来的损失，只不过让被害人的权利得以充分实现，而并不可能改变犯罪人和国家公权力之间的对立关系。尽管被害人地位的回归事实上削弱了加害人的辩护人地位，加害人也没有权利把合法的被害人利益排除在程序之外。〔1〕

其次，被害人仅仅在加害人与被害人和解的过程中居于主导性的地位，其和解的最终结果有待于司法机关的进一步确认。可以说，和解协议之所以要接受司法审查、认定，除了有保障和解正当性的考虑之外，更为重要的原因就在于这是对犯罪本质的尊重。作为统治阶级，在面对孤立的个人挑战其权威和秩序的时候，不会放弃至高无上的权力，而刑事和解仅仅是让渡了被害人与加害人沟通的权利，正如自首、坦白和立功制度一样，不会从根本上改变犯罪人与统治阶级之间的紧张对立关系。

最后，从社会危害性的角度分析，在存在被害人的犯罪中，犯罪固然侵害了国家和社会的利益，但其毕竟首先侵害了被害人的利益。〔2〕在认为犯罪是侵犯我国社会主义社会关系的行为的理论中，社会关系本身就是一个内容十分广泛的概念，是指

---

〔1〕［德］海因茨·舍许：《死刑的被害人学视角》，樊文译，载陈兴良主编：《刑事法评论》2007 年第 2 期。

〔2〕从法益侵害性的角度看，犯罪的本质是对法益的侵害或威胁。而从法益分类上看，既有国家法益、社会法益，也有个人法益。因此，对于侵害个人法益的犯罪而言，允许刑事和解制度的存在，让当事人双方直接接触达成和解，就不会构成对犯罪本质的突破。参见石磊：《论我国刑事和解制度的刑事实体法根据》，载《法商研究》2006 年第 5 期。

许多个人在实践活动中所形成的人与人之间的关系。[1]脱离了对个人的关注，对犯罪本质的把握无疑是不全面的。因此，重新审视被害人在刑事法律体系中的地位，促使被害人地位的复归，是对传统犯罪观内涵的丰富。

在传统的刑事责任理论中，刑事责任是犯罪构成和刑罚的桥梁，行为符合犯罪构成，才能要求行为人承担刑事责任。只有确定承担刑事责任，才能进一步确认是否需要适用刑罚来加以惩治。此时，犯罪构成是承担刑事责任的唯一根据，而刑事责任的大小亦是刑罚裁量的根本依据。当然，刑罚并不是承担刑事责任的唯一方式，刑罚以外的承担刑事责任方式的存在是为法律所允许的。现在需要考虑的是，在现有的责任认定和承担方式下，刑事和解与刑事责任理论是否存在冲突。一方面，刑事和解的适用以存在犯罪事实为前提。如果没有犯罪事实的发生，就不会有加害人与被害人之间的“刑事”和解，更不会存在司法人员对和解协议效力的确认问题。因此，刑事和解适用的前提和刑事责任追究的基础是相同的。另一方面，刑事责任的大小不仅与犯罪行为的社会危害性有关，而且与犯罪人人身危险性的大小紧密相连。而加害人与被害人之间达成和解乃至司法机关对和解协议的认可，恰恰是对加害人人身危险性降低的一种肯定，反映到刑事责任的认定上就是对加害人予以从宽处理。从这个意义上说，刑事和解制度并没有对刑事责任的认定造成根本性的冲击。何况刑法明确规定了刑罚以外的责任承担方式，即使特定情况下出现因刑事和解而不适用刑罚处罚的情况，也是具有正当性的。

从刑事责任的内涵来看，刑事责任是指代表国家的司法机

---

〔1〕 张明楷：《犯罪论原理》，武汉大学出版社1991年版，第66页。

关以国家强制力为后盾，在认定犯罪事实的基础上，通过定罪量刑或者单纯的定罪，对行为人所实施的行为予以彻底的否定，对支配行为人实施该行为的主观意志予以强烈的谴责。因此，刑事责任的评价主体应当是代表国家公权力的司法机关，而不是被害人个体。但是，既然认为刑事和解是为保护被害人利益而构建，遭受犯罪直接侵害的是被害人而不是国家、社会，被害人应当居于主导性地位，那么这是否就意味着“刑事责任的承担必须面向被害人。犯罪人没有必要向国家承担责任，国家也没有理由要求犯罪人承担这种责任。”〔1〕其实不然，在刑事和解的场合，强调被害人的直接受害人情状，仅仅是把被害人被掩埋的历史境遇挖掘出来，恢复其应有的地位，并为司法机关更为全面、客观地认定加害人的刑事责任提供依据。被害人的加入不会也不可能改变国家追诉机关的强势地位，不可能成为与国家公权力机关分庭抗礼的追责主体，从而形成国家、被害人的二元追责模式。就犯罪的危害性而言，犯罪行为发生以后，本质上是对国家统治阶级的挑战和威胁，而在形式上则当然不能回避其给被害人带来的直接伤害。在此情况下，刑事和解仅仅是为被害人争取了其本应获得的利益。因此，刑事和解与传统刑事责任论是可以并存的。

此外，刑事和解为人所“诟病”的另一个缘由是同罪刑法定原则是否具有一致性。1997 年《刑法》第 3 条规定的罪刑法定原则由两个基本方面组成：其一是“法律明文规定为犯罪行为的，依照法律定罪处刑”；其二是“法律没有明文规定为犯罪行为的，不得定罪处刑”。前者可称为“积极的罪刑法定原则”，

〔1〕 杜宇：“刑事和解与传统刑事责任理论”，载《法学研究》2009 年第 1 期。

后者可称为“消极的罪刑法定原则”。按照“积极罪刑法定原则”的要求，如果行为人的行为已经构成犯罪，不论罪轻罪重，都必须按照法律的规定给予刑罚处罚。即使在行为人已经与被害人达成谅解，被害人要求不对犯罪行为给予刑罚处罚的情况下也应当定罪处刑，故而刑事和解制度的构建只能是对罪刑法定原则这一刑法基石的必然违反，其就没有存在的余地。[1]笔者认为，刑事和解并不意味着对加害人与被害人和解的一味认可与妥协，更不意味着对和解协议的认可就应当免除对加害人的刑罚。加害人与被害人的和解作为一个反映加害人危险人格变化的因素，仅仅具有酌定量刑情节的性质，其对量刑的影响，最终需要司法机关的确认。在刑事和解制度中司法机关须对和解协议的形式自愿性以及内容上的合法性进行审查。刑事和解对加害人的影响既有不起诉、免除刑罚处罚的情形，也包括适用刑罚但予以从轻或减轻处罚的情形。事实上，从刑事和解与罪刑法定原则的价值取向来看，罪刑法定原则与刑事和解制度在精神和价值追求上具有兼容性，因为罪刑法定原则意味着在行为符合刑法规定的犯罪构成要件并且应当对其定罪处罚时，必须依照法律的规定定罪处罚，并非只要行为构成犯罪时就必须依据法律的规定定罪处罚。否则，酌定情节的应用将构成与罪刑法定原则的冲突。[2]而刑事和解恰恰提供了一种在构成犯罪情况下裁量刑罚的酌定情节。作为一个酌定量刑情节，加害人与被害人的和解能否影响死刑判决取决于司法机关结合全案对加害人人身危险性的综合考量。在罪行本身严重、情节恶劣、

〔1〕 石磊：“论我国刑事和解制度的刑事实体法根据”，载《法商研究》2006年第5期。

〔2〕 武小凤：《冲突与对接——刑事和解刑法制度研究》，中国人民公安大学出版社2008年版，第394页。

手段残忍的情况下，和解不代表死缓，不和解也不代表死刑立即执行。一味极端地设定一个罪该处死并加以和解的案例来反驳刑事和解制度本身就是值得商榷的，因为该不该处死是依据综合因素判断的问题。所以，在刑事和解与罪刑法定原则存在根本契合性的前提下，合理利用、综合评判加害人与被害人和解的影响力，不会存在与罪刑法定原则发生根本性冲突的问题。

（二）刑事和解普遍正当性的运行基础

西方的恢复性司法理念建立在后法治时代的法治语境下，体现着对法治的尊重和国民自由与安全保障的追求。其不仅消极地限制国家公权力，防范其恣意与滥用，又积极地促进国家公权力的行使，以最大限度地实现国民福祉。[1]而建构在本土特色基础上，借助被害人保障意识的觉醒和构建和谐社会的引导蓬勃发展的刑事和解制度与西方的恢复性司法理念就有一定的差异。这种差异性反映在中国的法治现状中，就是在现有刑事诉讼体制的框架内，通过理念的革新和对现有规则的灵活运用与解释，实现刑事和解价值的最大化。任何一项制度的建构和运行都离不开特定的时代背景，脱离物质基础的上层建筑注定是脆弱而短暂的。作为一项颇具特色的纠纷解决模式，刑事和解必然也必须与现实的法治环境相融合，而前提就是刑事和解的补充性。

1. 和解模式定位的补充性

关于恢复性司法与现有刑事诉讼模式之间的关系，理论上存在着些许争议，大体上看存在着两种观点，即“取代说”和“补充说”。前者认为，恢复性司法代表了一种与传统刑事司法

---

〔1〕 梁根林：“死刑案件被刑事和解的十大证伪”，载《法学》2010 年第 4 期。

体制迥然不同的司法模式，终将取代现有的现行刑事诉讼模式。后者认为，恢复性司法能够克服现有诉讼制度的一些缺陷，但是其适用也需要特定的条件，现实的路径是在两者之间寻求兼容、补充，互相弥补不足。[1]笔者更倾向于将恢复性司法定位于对现有制度的补充上。如果通过恢复性司法与刑事和解的相似性来看待刑事和解，在今天的刑事诉讼体制下，刑事和解应当成为一个弥补现有体制缺陷的纠纷处理模式。在被害人自愿与加害人达成和解的情况下，就应该在刑事诉讼程序中对和解协议加以审查，如果能够有效补偿被害人的损失，加害人真诚悔过，司法机关就应该在诉讼框架内对和解协议加以确认，实现刑事和解，并以司法的形式终结诉讼程序。如果被害人不愿与加害人达成和解，或和解协议没有获得司法机关的认可，则和解程序到此终结，司法机关以正常的刑事诉讼程序终结案件即可。从这个意义上讲，加害人与被害人之间的和解仅仅是为刑事诉讼程序的展开提供了一个新的事实，刑事和解也仅仅是依附于现有程序的、实现刑事诉讼目的的一种方式。

和解模式定位的补充性能够满足现实法治状况的需要。不管法治原则的贯彻是否彻底，也不论反法治的思潮和冲动如何强烈，在刑事诉讼机制的坚守下，刑事和解不会冲击更不会颠覆刑事诉讼机制对犯罪的惩治和对人权的保障，相反，二者只会相互配合，相得益彰，更好地实现对被害人利益的弥补。

2. 被害人地位的补充性

与恢复性司法制度中被害人中心主义不同的是，在刑事和

---

〔1〕 秦策："恢复性正义理念下的被害人权利保护"，载张鸿巍主编：《刑事被害人保护问题研究》，人民法院出版社 2007 年版，第 39-40 页。

解制度中被害人的地位相对而言仍然是补充性的。与传统刑事诉讼模式相比，刑事和解制度在对待被害人问题上的进步之处在于其提升了被害人与加害人的交流空间。根据联合国预防犯罪和刑事司法委员会通过的《关于在刑事事项中采用恢复性司法方案的基本原则》的描述，恢复性司法方案在被害人与加害人之间建立对话关系，以犯罪人赔偿被害人的损失和被害人达成对犯罪人的谅解为前提，从而终止司法程序，以非诉的方式修复被损害的社会关系。据此，西方的恢复性司法理念存在几个核心要素：谅解、终止、非诉。谅解以被害人的同意为前提，被害人的态度直接决定着恢复性司法的适用。终止意味着恢复性司法带来的是加害人免于刑罚处罚甚至刑事责任的免除。非诉则突出恢复性司法方案与刑事诉讼模式的不同。将这几个要素综合起来，可以看出被害人在恢复性司法中处于中心地位，直接决定着加害人的命运和刑事诉讼程序的适用，称之为被害人中心主义毫不为过。但是，在我国运行的刑事和解制度中，被害人虽然在与加害人的和解中居于主导地位，但是其和解的效力将取决于最终的司法认定，通过被害人与国家公权力的合作才能共同影响加害人的刑事责任：没有被害人的同意，无法达成和解协议；而缺少司法机关的认可，和解协议则只是一纸空文。因此，与恢复性司法相比，刑事和解更宜称作被害人补充主义。

刑事和解中被害人的补充性地位决定了其并不会对加害人的利益构成实质性的威胁，因此也不会同诉讼程序限制国家刑罚权恣意行使、保障人权的目的相冲突。在法治环境有待进一步完善的今天，由司法机关对被害人与加害人达成协议进行最后的审查监督，无疑是更为现实、合理的选择。

此外，司法机关的被动性也可以保证刑事和解同当今法治环境相融合。刑事和解制度中司法机关的定位是消极的、被动的。所谓消极、被动，是指在犯罪行为发生以后，司法机关不能积极、主动地去促使被害人与加害人进行接触、沟通。刑事和解的正当性基础在于和解的自愿性，它使双方当事人能够理性地、面对面地交流犯罪对自身的影响，为最终恢复受损的社会秩序、平缓紧张的社会关系提供帮助。而权力在本质上具有扩张性的特性，何况在犯罪发生以后，司法机关自身就是处理案件的利益共同体，“权力对和解程序的介入隐藏着抑制权利主体自由意志、强行推行权力意志的危险。”〔1〕这样，在司法机关主动介入、积极推进和解的情况下，就很难保障和解的自愿性。而在司法机关保持被动性的情况下，司法权的能动性便得以限制在刑事诉讼法设定的框架内，被害人和加害人就能够自愿、坦诚地展开对话。

（三）刑事和解普遍正当性的社会基础相吻合

“当前中国社会正处于一个巨大的转型时期，经济发展的不平衡导致贫富分化日益严重，从而导致了社会矛盾的复杂化，甚至某种程度的尖锐化。”〔2〕在激烈的社会冲突中，复杂、多样的价值观念必然导致在处理纠纷过程中由于利益需求的不同而产生的利益多元化。如果说在社会价值相对单一的群体里，对于犯罪人的态度，被害人更倾向于通过报应观念来表达内心的愤慨，那么在具有多元化利益需求的今天，被害人对加害人所秉持的态度已不再如此简单，在报应观念之外不可避免地会融入多种价值追求，人格尊严的承认和尊重，精神损害的赔付与救济，或者强

〔1〕徐阳：“刑事和解中权力过度推进之危害及其防范——被害人保障维度的度量”，载《法学评论》2009年第6期。

〔2〕程波：“论和谐社会与多元化纠纷解决机制”，载《湖湘论坛》2006年第6期。

烈报复观念的需求与满足。[1]但是，个体在多重需求得不到满足、情感得不到宣泄、权利被忽视的情况下，只可能把需求转化为无限制的报应与仇恨，以一种途径去发泄复杂的内心情感。被害人感性的认识一旦同司法者对犯罪危害性的理性认识产生冲突，其最终必将通过无休止的上访、申诉等一系列激进的方式来表达对现状的不满。所以，在诉讼程序进行过程中融入加害人与被害人的和解程序，为当事人双方提供充分展示自己内心世界的机会，在司法程序正义之外辅之以有效满足不同主体的价值选择的机会，不失为实现社会发展的和谐与人际关系融洽的适当选择。[2]

法治社会应当是一个尊崇法律、维护法制的社会，和谐社会从本质上必然是一个充满公平正义、人际关系和谐发展的社会。“法治社会固然必须有司法的权威，但这并不意味着必须由司法垄断所有的纠纷解决。在构建社会主义和谐社会的新形势下，作为及时化解社会矛盾、促进社会公平和正义、维护社会稳定的多元化纠纷解决机制既是建构和谐社会秩序的必备要素，

---

〔1〕 在德国，有学者针对暴力犯罪、财产犯罪和其他犯罪的被害人做过一次调查，结果显示他们首要的不是要求报仇或者报应，而是需要一个倾诉的对话者，这个对话者要全面理解并耐心地倾听他们的诉说，向他们表示安慰和同情；当需要支持的时候，随时为他们提供帮助。参见［德］海因茨·舍许：“死刑的被害人学视角”，樊文译，载陈兴良主编：《刑事法评论》第21卷，北京大学出版社2007年版，第155-156页。当然，国外的问卷调查并不能反映国内民众遭受犯罪侵害以后的情感和心理需求，但是从人类发展的共性上来讲，报复心理必将随着人类文明的不断发展和价值选择的日益丰富而日趋削弱。

〔2〕 有学者对我国目前司法实践中进行的刑事和解的实际效果进行过实证分析：大多数刑事和解案件的社会效果比较好，几乎不存在反悔或要求再起诉的情况，既抚慰了被害人，使被害人能够及时得到较为充分的赔偿，同时也促使加害人真诚悔过，降低再次犯罪的比例，并且能够在一定程度上减少了因上诉、申诉、重新犯罪等带来的成本支出，避免社会冲突的加剧和司法资源的过度支出。详见宋英辉等：“我国刑事和解实证分析”，载《中国法学》2008年第5期。

又对社会主义和谐社会秩序的形成发挥着重要作用。”〔1〕因此，在犯罪发生以后，让被害人根据自己承受的犯罪侵害后果自主地寻求利益补偿和满足，应当是以人为本的必然选择。既然以人为核心，把人作为社会发展的最终目的而不是手段，就不能仅仅把“被害人”定位于实现司法程序正义的工具。刑事司法的最终目的不应当仅仅是惩治犯罪，还包括保障人权，而人权的主体应该是广泛的，不能局限于易受刑罚恣意侵害的加害人，还应当包括被忽略的被害人，这样名副其实的公平、正义方能得以实现。和谐社会的本质要求在法治的框架内充分尊重人与人之间多元化的利益需求，尊重人与人在激烈的冲突中所达成的妥协和利益分割。反之，一味排斥当事双方的合理努力，可能导致的结果就是“如果当事人从内心对纠纷处理结果不认可，必然寻求新的救济途径，实质上表明已经进行结束的机制最终失败。”〔2〕社会发展到如此文明的程度，公平成为公众积极追求的根本价值观之一，而且公众还期望以公平换取社会发展的永恒与持续，不过，“以公平作为主场的社会矛盾‘化解器’，不是单靠某一种方式或某一种力量去化解矛盾纠纷，而是要建立一种以法治为主导，辅之以多元解纷方式的新机制。”〔3〕

法律与道德的区别之一在于前者更关注人们的行为，后者则倾向于对个体内心的束缚和引导。一般来讲，“法律只调整人们具有社会意义的行为而不直接调整人们的思想，但是行为又是受思想意识支配的，这种似乎‘治标不治本’的调整方式容

〔1〕 程波：“论和谐社会与多元化纠纷解决机制”，载《湖湘沦坛》2006年第6期。

〔2〕 梁平：“论多元纠纷解决机制的沟通之维：基于当事人心理需求角度的审视”，载《河北法学》2009年第10期。

〔3〕 李其瑞、宋海彬：“转型社会视域下的多元解纷方式论析——以西安地区建构多元纠纷解决机制为例”，载《太平洋学报》2010年第6期。

易造成人们对法律机制的不信任，尤其是它并不为当事人提供一个全面的心理发泄平台，而是紧紧围绕争议焦点通过一定程序采取最直接、最简便、最节约的沟通方式企图直奔‘定纷止争’这一结果，即便最终达到结案目的也未必能够全面解开当事人的心理‘结’”，[1]由此矛盾进一步激化，演变为今天的现实就是无休止的滥诉、缠讼现象的滋生和蔓延。刑事和解既能够满足当事人利益最大化的心理需求，同时也可以辅助于刑事诉讼程序满足当事人公平、正义的伦理价值观，实现传统诉讼体制定纷止争的功能。从人性的普遍性而言，不但轻微的刑事案件能够达到此种效果，即使对于有具体被害人的、可能判处死刑的案件来讲，刑事和解制度同样可以实现人际关系的和谐与平复。作为一种矫正传统刑事诉讼模式的纠纷处理模式，刑事和解充分尊重了“以人为本”这一和谐社会的核心价值理念，立足于双方共同的心理需求，通过“意志合作”解决纠纷，进而实现个体的经济补偿、心理恢复，满足公平、公正、效率的法律价值，促使社会和谐的实现。[2]

在以严格的刑事程序和监督机制为刑事和解的实现提供保障和约束的情况下，并不会带来滥权和恣意的人治后果。普通的刑事和解案件如此，死刑案件中的刑事和解具有同样的意义。当然，有学者认为，在被害人死亡的案件中，死刑案件被“和解”是没有正当性基础的，因为在生命被剥夺的情况下，家属是没有权利去认可亲属生命的被剥夺的。[3]对此，笔者认为，

---

〔1〕 梁平：“论多元纠纷解决机制的沟通之维：基于当事人心理需求角度的审视”，载《河北法学》2009年第10期。

〔2〕 梁平：“论多元纠纷解决机制的沟通之维：基于当事人心理需求角度的审视”，载《河北法学》2009年第10期。

〔3〕 孙万怀：“死刑案件可以并需要和解吗?”，载《中国法学》2010年第1期。

被害人有直接被害人和间接被害人之分，不能否认间接被害人在犯罪侵害发生以后尤其是被害人死亡的情况下所承受的精神伤害和物质损失，其作为犯罪结果的承受者在没有直接被害人的情况下参与刑事和解是具有合理性的。况且，间接被害人与加害人之间的和解并不是对亲属生命被剥夺的认可，而是其坚强面对现实的一种形式。人不能总生活在仇恨之中。死者已逝、生者犹存，满足多元化的情感慰藉既是对死者的祭奠也是对生者的安慰。如果说间接被害人的和解是没有权利正当性的，那么国家呢？在加害人具有自首或立功情节的情形下，国家公权力可以超越被害人亲属的情感需求而对加害人予以从宽处罚。从死者的角度看，甚至从间接被害人的角度看，依照论者逻辑，国家的功利主义思想实难认为是对死者正义的实现，国家的这种权力除了自身赋予外恐怕无其他正当性可言。因此，刑事和解并非是对构建和谐社会的庸俗化理解，更不可能“超越国民法律情感而放弃报应主义规制下的责任主义刑法对罪责刑相适应原则的要求，亦不能容许被害人的亲友假借被害人的名义行使宽恕的权利，甚至罔顾被害人生命被残害的恶性犯罪事实，无原则地接受加害人的金钱赔偿，并据此干涉国家刑罚权的行使。”〔1〕因为“刑事和解并非必然排斥普通程序追求实体公正和程序公正，刑事和解可以通过自身规则的建立来保证公正在尽可能的程度上得以实现”。〔2〕和解不代表无原则，更不意味着假借逝者之名行罔顾生命残害之实。刑事和解制度的背后是对生者生存权利和心灵创伤修复的尊重，是对加害人真诚悔罪的肯定。

当然，在司法实践中，个案不能直接促进整个社会的和谐与

---

〔1〕 梁根林：“死刑案件被刑事和解的十大证伪”，载《法学》2010年第4期。

〔2〕 宋英辉、向燕：“我国刑事和解的正当性解构”，载《河北法学》2008年第5期。

稳定。但是，和谐社会的构建却离不开惨遭不幸的被害人的宽容和对未来生活的希望，也离不开曾经实施犯罪而今反省、忏悔的加害人为复归所作出的努力。在这个层面上，司法机关对加害人与被害人和解的认可足以超越个案的和谐而为整个社会所接纳。

（四）刑事和解普遍正当性的制度基础

加害人对被害人予以赔偿的和解模式在我国刑事立法中并非无根之木。2000 年 12 月 4 日颁布的《最高人民法院关于刑事附带民事诉讼范围问题的规定》第 4 条规定，被告人已经赔偿被害人物质损失的，人民法院可以作为量刑情节予以考虑。从这一点来看，以赔偿为内容的加害人与被害人和解同刑事附带民事诉讼制度相配合、共同发挥作用，这在现有制度框架内是可以找到规范依据的。

刑事附带民事诉讼制度是指因犯罪行为遭受物质损害的被害人，在刑事诉讼程序中，有权对加害人提出民事赔偿诉讼的制度。可以说，面对加害人的侵害，我国现有的被害人权利救济机制中，唯一制度化的救济模式就是刑事附带民事诉讼。该制度的确立为有效保护受到侵害的被害人的合法权益提供了帮助。但是，刑事附带民事诉讼制度可谓先天不足、后天失调。所谓“先天不足”，是指立法上，刑事附带民事诉讼对被害人权利的保护范围是有限的。根据刑事诉讼法的相关规定，能够提起刑事附带民事诉讼的损害范围仅限于因犯罪侵害所遭受的物质损失，并且这里的物质损失仅限于被害人因犯罪行为而遭受的实际损失和必然损失，而因人身权利受到侵害而造成的精神损失（这种损失在被害人遭受被强奸或死亡的案件中更为明显）以及物质损失中的可得利益损失都不可能纳入刑事附带民事诉讼的赔偿范围。而事实上，在刑事案件中尤其是在因杀害他人、可能判处被告人死刑的案件中，精神损害的赔偿对被害人一方显得更为重要。由此看来，刑事附带民事诉讼制度对被害人所能提供的救济是极为有限的。所谓“后天失调”，是指在刑事附带民事诉讼判决被告人承担赔偿责任的情况下，赔偿执行难的情况极大地限制该制度有效性的发挥。如以青岛市中级人民法院为例，对其5年来刑事附带民事判决执行情况的调查显示，共有2300余件以判决方式结案的刑事附带民事案件，90%以上的案件民事部分执行不了，成为“空判”。[1]而在相邻的淄博市，对其中级人民法院的调研也发现了相同问题。在刑事被害人要求赔偿的案件中，故意杀人、故意伤害、交通肇事、抢劫等涉及人身权利被侵害的案件占96.6%，其中获得赔偿的不足43%。而在广东省高级人民法院对全省的统计中，被害方无法获得经济赔偿的比例高达75%，截至2009年底未能执行的赔偿金额已逾亿元。[2]与被害人不能获得有效救济形成鲜明对比的，则是被害人寻求赔偿的迫切需求。[3]

当然，刑事附带民事诉讼的局限性并不能遏制被害人寻求赔偿的现实需求。在刑事诉讼程序中，法律规定有权提起附带民事诉讼的人在第一审判决宣告以前没有提起民事诉讼的，可以在刑事判决生效后另行提起民事诉讼，这样就可以对被害人

---

〔1〕 刘晓芬：“论刑事被害人的司法救济制度”，中国法院网，访问时间：2007年4月3日。

〔2〕 吴兢：“关注刑事被害人权益用“国家之手”救助犯罪被害人”，人民网，http://npc.people.com.cn/GB/6218108.html，访问日期：2008年9月5日。

〔3〕 仍以青岛市中级人民法院的统计为例，从2001年至2006年，严重故意犯罪即有死亡或者重伤残疾结果的犯罪中附带民事诉讼2001年占刑事案件总数的90.9%，2002年为91.5%，2003年为91.1%，2004年为91.3%，2005年为88.9%，2006年为90.6%。从数据上看，虽然比例有上下浮动的变化，但是绝对值是逐年上升的。不过，相对应的是重大人身伤害犯罪案件刑事附带民事赔偿率不足7%。详见王瑞君、李亮、陈泊潭：“刑事被害人国家补偿的本土化：被害人国家补偿实践尝试和理念认知的调研”，载《甘肃政法学院学报》2009年第6期。

的权利更好地加以保护。然而，不容回避的问题是，如果在刑事审判之外就同一案件的民事部分再次审理，可能造成司法资源的浪费。从另外一个角度讲，一旦以民事诉讼代替刑事附带民事诉讼，必将使后者成为刑事诉讼程序中被闲置的空中楼阁。因此，从现有的制度的目的和运行情况来看，如果不改变制度性的缺陷，就只能通过别的途径或规范来弥补，刑事被害人国家补偿制度和加害人与被害人和解模式就是较为合适的选择。

刑事被害人国家补偿制度，是指国家在加害人无力赔偿因犯罪而给被害人或者其亲属造成的物质损失、身体伤害或者精神损伤的情况下，通过适当的法律程序对被害人或其亲属予以必要的经济补偿的法律救济制度。〔1〕可以说，随着学界对于构建刑事被害人国家补偿制度的关注，越来越多的学者对国家刑事被害人制度在国外的立法状况、执行效率等做了深入研究，也有学者对于我国相关制度的建设进行了实证分析，由此形成刑事法理论的又一个热点。然而，需要注意的是，尽管刑事被害人国家补偿制度能够在“加害人不能赔偿时给予国家对被害人权利保护与困境救济的法律责任，对被害人进行代为补偿，避免被害人在被犯罪侵害后的刑事责任追究与民事救济过程中的二次被害，”〔2〕但是其适用存在特定的前提，即要加强对被害人民事权利的救济，对此可以理解为完善其民事救济的诉权保障、范围的扩大、执行效果的巩固等。同时，其运行的前提是加害人无力赔偿。对国家补偿责任的过于偏重必然会导致犯罪人责任追究的错位。毕竟国家补偿责任的适用以加害人不赔为条件。当国家和被害人把救济的视角转向了国家补偿时，必然

〔1〕 梁根林：“死刑案件被刑事和解的十大证伪”，载《法学》2010年第4期。

〔2〕 梁根林：“死刑案件被刑事和解的十大证伪”，载《法学》2010年第4期。

会置加害人于赔偿义务主体之外。

刑事附带民事诉讼制度的缺陷有可能导致被害人“二次被害”，而刑事被害人国家补偿制度也未必能够实现对被害人利益的全面救济（“补偿”与“赔偿”的区别足可以说明这一点）。在被害人遭受损害的情况下，唯有多角度、深层次地建构赔偿机制，通过加害人与被害人的和解、刑事被害人国家补偿制度、刑事附带民事诉讼制度，建立一个立体、全方位的救济模式，形成被害人救济的“三驾马车”，才能实现对被害人救济和被害人诉讼地位的全面改善和提升。至于死刑案件中适用刑事和解制度是否会转移国家对犯罪发生所本应承担的社会集体责任，笔者认为，答案应当是否定的。因为死刑案件刑事和解之后的从轻、减轻和免除刑罚，不是建立在“罪行的客观危害程度因此得以减轻的冠冕堂皇说辞之下”[1]的，而是以加害人人身危险性的变化评判为基础进行综合判断的结果。此外，国家补偿责任以加害人不能赔偿为前提，而能够实现刑事和解在大多数情况下是由于加害人给予被害人足够的赔偿，由此证明加害人本来是有赔偿能力并且能够赔偿的。既然这样，就不能认为刑事和解会导致国家责任的转移，相反，强调国家补偿责任而否定加害人为求得被害人谅解所付出的种种努力，本身就不是客观、理性的态度。

最后，需要说明的是，有学者认为“在加害人赔偿不能时给予国家对被害人权利保护与困境救济的法律责任而对被害人进行代为补偿，从而使得即使是无力赔偿的加害人，只要其真诚地认罪悔罪、赔礼道歉，也有充分的机会获得被害人的谅解

[1] 梁根林：“死刑案件被刑事和解的十大证伪”，载《法学》2010年第4期。

与宽恕，从而实现加害人与被害人真正的刑事和解。”[1]据此，笔者不禁要问，既然在加害人无力赔偿时就能够通过真诚地认罪悔罪并进而真正实现刑事和解，那么又有什么理由拒绝有能力赔偿的加害人通过赔偿被害人的损失，真诚地认罪悔罪，从而求得被害人的谅解并最终实现真正的刑事和解呢？

三、死刑案件中刑事和解的特殊正当性

死刑案件的特殊性，决定刑事和解的一般性正当化根基未必能够支撑死刑案件被和解的合理性，因此，有必要从死刑案件本身的角度出发，站在特殊类型化的立场之上进一步分析死刑案件被和解的正当性。

（一）从“以钱买命”的封建赎刑制度看刑事和解的正当性

在中国的传统法律制度中，八议、官当、上请等制度都有悠久的历史传统，而“赎刑”“赎罪”制度就是其中最为引人关注的规则之一。在公众的法律观念中，提及封建法律制度和规则，必然和不公平、不公正、暴虐、专制、恣意等词汇联系在一起。同样地，一旦把金钱和刑罚的减免放在一个平台上，则一定会用“以钱赎刑”的简单逻辑加以概括，刑事和解在死刑案件中的适用被更直白地表述为“以钱买命”。由于人们一贯地把“以钱赎刑”看作封建糟粕的残存物，所以带着天生的敌对情绪去审查一切与之相关的内容，刑事和解尤其是死刑案件的“和解”从一开始就陷入了如此尴尬的境地。但是，不管从相关制度产生的历史背景和设置初衷，还是从内在的逻辑结构看，“以钱赎刑”（抑或“以钱买命”）与刑事和解都有着本质的区别。

“以钱赎刑”是赎刑制度的重要内容。在刑法历史上，赎刑

〔1〕 梁根林：“死刑案件被刑事和解的十大证伪”，载《法学》2010年第4期。

制度源远流长，在秦汉刑罚体系沿革的过程中被逐渐制度化，从而确立了应有的法律地位。〔1〕“赎刑”一般是指所有缴纳钱财以免除刑罚的惩罚方式。〔2〕赎刑的方式远非“钱赎”如此简单，而且存在着在受罚罪人无力缴纳财物的情况下以劳役赎刑的方式，〔3〕甚至有学者考证用爵级来赎免刑罚，庇护的既可以是自己，也可以是父母、妻子乃至其他人。〔4〕“以钱赎刑”制度的产生既有保护封建特权阶级的原因，也与特定的时代背景即法律规定的笼统和粗糙有关。但是，无论“以钱赎刑”在中国历史上经历了一个怎样的制度化过程，其更多的是考虑受刑人的身份等级和所应承受的刑罚种类，而对于预防犯罪的刑法目的、被害人的感受则不予考虑。由此就造成了古人的担忧，“若夫杀人者而亦得赎焉，则死者何辜，而其寡妻孤子何以泄其愤哉?”〔5〕所

〔1〕 明辉：“中国古代赎刑的制度与文化思考：兼与富谷至先生商榷”，载《华东政法大学学报》2010年第2期。

〔2〕 这是从广义上理解“赎刑”的概念，有学者认为狭义上的“赎刑”专指赎肉刑。参见朱红林：“竹简秦汉律中的‘赎罪’与‘赎刑’”，载《史学月刊》2007年第5期。

〔3〕 明辉：“中国古代赎刑的制度与文化思考：兼与富谷至先生商榷”，载《华东政法大学学报》2010年第2期。

〔4〕 张伯元：“‘爵戍’考”，载《华东政法学院学报》2004年第1期。

〔5〕 对赎刑制度在中国古代也存在着些许争议，如有学者总结：反对者一般认为，赎刑是在国家“财匮民劳”之际为“敛民财”而施予的“权宜之术”，设立赎刑之目的仅在于聚敛民财，而无利于民生。即使退一步讲，适用赎刑只是为了解决国家边防、财政等方面的紧急问题，“遇有边防之警则俾之纳粟于边，遇有帑藏之乏则俾之纳金于官”，然而“此犹不得已而为之”；而支持者基于一种“趋利避害”的人性认为，“财者，人之所甚欲”。人有一种“趋财求利”的本性，“财”或“利”正是人所欲求的，因其所欲求，故不愿受损。据此，当政府设置赎刑，允许以财产负担替代身体或生命负担时，民众会基于人的本性以及利害关系的考量，而不愿或者不敢实施违法犯罪行为，除非出现了足以导致改变此类利害考量的情势——“民不畏死，奈何以死惧之。”详见明辉：“中国古代赎刑的制度与文化思考：兼与富谷至先生商榷”，载《华东政法大学学报》2010年第2期。

以，从实质结构上看，“以钱赎刑”制度是国家权力与特权阶级的一种“商品”交易，通过为国家承担一定的义务换取刑罚的减免。

与赎刑制度不同的是，刑事和解制度的产生源于对被害人权利救济现实困境的反思基础之上，因此刑事和解以加害人与被害人的和解为基础，紧紧围绕保护被害人的利益而展开，以对加害人悔罪的认可终结，兼顾被害人和加害人的双重利益，从而为实现被害人的损失弥补、加害人的社会复归、社会紧张关系的平复奠定基础。由于刑事和解以被害人的谅解为中心，所以和解的方式和途径就不仅仅局限于金钱赔偿，赔礼道歉抑或认亲认养等都可以促成当事双方和解的实现。途径的多元化也反映了刑事和解的目的所在——以被害人的利益恢复和弥补为根本，平衡因犯罪引发的紧张的社会冲突，促使犯罪人真诚悔过并积极复归社会。

具体到“以钱买命”和死刑案件的刑事和解，对其辩证分析仍然应遵从以上逻辑。由于刑事和解制度是为保障因犯罪行为而受到侵害的被害人的合法权益而设计的，所以刑事和解必然以被害人利益的救济和弥补为重要内容。通过被害人的积极赔偿表明加害人真诚悔过的人格变化，同时换取被害人的原谅，由此反映到具体影响刑罚裁量的要素就是人身危险性的降低，防患未然之罪的刑罚量应当有所下降。因此，死刑案件中的刑事和解并不是用钱来购买刑罚的减免，而是通过金钱或者其他方式来表明加害人危险人格的变化、寻求被害人的谅解并获得司法者的认可。然而，从中国法律文化的传统脉络来看，以“以钱买命”为代表的赎刑制度是为了维护森严的封建等级制度确立的不平等的法律规则。在该制度下金钱缴付的量与刑罚裁量密切相关，所考虑的因素只有金钱与地位。因此在封建制度下“以钱买命”必然造成人与人之间的不平等，酿成“富者得生、贫者独死，是贫富异刑而法不壹也”[1]的社会局面。相应地，“以钱买命”必然排除被害人应有的诉讼参与权和救济权，成为加害人与司法人员或国家赤裸裸的权钱交易，被害人的利益必定得不到应有的保障。

在构建社会主义法治文明的今天，保障人权、法律面前人人平等、公平司法等已成为最为基本的法律理念，“以钱买命”的封建法律制度必将被历史的车轮所碾没。死刑案件中的刑事和解与“以钱买命”存在的本质区别决定了二者不能混为一谈。

（二）刑事和解与司法腐败没有必然联系

有学者认为，由于刑事和解缺乏足够的社会基础与制度保障，如果不适当地扩大刑事和解的范围，甚至允许对极端凶恶犯罪仅因被告人的认罪、悔罪特别是赔偿而从轻判处死缓，更潜藏着死刑案件的刑事和解被暗箱操作、司法腐败的现实危险。[2]笔者认为，从某种意义上讲，权力在意味着一定责任的同时，更多地代表着行为主体的“权益”和“能力”，权力在为行为主体支配有限的社会资源创造机会之外也为其利用稀缺资源进行交易提供了可能。权力自身具有扩张性，在交由人性尚待完善的社会个体去行使时，滥用的风险是不可避免的。正如法国思想家孟德斯鸠所言，“一切有权力的人都容易滥用权力，这是一条万古不变的经验。”[3]但是，在权力滥用的风险面前，人们不能因为存在权力腐败的可能性而限制权力的合理设

---

〔1〕（东汉）班固：《汉书》，卷78。

〔2〕梁根林：“死刑案件被刑事和解的十大证伪”，载《法学》2010年第4期。

〔3〕［法］孟德斯鸠：《论法的精神》（上册），张雁深译，商务印书馆1961年版，第154页。

置和行使。在纷繁复杂的社会关系面前，在行政职能、司法职能多元化的现代社会，权力的扩张有其特定的时代背景。如果为了防止权力对公众的伤害而对其过于限制和压缩，无异于因噎废食。事实上，对于司法腐败而言，“阻止权力的异化，既要靠人性的完善，更要靠外部的约束，在权力之外，构建一套完善的制度体系监控和规范权力的运作方式，使掌权者‘不能贪’，无疑是反腐败的一条重要途径。”〔1〕

就死刑案件被“和解”过程中的司法腐败风险而言，和解协议司法审查权的赋予必然使司法机关审查权的内容和形式更加丰富。缺乏监督和制约的外在约束使权力的正当化行使依赖于权力主体的自觉和自律，然而在利益的巨大诱惑面前这道防线显得极为脆弱。所以，在刑事和解制度构建的过程中，为了保证制度设计初衷的良好实现，对于刑事和解的全过程必须加以内在约束和外在监督。以死刑案件中的刑事和解为例，首先要保证加害人与被害人和解过程中司法机关的中立性和被动性，从规范上禁止司法机关主动介入当事双方的和解启动和运行。其次，在司法审查过程中，要保证当事双方充分地表达意见，其中既包括有关犯罪事实的内容，也可以包括关于定罪量刑的看法，把司法审查的过程作为当事人双方倾诉、交流、畅谈的一个延续。再次，在刑事和解的整个过程中，要允许双方律师的充分参与和提供法律帮助，以保证和解在法律的框架内进行的同时加强对司法机关的监督。最后，要在司法裁判中载明是否采纳加害人与被害人和解协议的理由，接受社会公众的监督。

当然，上述几点仅仅是笔者所提出的构建刑事和解监督体

〔1〕 刘守芬、许道敏：“制度反腐败论”，载《北京大学学报（哲学社会科学版）》2000 年第 1 期。

系的基本要素。任何制度的建构都是一个庞大的体系，包括监督主体、监督对象、监督权限等多方面的内容。刑事和解虽然在一定程度上取决于主导或者操作制度的人，但是这并不意味着“无法主要依靠有效的制度与程序作保障”。[1]其实，从现有的法律规定中也存在诸多于此相类似的制度，如民事诉讼中的调解协议、和解协议，刑事自诉案件中的当事人自行和解等，亦都是有人主导和操作的（可以说任何一项规则和制度的运行都需要人来主导），但是也没有统计表明这几种制度在运行过程中会助长腐败的滋生。

英国历史学家艾克顿勋爵有句名言，“权力倾向于腐败，绝对的权力倾向于绝对的腐败。”所以，预防腐败的有效途径是建立、健全有效的防腐、反腐制度，[2]在这方面我国香港地区半个世纪以来的司法实践为内地的反腐建设提供了极好的借鉴。相反，制度化的缺陷必将为权力寻租提供机会，为司法腐败提供契机。可以说，每一项权力产生后都会有潜在的滋生腐败的空间，但是不能据此就无限制地压缩权力的效力空间和内容。随着社会形势的快速发展，权力形式和内容的多样化是不可避免的。通过法律调控社会的现实需要要求积极有效地行使公权力并对其加以监督和制约，完善责任追究机制从而预防权力腐败。死刑案件的被“和解”，即是在这种背景下产生的，相伴随的对司法腐败的预防也与此紧密相关。

---

〔1〕 梁根林：“死刑案件被刑事和解的十大证伪”，载《法学杂志》2010 年第 4 期。

〔2〕 有学者认为，综观世界各国特别是经济文化比较发达的国家惩治腐败犯罪的种种措施，最成功的莫过于“权力制衡”。“权力制衡”原则是人类社会几千年积累下来的政治统治和国家管理的经验，是防止权力过分集中、权力被滥用和权力腐败的重要规则，是任何民主政治发展的必然要求。详见马长生、蔡雪冰：“腐败犯罪学论要”，载《法学杂志》2001 年第 3 期。

（三）刑事和解是限制死刑适用的有效途径

应当承认的是，加害人与被害人的和解并不是限制死刑适用的唯一因素，试图把死刑限制的制度性建设压缩在刑事和解范围内本身是值得商榷的。死刑限制乃至死刑的废除，既取决于社会的物质发展水平和精神文明发展状况，也取决于社会公众的心理承受力和立法者的远见卓识与魄力。在废除死刑缺乏现实基础的情况下，寻找多途径限制死刑的适用，“稳扎稳打，步步为营，每一项具体改革措施应该能够巩固已有的成果，能为以后的改革创造良好的法律条件和社会环境条件。”〔1〕

自从贝卡里亚揭开拷问死刑制度合理性的帷幕以来，死刑存废之争已持续了二百多年。人类文明发展到今天，死刑问题已不单单是存废的争执，而是在最终消除死刑的前提下如何限制、减少死刑适用。在免除加害人死刑立即执行适用的同时又能很好地实现对被害人的正义的前提下，出于保护被害人利益的刑事和解与限制死刑的目标之间必将找到一个契合点，在被害人与加害人之间，在社会冲突与平复之间达成平衡。当然，刑事和解对限制死刑的积极作用并不能成为论证其合理性的唯一根据。从理论和制度层面看，加害人与被害人的和解之所以能够并且应当成为死刑裁量时应当关注的要素，原因就在于其提供了一个有效但不是唯一的因素，加害人与被害人的和解是排除判处死刑（立即执行）的积极条件，而死刑裁量的要素又是丰富多样的。

一方面，以加害人与被害人的和解为基础的刑事和解不是限制死刑适用的重要要素，更不是唯一要素。根据我国 1997 年

〔1〕赵秉志、彭新林：“我国死刑制度改革的路径与步骤”，载《法学杂志》2009 年第 2 期。

《刑法》第48条的规定，死刑只适用于罪行极其严重的犯罪分子。据此，死刑适用的根本条件就是“罪行极其严重”。如果要判处死刑，法官就必须对“罪行极其严重”作出合理解释，但是不管是在司法实践还是理论探讨中，对该范畴的理解都存在极大争议。[1]由于主客观相统一原则在我国的刑事司法实践中占据重要地位，对死刑适用标准的判断坚持主客观相统一亦是其必然要求。具体来讲，对“罪行极其严重”的理解可以从以下几个角度加以把握：①具体犯罪的性质，一般考虑犯罪侵犯了何种法益；②犯罪的客观危害即社会危害性极其严重；③犯罪人的主观恶性即主观恶性极其恶劣；④犯罪人的人身危险性即极其强烈、顽固地对抗社会。[2]因此，鉴于“罪行极其严重”的判断要素的多重性，能够影响死刑适用的要素必将是多样的，而如前文所述，加害人与被害人和解更多地反映在加害人人身危险性的减小上，故和解的达成对死刑限制的适用仅仅是其中的一个要素，相比行为的客观危害性和犯罪所侵犯的法益而言，人身危险性在对量刑的影响上甚至不能称为重要因素。所以，司法人员必须要认真把握刑事和解所反映出来的人身危险性的降低对死刑案件的裁判所带来影响，否则就容易导致司法裁判的不公。

另一方面，以加害人与被害人的和解为基础的刑事和解可

---

〔1〕 比较有代表性的观点有客观标准说、主观标准说和法定刑标准说三种不同见解。客观标准说认为“罪行极其严重”是指犯罪行为及其造成的后果极其严重。主客观标准说认为应从主观和客观两个方面对“罪行极其严重”加以考察。从本质上看，“罪行极其严重”是指犯罪性质极其严重、犯罪的情节极其严重、犯罪分子的人身危险性极其严重的统一。参见郑丽萍、高丽：“死刑适用基本标准之统一：中国死刑发展一种可行视角”，载《法学杂志》2009年第9期。

〔2〕 赵秉志：“中国死刑案件审判的热点问题：以刑事实体法为考察视角”，载《刑法论丛》2010年第2期。

以作为限制死刑适用的积极条件。如上所述，死刑的适用必须符合“罪行极其严重”的标准。就人身危险性而言，只有达到极其强烈、顽固地对抗社会，不剥夺其生命不足以阻止其继续危害社会的程度时，才能对其判处死刑（立即执行）。从反面辩证分析，如果加害人的人身危险性没有达到极其严重的程度，那么对其适用死刑剥夺其生命就有违刑罚的人道性和罪责刑相适应原则。不管反对者如何批驳死刑案件被“和解”缺乏正当性，都无可否认人身危险性因素在裁量死刑适用中的不可或缺性。所以，加害人与被害人的和解真实地反映出加害人危险人格的变化时，其获得司法机关的认可并最终体现在刑法裁量上，其中的正当性是毋庸置疑的！

当然，需要说明的是，在法律明文规定之前，加害人与被害人的和解只能是一个酌定量刑情节，对刑罚裁量的影响有待于司法者的确认。正如自首、立功、坦白等制度一样，能否对被告人的量刑最终形成从轻、减轻的影响尚有待于法官的最终判断，刑事和解亦然。而将赔偿等要素存在与否升格为杀与不杀的决定性甚至唯一性因素，则显然就过于极端。

固然，“刑事和解特别是赔偿协议改变不了犯罪事实的发生，危害结果特别是被害人生命已经被残害，极其严重的社会危害性程度已经被定格的基本事实。”[1]但是，刑罚裁量是一个综合判断的过程，既要考虑社会事实因素，也要考虑个体因素，否则“自首、立功”对量刑的影响就无从解释，同样并不能因为和解改变不了事实而否定其价值，进而否定加害人本性的回归和被害人创伤的弥补，所以通过严谨的制度规范建构的刑事和解可以成为同自首、立功一样的限制死刑适用的可行

〔1〕 梁根林：“死刑案件被刑事和解的十大证伪”，载《法学》2010年第4期。

性措施。

（四）“重罪不和解”的正当性缺失

死刑案件被“和解”受到质疑的理由之一，还有“重罪不和解”的观念。从现有的研究现状来看，关于刑事和解的适用范围，理论上存在一定的争议，总体来讲主要存在以下几种观点：①我国适用刑事和解制度的范围是可能判处 3 年以下有期徒刑或管制、拘役的案件；〔1〕②刑事和解的适用范围包括未成年人犯罪案件、刑事自诉案件和轻微刑事案件；〔2〕③除了刑事自诉案件可以适用刑事和解外，可以适用刑事和解的公诉案件包括以下两部分，一是轻微刑事案件，即侵犯公民人身权利、财产权利的，可能判处 3 年以下有期徒刑、拘役、管制或者独立适用附加刑的案件。二是虽然造成较为严重的后果，加害人可能被判处 3 年以上有期徒刑，但加害人主观恶性不大或者具备其他可宽宥条件的案件。〔3〕④从刑事和解的本意、国外的经验和实践中的社会效果看，只要被告人能取得被害人的谅解，刑事和解不仅可以适用于有被害人的轻罪，而且可以适用于有被害人的重罪。〔4〕

关于上述何种观点更为妥当的问题，笔者在此不做过多的评论。仅对重罪案件能否适用刑事和解而言，反对者的主要理由可以从以下三个方面加以概括：①公诉案件因为涉及国家、

〔1〕 徐阳：“刑事和解中权力过度推进之危害及其防范——被害人保障维度的度量”，载《法学评论》2009 年第 6 期。

〔2〕 陈兴良主编：《宽严相济刑事政策研究》，中国人民大学出版社 2007 年版，第 288-289 页。

〔3〕 孙文鹰、宋英辉：“专家给刑事和解‘注解’”，载《人民法院报》2009 年 12 月 6 日，第 3 版。

〔4〕 姜敏、刘文飞：“刑事和解适用案件范围探究”，载《甘肃社会科学》2010 年第 6 期。

社会利益，所以不是当事人自己就能妥当解决的，而5年以上的重罪，除涉及当事人双方的矛盾外，还涉及国家、社会利益。对此类犯罪必须适用公权力处理，所以理所当然地应该由国家予以干预；②扩大刑事和解的范围会改变案件的性质；③从国外立法例和联合国的文件精神看，重罪和解的妥当性值得研究，如联合国预防犯罪和刑事司法委员会关于刑事和解的专家会议报告中指出，在将刑事和解模式运用于重罪时应当非常谨慎，因为对这些案件而言，修复伤害并非总是可能的。〔1〕就整体而言，上述理由都是有一定道理的，然而，问题在于能否基于这些理由而否定"重罪和解"的正当性，对此，需要进一步进行深入分析。

在刑法立法例上，重罪和轻罪的划分最早源于《法国刑法典》的规定，属于立法上的一种分类。〔2〕我国的刑事立法并没有明确划分重罪和轻罪，"重罪不和解"和"轻罪和解"仅仅是理论上的分析探讨。依据我国《刑法》的规定兼顾刑事法律的协调性，笔者主张以可能判处的刑罚为标准区分重罪和轻罪。〔3〕以此为前提，可能判处的刑罚为3年以上（不含3年）

〔1〕上述三种观点分别参见：2008年1月10日至11日"刑事和解与刑事诉讼法完善研讨会"与会专家发言即"刑事和解实证研究观点撷录"，载《国家检察官学院学报》2009年第2期；张云鹏、路军："论刑事和解制度在中国的构建——刑事一体化的分析进路"，载《云南大学学报（法学版）》2009年第1期；樊崇义、王文生："关于刑事和解的若干问题探讨"，载《中国司法》2009年1期。

〔2〕卢建平、叶良芳："重罪轻罪的划分及其意义"，载《法学杂志》2005年第5期。

〔3〕在我国学界，关于重罪与轻罪的划分标准，主要有四种不同的观点：第一种观点认为，应以法定刑为依据区分轻罪与重罪；第二种观点认为，应以宣告刑为依据来认定；第三种观点认为，应以犯罪的性质来认定轻罪与重罪；第四种观点认为，对罪行轻重的认定应当综合考察行为人的罪过、主观恶性、人身危险性、社会危害性、情节等因素。参见黄开诚："我国刑法中轻罪与重罪若干问题研究"，载《现代法学杂志》2006年第2期。

有期徒刑的罪行为重罪，否则即为轻罪。〔1〕

其实，重罪和轻罪的划分仅仅是提供了认识犯罪社会危害性程度不同的一个途径。在符合刑事和解适用的基本条件的前提下，无论是重罪和轻罪，都具有被“和解”的可能性。理由主要是：①重罪之中也有明确、具体的被害人。适用刑事和解的基本条件之一就是存在明确、具体的被害人，因此在考虑对重罪允许加害人与被害人和解的情况下，被害人的存在是基本条件。而从刑法分则的规定来看，存在被害人的重罪是很广泛的，比如说侵犯公民人身权利和财产权利两章的犯罪即大多属于此种类型。②处理重罪的过程中被害人权利保障不到位的缺失同样会促使被害人产生和解的心理需求。重罪所产生的严重社会危害性以被害人所承受的巨大损失为表征，相比较轻罪来讲，重罪的被害人的合法利益更需要得到保障和救济（当然不排除特定情形下被害人只要求报复，不追究利益的补偿）。③轻罪和解与重罪和解的目的和正当性基础是相一致的。无论是轻罪和重罪，其根本目的都是为了实现对被害人利益的多元化救济，弥补传统刑事诉讼模式的不足。

除此之外，更为重要的是重罪和解并不会动摇国家公权力

---

〔1〕 笔者得出这一结论的理由在于：1997 年《刑法》第 72 条关于适用缓刑条件的规定以及 1996 年《刑事诉讼法》第 174 条关于适用简易程序条件的规定等，都将 3 年有期徒刑作为区别对待、做出不同处理的标准。此外，1998 年 9 月 2 日公布的《最高人民法院关于执行〈中华人民共和国刑事诉讼法〉若干问题的解释》第 1 条明确规定，现行刑法分则第 4 章和第 5 章规定的对被告人可能判处 3 年以下有期徒刑的案件，人民法院可以作为自诉案件直接受理。据此，如果要在我国划分轻罪与重罪，3 年有期徒刑是一个应当给予充分考虑的标准。当然，学界的观点并不一致。比如，有学者认为，鉴于我国整个刑罚设置偏高偏重的现状，可将应处 5 年有期徒刑作为重罪与轻罪的分水岭，即应处 5 年以上有期徒刑、无期徒刑或者死刑的犯罪为重罪，应处 5 年或者 5 年以下有期徒刑、拘役或者管制的犯罪为轻罪。参见卢建平、叶良芳：“重罪轻罪的划分及其意义”，载《法学杂志》2005 年第 5 期。

对严重犯罪的惩治和打击，即使其中涉及加害人、被害人、国家等多方法律主体，由于刑事和解并没有剥夺国家公权力刑罚裁量的主导性，因此不会把国家排除在犯罪治理的法律关系之外。其实，是否能够和解的重要区别不在于国家公权力内容的变化，而在于被害人在刑事诉讼过程中拥有了更多的话语权，这才是问题的根本所在。所以说，重罪和解同轻罪和解一样，在保障被害人利益方面具有十分重要的意义。

四、透过自首、立功制度看死刑案件中刑事和解的正当性

自首、立功制度在节约司法资源、降低司法运行成本、瓦解犯罪人、促进犯罪人积极改造和复归社会过程中所发挥的积极作用，使其作为我国刑法明文规定的法定量刑情节为公众广泛接受。无论在理论界还是司法实务界，人们关注的是如何利用自首、立功制度更好地发挥追诉犯罪人的积极功效，甚至是作为减少死刑适用的一个有利因素，而很少质疑自首、立功制度减免刑事责任的正当性。与之相反，加害人与被害人的和解在重罪案件尤其是死刑案件处理过程中所发挥的作用却为人所诟病。但是，在笔者看来，自首、立功与刑事和解具有一定的相似性。透过自首、立功制度的运行逻辑，也许可以更好地审视死刑案件中刑事和解的正当性。

1997 年《刑法》第 67 条规定，犯罪以后自动投案，如实供述自己罪行的，是自首。对于自首的犯罪分子，可以从轻或者减轻处罚。第 68 条规定，犯罪分子有揭发他人犯罪行为，查证属实的，或者提供重要线索，从而得以侦破其他案件等立功表现的，可以从轻或者减轻处罚。“犯罪人自首，一方面表明了人身危险性的极大减弱。另一方面客观上减少了国家司法投入，提高了司法效率。因此，犯罪人的这种表现理应使其享受到刑

法谦抑和宽容的对待。”〔1〕立功制度有利于分化瓦解犯罪人，有利于司法机关提高破案率，节约司法资源。有利于实现刑罚的一般预防和特别预防，体现了对正义行为的褒奖，符合罪责刑相适应原则，符合适用刑法平等原则等。〔2〕由此，自首和立功制度的设计初衷，更多的是从刑事政策的角度来考量其合理性和正当性。抛却该制度对司法效率和犯罪预防的影响，其对犯罪既存事实的影响和法益受损的弥补已无济于事，可以说自首、立功制度的建构更多的是着眼于未然之罪的防范和功利主义的需求。从内在构造来讲，自首、立功制度实质上是国家公权力摆脱被害人而同加害人进行的司法交易。当然，刑法明文规定两制度对刑罚裁量的影响是“可以”而非“应当”，这使得使国家在处理自首、立功制度时具有更大的主动性，而这一主动性的背后仍然是对加害人人身危险性和司法功利主义的双重考量。遵循这一逻辑分析死刑案件被“和解”的内在构造，一方面，不难看出以加害人与被害人的和解为内容的刑事和解并不必然使受到犯罪行为侵犯的法益恢复到犯罪前的状态，被害人的心灵创伤也无法恢复原样，但是，如同自首、立功制度一样，对刑事和解制度的建构更多的是出于刑事政策和功利主义的考虑，加害人与被害人的和解以加害人承认犯罪为前提，从而主观上有利于加害人积极认识犯罪的危害，真诚悔罪，使人身危险性减弱，客观上也减少了国家司法投入，提高了司法效率。另一方面，从制度的运行框架来看，自首、立功制度是国家公权力与加害人的单线交易，而刑事和解制度中参与和解的

〔1〕 姚华、衣家奇：“自首制度的立法完善与刑事政策分析”，载《人民检察》2006 年第 8 期。

〔2〕 林亚刚：“自首、立功若干规定的理念及反思”，载《法学评论》2005 年第 6 期。

主体则有加害人、被害人和国家公权力三方，从而更能保证利益平衡的全面和公正。从这个意义上讲，刑事和解制度具有自首、立功制度所没有的司法功效。如果后者的正当性是毋庸置疑的，那么刑事和解制度的存在和运行更应当被赋予正当性，即使在死刑案件中，也应当具有和自首、立功制度相同的法律地位。

也许有人会提出疑问，自首、立功制度的正当性还来源于国家公权力有权依据法律自主裁量加害人的刑罚，因为犯罪是加害人与国家统治阶级之间的斗争，而被害人在刑事诉讼中不具有相应的地位，也就不能主动与加害人达成和解并最终影响定罪量刑。笔者认为，即使不讨论被害人在诉讼程序中的地位，依照现有的法律规定由国家垄断刑罚权的行使，刑事和解也不会动摇国家司法的正当性根基，因为刑事和解的最终实现需要司法机关对加害人与被害人的和解加以审查并确定加害人的危险人格是否降低，并以此来确定和解对刑罚裁量的影响。所以，刑事和解与自首、立功一样是“可以”型的量刑情节。

近些年来，随着学界对死刑限制的关注，通过在刑法立法和司法中规定更为严格的死刑适用的一般标准与更为宽松的死缓适用标准，在立法上减少死刑罪名并严格限制具体犯罪死刑的适用规格，在司法实践中放宽死刑缓期两年执行的适用条件，就成为一个颇为可行的选择。〔1〕而在限制死刑、扩大死刑缓期两年执行适用的量刑情节的选择上，犯罪分子投案自首或者有立功表现的以及犯罪分子出于义愤而杀人等情况都被部分学者列为死刑判决中不是“必须立即执行”的情形。〔2〕与之相类

〔1〕　赵秉志主编：《刑法总则要论》，中国法制出版社2010年版，第563页。

〔2〕　段启俊、曹利民：“论死缓制度的立法完善”，载《法学杂志》2009年第12期。

似，将以加害人与被害人的和解为内容的刑事和解作为一个限制死刑适用抑或扩大死刑缓期两年执行适用的量刑情节加以对待，也是可行的。

五、结语

随着对死刑案件刑罚裁量认识的逐渐深入和刑罚人道化价值取向的愈发明确、强化，积极探索影响刑罚裁量的各种因素，全面、客观、公正地评价犯罪前后加害人的人身危险性和客观行为的危害性，做到正确定罪量刑，塑造公众对法律权威的信仰和推崇成为学界矢志不移的目标。死刑案件能否被“和解”这一问题正是在这一探索过程中被发现并挖掘出来的，观点的激辩和争鸣会有助于我们更加深刻地研究刑事和解在刑罚裁量尤其是在重罪量刑中的价值和功效。值得关注的是，2011 年 2 月 25 日通过的《中华人民共和国刑法修正案（八）》将坦白作为法定的量刑情节明确地加以规定。坦白，一般是指犯罪人被动归案后，如实交代自己被指控的犯罪事实的行为。根据该修正案第 8 条的规定，犯罪嫌疑人虽不具有自首情节，但是能够如实供述自己罪行的，可以从轻处罚。因其如实供述自己罪行，避免特别严重后果发生的，可以减轻处罚。由于与自首相比，坦白所蕴含的对司法效率的影响和功利主义色彩相对较弱，所以一直以来作为酌定量刑情节存在于司法实践当中。此次刑法修订将“坦白”升格为法定量刑情节，是立法者进一步落实坦白从宽的宽严相济刑事政策以及刑法人道化、科学化的体现。反映到可能判处死刑的案件中，加害人的坦白将会进一步提高限制死刑的可能性。坦白制度的刑法明文化为学者深入研究刑事和解制度对刑罚裁量的影响提供了良机，可以说无论是从人身危险性的变化和对紧张的社会关系的平复还是对国家司法资源的充分节约而言，刑事和解都不会逊色于加害人的坦白。所以，通过在现有制度体系中与相类似的制度进行比较，我们发现更应该善待死刑案件中的刑事和解制度。

第九章

死刑案件中的民事赔偿问题实证研究

——以2010年湖北省死刑案件中民事赔偿问题的统计为基础

一、死刑案件中适用民事赔偿的理论基础

（一）死刑案件中民事赔偿的含义

民事赔偿是平等民事主体之间的侵权行为引起的民事责任的承担方式，而犯罪是具有严重社会破坏性的活动，不仅破坏了社会秩序，也会给被害人造成了较大的物质损害。为此，我国在刑事诉讼中设立了刑事附带民事诉讼制度。我国 2018 年修订后的《刑事诉讼法》第 101 条规定，“被害人由于被告人的犯罪行为而遭受物质损失的，在刑事诉讼过程中，有权提起刑事附带民事诉讼。如果是国家财产、集体财产遭受损失的，人民检察院在提起公诉的时候，可以提起附带民事诉讼。”在死刑案件中，犯罪行为的社会危害性比一般犯罪更大，并且对被害人及其亲属造成的实际损害也很大。在提倡以人为本、保障人权的当今，随着“宽严相济”“严格控制和慎重适用死刑”政策的相继出台，被告人对被害人的民事赔偿情况已经逐步成为影响法官量刑的一个重要情节。所谓死刑案件中的民事赔偿，是指死刑案件的被告方对被害方积极进行赔偿，依法可以作为酌定量刑情节予以考虑。

（二）死刑案件中适用民事赔偿的依据

1. 文化依据

纵观我国上下五千年文明史，无论是普通民众还是统治阶级，受中国儒家思想影响均极为深远。“和谐、宽仁”的儒家核心思想，构成了我国传统文化的重要特征。从古到今，“家庭和谐、社会和谐”的思想在人们脑海中渗透极深。人们不喜欢诉讼，而是倾向私下和谈。而在中国传统死刑文化中，受儒家学说中“仁者爱人”的人道主义思想影响，主张“慎杀”“恤刑”。〔1〕当前，构建社会主义和谐社会更是深入人心，成为全民的奋斗目标。因而，对各种矛盾、纠纷的处理更加注重理性，更加重视矛盾、纠纷的调和、化解。在构建社会主义和谐社会的过程中，儒家和谐思想中“尊重他人，尊重群体”的观念得到进一步弘扬，强调以人为本，以诚信为重点，正确处理义和利的关系、竞争与合作的关系，着眼于构建稳定和谐的社会秩序，建立健全有利于保障社会公平的制度体系，使各种社会矛盾和问题在有序的状态下不断得解决，建立诚信友爱的和谐人际关系。这就为死刑案件中民事赔偿的适用提供了重要的文化依据。

2. 刑事理论支撑

近年来，被应用于诸多轻微刑事案件问题的解决的恢复性司法理论，为死刑案件民事赔偿的适用提供了重要的基础理论支撑。恢复性司法理论要求为各方提供参与对话和协商的机会。虽然恢复性司法理论主要是针对轻微刑事案件提出来的，但其依然为死刑案件中民事赔偿的适用提供了重要的理论依据。恢复性司法理论反对政府对犯罪行为的社会回应方面的权力独占，

---

〔1〕 高铭暄、张杰：“传统死刑文化对当代中国死刑立法的影响”，载赵秉志主编：《刑事法治发展研究报告》（2006—2007卷），中国人民公安大学出版社2008年版，第295页。

提倡被害人和社会对司法权的参与。[1]此外，以社会危害性和人身危险性为基础的量刑原则为死刑案件中民事赔偿的适用提供了现实的理论依据。因此，死刑案件中的被告人向被害方真诚道歉、表达悔意、被告方向被害方积极赔偿并取得被害方谅解后，被害方不仅获得了经济上的赔偿、减少了损失，同时在精神上获得了抚慰，社会矛盾得到深刻缓解，被告人对被害方和社会的损害因其犯罪后的赔偿行为而得到减轻，其社会危害性也因此而在某种程度上得以减少。同时，被告人真诚道歉和积极赔偿的行为，也正是其真诚悔罪的表现，表明其人身危险性的减少。因此，在死刑案件中，被害方基于被告人真诚悔罪、被告方积极赔偿而表达谅解后，被告人犯罪行为的社会危害性减轻、被告人的人身危险性减小，人民法院据此对被告人予以从轻处罚是合情合理合法的。

3. 司法文件依据

1999 年 10 月 27 日最高人民法院印发的《全国法院维护农村稳定刑事审判工作座谈会纪要》指出，“对于起诉到法院的坑农害农案件，要及时依法处理。对犯罪分子判处刑罚时，要注意尽最大可能挽回农民群众的损失。被告人积极赔偿损失的，可以考虑适当从轻处罚”。2000 年 12 月 13 日发布的《最高人民法院关于刑事附带民事诉讼范围问题的规定》第 4 条规定，“被告人已经赔偿被害人物质损失的，人民法院可以作为量刑情节予以考虑”。2004 年 6 月 21 日发布的《最高人民法院关于依法惩处生产销售伪劣食品、药品等严重破坏市场经济秩序犯罪的通知》第 3 条指出，“被告人和被告单位积极、主动赔偿受害人

---

〔1〕 向朝阳、马静华：“刑事和解的价值构造及中国模式的构建”，载《中国法学》2003 年第 6 期。

和受害单位损失的，可以酌情、适当从轻处罚”。2006 年 1 月 11 日发布的《最高人民法院关于审理未成年人刑事案件具体应用法律若干问题的解释》第 19 条第 2 款规定，“被告人对被害人物质损失的赔偿情况，可以作为量刑情节予以考虑”。2007 年 1 月 15 日颁布的《最高人民法院关于为构建社会主义和谐社会提供司法保障的若干意见》提出，要“严格执行‘保留死刑、严格控制死刑’的政策，对于具有法定从轻、减轻情节的，依法从轻或者减轻处罚，一般不判处死刑立即执行。对于因婚姻家庭、邻里纠纷等民间矛盾激化引发的案件，因被害方的过错行为引发的案件，案发后真诚悔罪并积极赔偿被害人损失的案件，应慎用死刑立即执行”。2007 年 9 月 13 日颁布的《最高人民法院关于进一步加强刑事审判工作的决定》指出，“贯彻执行‘保留死刑，严格控制死刑’的刑事政策。对于具有法定从轻、减轻情节的，依法从轻或者减轻处罚，一般不判处死刑立即执行。对于因婚姻家庭、邻里纠纷等民间矛盾激化引发的案件，因被害方的过错行为引起的案件，案发后真诚悔罪积极赔偿被害人经济损失的案件等具有酌定从轻情节的，应慎用死刑立即执行。注重发挥死缓制度既能够依法严惩犯罪又能够有效减少死刑执行的作用，凡是判处死刑可不立即执行的，一律判处死刑缓期二年执行。”2010 年 2 月 8 日发布的《最高人民法院关于贯彻宽严相济刑事政策的若干意见》第 23 条指出，“被告人案发后对被害人积极进行赔偿，并认罪、悔罪的，依法可以作为酌定量刑情节予以考虑。”此外，最高人民法院、最高人民检察院、公安部和司法部于 2007 年 3 月 9 日联合颁布的《关于进一步严格依法办案确保办理死刑案件质量的意见》明确要求“对死刑案件适用刑罚时，既要防止重罪轻判，也要防止轻罪重判，做到罪刑相当、罚当其罪、重罪重判、轻罪轻判、无罪不罚……

对具有酌定从宽处罚情节的也依法予以考虑。”上述司法文件均未将死刑案件排除在适用民事赔偿的刑事案件范围之外，甚至就民事赔偿在死刑案件中的适用提作出了明确规定。由此，这些司法文件为死刑案件中适用民事赔偿提供了司法依据。

（三）死刑案件中适用民事赔偿的现实价值

1. 贯彻落实我国死刑政策和宽严相济刑事政策的重要举措

尽管我国的现实国情决定了死刑的保留，但是，“严格控制和慎重适用死刑”，是我国现行的死刑政策，也是全社会应当努力的目标和追求。受长久以来重刑主义思想的影响及数千年封建历史的沉淀，“杀人偿命、同态复仇”的刑法报应观在广大民众中根深蒂固。不少人甚至认为，在严重刑事犯罪案件中只有适用死刑才能威慑犯罪，体现司法的公正。通过死刑案件中民事赔偿的适用，被告人向被害方真诚道歉并积极赔偿，在减少被害方物质损失、精神痛苦的同时，往往可以获得被害方某种程度上的谅解和宽恕，使其放弃要求判处被告人死刑的主张。而人民法院据此对被告人从轻判处刑罚，通常都能够得到被害方的理解和认可，并进而逐步得到广大民众的理解和认同，最终使案件得到圆满的解决，取得较好的社会效果和法律效果。死刑案件中民事赔偿的适用，不仅可以限制、减少死刑的适用，而且可以获得被害方和社会大众的理解，并促使其思考死刑案件背后的深层次问题，逐步转变民众的死刑价值观，为进一步限制、减少死刑适用创造条件。

2. 抚慰和救济被害方的最有效方式

由于死刑案件的被告人可能被判处死刑，被害方通过附带民事诉讼获得赔偿的可能性微乎其微。这样，死刑案件附带民事部分的判决就形同一纸空文。而我国尚没有建立起完善的刑事案件被害方国家补偿救济制度。由此导致的结果是，死刑案件中遭受极大物质损失和精神痛苦的被害方既无法获得被告方的真诚道歉，更无法获得民事赔偿。目前倡导实行的司法救助制度虽曾在一定范围内有效化解了社会矛盾，但用于救助的资金也是微乎其微，并不能从根本上解决问题，而且，司法救助制度也没有规范化。实践中，被害方遭受的往往是一个家庭经济支柱的损失。在无法获得民事赔偿情况下，其整个家庭生活的艰难可想而知。

死刑案件中被害方的悲惨处境不仅是个法律问题，更是个社会问题。实践经验表明，在一种期望判处死刑以外刑罚和向被害方谢罪的双重心理的作用下，被告人及其近亲属几乎都会竭尽全力寻求被害方的谅解，积极主动地为被害方提供民事赔偿。一些没有经济赔偿能力的被告方，甚至会四处筹措资金，尽量满足被害方的民事赔偿请求。这样，通过死刑案件中民事赔偿的适用，不仅使被害方获得了民事赔偿，而且使其精神上因被告人的真诚悔罪和道歉而得到极大抚慰。这无疑是现行司法制度下，对被害方利益保障的有效方式。

3. 实现社会效果与法律效果统一的最佳选择

实践中死刑案件的双方当事人尖锐对立甚至成为世仇的情况屡有出现。如何在办理死刑案件中化解双方的矛盾，达成谅解，修复被破坏的社会关系，促进社会和谐，实现法律效果和社会效果的统一，成为司法工作者面临的难题。而民事赔偿在死刑案件中的适用为此提供了一个最佳的选择。死刑案件中民事赔偿的适用，一方面促使被告人深刻反思自己的罪行，向被害方真诚道歉并积极赔偿。在取得被害方谅解并获得从轻判决后，被告方通常对被害方充满了歉疚和悔意，对社会充满了感激。而另一方面，被害方在获得民事赔偿和精神抚慰后，会对被告人给予一定的宽恕、谅解和同情。这样，在双方实现和解的同时，也消除了诸多的社会矛盾和隐患，实现了法律效果和社会效果的有效统一。

4. 化解“涉讼上访”压力的有效途径

在实践中，基于死刑控制力度的进一步加强和被害人权益保障机制的欠缺而导致被害方申诉、上访、闹访已属于常态现象。尤其是一些法院在作出判决时，不考虑被告人的赔偿能力盲目下判，而因被告人没有赔偿能力而导致执行不能，由此引发被害方向法院施加进一步的压力，造成法院工作陷入非常被动的局面。而如果做好民事赔偿工作，一方面可以通过该项工作向被害方就国家的死刑政策进行解释宣传，将其心中的怨恨予以释放和缓解，以消除他们的疑虑、困惑和不满。另一方面，积极引导被告人及其家属赔礼道歉、赔偿被害方的物质损失，从而最大限度地化解矛盾，达到案结事了的目的，以减轻法院所面临的“涉讼上访”的巨大压力。

（四）民事赔偿影响刑事责任的理论依据

1. 积极进行民事赔偿反映了被告人有一定的悔罪表现，表明其人身危险性有所降低，这是民事赔偿情节影响刑事责任的首要理论根据

在被告人积极进行民事赔偿的情况下，在对其裁量刑罚时考虑到这一情节，适当对被告人从宽处罚，不仅可有效地避免“空判”现象，有利于节约司法资源，而且也便于对被告人进行教育改造，使其认罪服法，预防其再犯罪，从而更好地实现刑罚的预防功能。正如德国刑法学家汉斯·海因里希·耶赛克和托马斯·魏根特曾精辟地指出的，行为人为损害赔偿和被害人和解所作的努力，使得犯罪的物质的或非物质的后果减轻，它基于不同的原因降低了处罚的必要性。首先，预防的刑罚需要被降低，行为人通过其赔偿的努力表明，其承认其罪责（和因

此被其以前违反的规范的社会有效性），以至于不需要用刑罚来证明规范的有效性。此外，自愿的损害赔偿还常常表明，就预防行为人继续犯罪目的而言，不需要对其施加持续的影响。再者，行为人通过损害赔偿的努力，对被害人予以补偿，这样事实上他已经将一部分刑罚服刑完毕。也就是说，由于行为人的损害赔偿努力，刑罚的多种目的已经实现，制裁可被减轻。〔1〕

2. 积极进行民事赔偿也在一定程度上减轻了犯罪行为对于社会的危害

从社会危害性的角度看，被告人对被害方予以赔偿，不仅仅是履行法律规定的义务，也是在积极弥补损失、减少犯罪的危害后果。就社会危害程度的衡量所考虑的因素而言，当然应当包括损失的大小、被害方实际受到影响的大小。虽然损害赔偿目前仅限于物质损失，但至少可以在客观上缓解犯罪造成的实际损害，这也意味着被告人所实施的犯罪行为的社会危害性在减缓。根据犯罪行为社会危害性的这种变化，在量刑时对被告人予以从宽处罚，正是贯彻罪责刑相适应的体现。

3. 积极进行民事赔偿具有重要的刑事政策意义

犯罪在形式上直接表现为犯罪人与被害人之间夹杂着严重情绪对立的一种社会冲突。刑事政策的任务就在于消解这种社会冲突，而其中的关键在于能否在犯罪人与被害人之间直接对立的利益冲突中寻找利益的平衡点。利益的平衡点，首先，表现在通过公正的刑事诉讼程序给予犯罪人应得的惩罚，使被害人的报复欲望和正义诉求通过公正程序以及适当的惩罚得到满足，从而缓解其复仇心理，强化其对法律的尊重和认同。其次，

〔1〕［德］汉斯·海因里希·耶赛克、托马斯·魏根特：《德国刑法教科书》，徐久生译，中国法制出版社 2001 年版，第 1068-1069 页。

利益的平衡点还应当表现在通过合理的刑事被害人赔偿机制，补偿被害方因犯罪而遭受的损害，从而给犯罪人一个直面悔罪、重新做人的机会。如果从立法上明确规定民事赔偿可以影响刑事责任，就可以充分保护被害人的合法权益，促进社会稳定。在司法实践中，经常遇到的难题是，犯罪行为致使一个家庭的经济支柱折损，由此导致小孩无钱读书、老人无人赡养。而犯罪人则往往是没有任何经济基础的年轻人。即使法院对被告人判处一定数额的刑事赔偿，一般也难以兑现。同时，由于犯罪人被判处死刑，被告人的亲属即使在经济上有条件、有能力，也不愿意帮助被告人履行赔偿义务。由此导致的结果是，判决的刑事部分被执行，而附带民事赔偿部分却沦为一纸空文，被害方只能依靠司法救助、民政部门一点微薄的补助或者乡邻的接济维持生活。这样，就造成了新的社会不和谐。如果法院对死刑案件的被告人保留其生命，并以此为契机促成被告人及其亲属给予被害方足额的经济赔偿，使幼有所养、老有所靠，则有利于维护社会的和谐与稳定。

二、关于 2010 年湖北省死刑案件中民事赔偿问题的统计分析

为更准确把握目前司法实践中民事赔偿与死刑适用的具体关系，笔者从实证分析的角度，对 2010 年湖北省涉及民事赔偿的死刑案件的相关情况进行了统计分析。现将统计分析情况综述如下：

（一）本次统计分析的基本情况

本次统计分析工作分为两部分，第一部分是通过查阅一、二审死刑案件裁判文书和卷宗的方式对湖北省 2010 年办理的死

死刑案件的有关情况进行统计、分析。这项工作的主要目的是掌握湖北省高级人民法院和各地中院在刑事审判实践中如何具体处理民事赔偿与死刑适用的关系。发回重审的案件因文书中不能反映民事赔偿与死刑适用的有关信息，故未纳入分析范围。共237件案件成为本次分析的对象。其中，故意杀人案、故意伤害案、抢劫案三类案件共206件，占总案件数的86.9%。

第二部分是通过面向湖北省高级人民法院和各中级人民法院承办死刑案件的法官发放调查问卷以及对湖北省部分中级人民法院刑庭法官进行面对面的探讨、交流而获取的材料数据进行分析统计。目的在于掌握湖北省各级法院在处理民事赔偿与死刑适用的问题上的具体做法和存在的现实问题等。在调研过程中共向湖北省各中院刑一庭寄送调查问卷100份，按期回收的有效问卷计82份。调研组共走访湖北省武汉市中级人民法院、黄石市中级人民法院等7个中级人民法院，调查对象涉及26人刑事法官。

（二）2010年湖北省死刑案件中民事赔偿问题的情况分析

1. 2010年湖北省死刑案件中的民事赔偿情况概述

就湖北省各中级人民法院2010年办理的死刑案件而言，主要涉及的犯罪类型为故意杀人罪、故意伤害罪、绑架罪、抢劫罪、强奸罪、毒品犯罪以及黑社会性质组织犯罪。由于毒品犯罪和黑社会性质组织犯罪一般不存在民事赔偿的问题，本章的统计分析主要以222件故意杀人罪、故意伤害罪、抢劫罪、绑架罪和强奸罪等案件为分析对象。

在上述222件案件中，被害方提出附带民事赔偿的案件共155件。一审判决中对民事赔偿部分的处理，可以分为三类：

第一，据实判赔（包括免予赔偿）。

即根据被告人的实际财产、收入状况、赔偿能力确定赔偿数额，赔偿多少就判多少，确实没有赔偿能力的，就判处免予赔偿。就这种从被告人的实际赔偿能力出发确定赔偿数额的处理方式而言，能确保判决的执行，避免民事赔偿部分成为空判。弊端在于，在被告人的赔偿能力较差的情况下（实际上多数案件中均是这样的情况），据实判赔的数字一般很低，这样就远不能弥补被害方的损失，造成被害方因对民事赔偿部分不服而长期上访、申诉。就判处免予赔偿案件的被害方而言更是如此。

第二，依法判赔。

即不考虑被告人的实际赔偿能力，完全参照有关法律和司法解释的规定确定赔偿的数额。以这种处理方式计算的赔偿数额一般比据实赔偿的数额大，这从表面上看更有利于保护被害方的利益，但其实也存在较大的弊端，即因判决确定的赔偿数额远远超出被告人的赔偿能力，判决不能得到执行，沦为空判，由此同样引起被害方的不满，造成长期的执行申诉、信访问题。且就依法判赔而言，各地中级人民法院掌握的标准也不一致，这突出表现在对死亡赔偿金的判处上。

第三，调解赔偿。

即被害方与被告方就民事赔偿的数额经过调解达成一致，被告方按照调解数额进行赔偿，被害方对被告人表示谅解，并请求法院对被告人予以从轻判决。后文将对这种赔偿方式做详细论述。

在湖北省各中院 2010 年办理的死刑案件中，据实判赔的案件共 76 件（其中判处免予赔偿的案件 36 件），依法判赔的案件 73 件，调解赔偿的案件 6 件。下文将分别对这些案件的一审、二审的赔偿情况和判决结果进行实证分析，以期探寻二者之间的关系。

2. 民事赔偿情况对一审死刑适用的影响

本部分通过对比几种主要涉及民事赔偿的案件的死刑适用率和不涉及民事赔偿的案件的死刑适用率的高低，来考察民事赔偿对一审死刑适用的影响。

首先，以一审的结果是否涉及民事赔偿为标准，纳入分析的全部案件可以分为涉及民事赔偿的案件和不涉及民事赔偿的案件两类。需要说明的是，就判决免予赔偿的案件而言，虽然案件的审理过程中涉及民事赔偿问题，但由于被害方没有得到赔偿。这样，其对于被害方的效果和不涉及民事赔偿的案件就没有实质区别。因此，笔者将判决免予赔偿的案件纳入不涉及民事赔偿的案件之列。具体而言，涉及民事赔偿的案件包括判决赔偿和调解赔偿两种情况，不涉及民事赔偿的案件则指判决免予赔偿的案件和被害方未提起附带民事赔偿请求的案件。

关于几种主要罪名的案件数量和判处死刑案件的数量情况，见下表：

案由	涉及赔偿		不涉及赔偿	
	案件数	判处死刑案件数	案件数	判处死刑案件数
绑架	3	1	5	2
故意杀人	58	28	71	56
故意伤害	30	8	12	7
抢劫	16	12	24	23
强奸	0	0	4	3

死刑适用率的计算方法为：死刑适用率=该类案件判决的死刑数÷该类案件总数。比如，绑架案涉及民事赔偿的数量为3。

在这3起案件中，一审判决死刑的案件数为1，则绑架案的死刑适用率为1÷3＝33.3%。按照这种计算方法，可以从上表分别计算出以上5类案件中涉及赔偿和不涉及赔偿的死刑适用率如下：

案由	涉及赔偿案件的死刑适用率	不涉及赔偿案件的死刑适用率
绑架	33.3%	40%
故意杀人	48.3%	78.9%
故意伤害	26.7%	58.3%
抢劫	75%	95.8%
强奸	0	75%

换成折线图如下图：

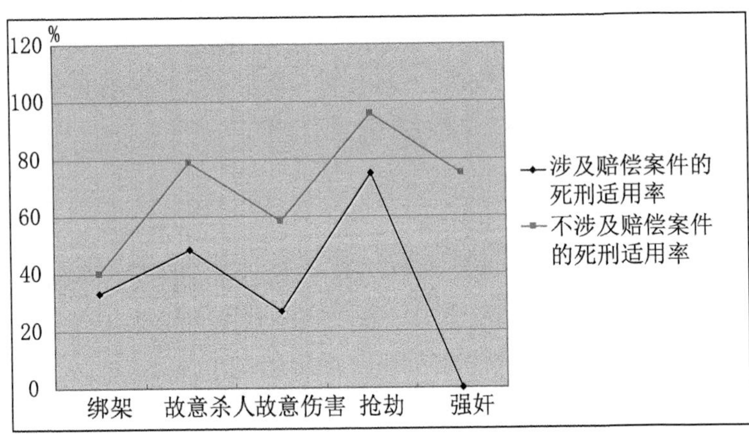

上图明显表明，在2010年湖北省各中级人民法院办理的常见的5类死刑案件中，涉及赔偿的案件的死刑适用率低于不涉及赔偿时的死刑适用率。换句话说，判决赔偿和双方达成调解协议的死刑适用率要低于判处免赔和没有附带民事赔偿诉讼的

案件，即有民事赔偿的案件适用死刑的概率低于没有民事赔偿的案件。上述分析如果成立，则意味着在湖北省各中级人民法院对死刑案件的审判实践中，已经把民事赔偿作为是否适用死刑的一个重要情节，判决赔偿和调解赔偿案件的死刑适用概率低于判处免赔和被害人未提出赔偿的案件。

3. 民事赔偿对二审死刑适用的影响

本部分内容通过对民事赔偿与二审改判情况之间的关系进行统计分析，探寻民事赔偿对于死刑适用的影响以及不同罪名的死刑判处情况与民事赔偿之间的关系。

（1）民事赔偿对一审判处死缓案件的二审结果的影响。

本部分通过对一审判处死缓、二审被改判的案件的改判原因分析，来考察民事赔偿与死缓刑适用的关系。

案由	改判原因		维持	合计
	赔偿谅解	其他原因		
故意杀人	2	0	43	45
故意伤害	2	0	24	26
抢劫	1	0	4	5

①因故意杀人罪被判死缓的案件45件，二审改判2件，改判原因均为积极赔偿受害方并获得谅解。

②因故意伤害罪被判死缓的案件26件，二审改判2件，改判原因均为积极赔偿受害方并获得谅解。

③因抢劫罪被判死缓的案件共5件，二审改判1件，改判原因均为积极赔偿受害方并获得谅解。

从以上数据可以看出，一审就故意伤害、故意杀人和抢劫案件判处死缓的，二审共改判5件，全部都是因积极赔偿并取得被害方谅解而改判。这说明湖北省高级人民法院在办理死缓案件时，把积极赔偿被害方并获得被害方谅解作为一个非常重要的量刑情节，民事赔偿很大程度上影响了死缓的适用。

（2）民事赔偿对一审死刑案件的二审结果的影响。

第一，改判原因的分析统计。

改判原因	案件数	占改判案件比例（%）
积极赔偿取得谅解	17	21
认罪悔罪积极赔偿、未谅解	14	17.3
自首、从犯等情节	11	13.6
纠纷引起、事出有因	7	8.6
其他刑事政策原因	32	39.5
合计	81	100

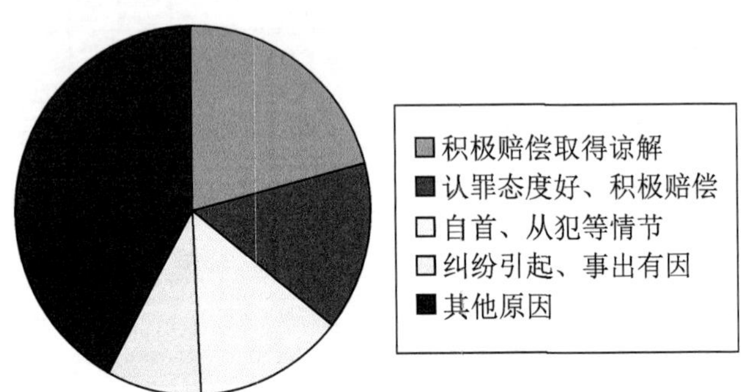

通过对2010年数据的统计，湖北省高级人民法院就一审法院所报送的死刑案件进行改判的案件共81件，改判原因主要归结为积极赔偿获得被害方谅解、事出有因、被害方过错、被告人认罪悔罪、有自首情节及证据原因等。此外，还有最高人民

法院基于刑事政策原因而未核准死刑的情况。因为在二审期间积极赔偿被害方而改判的案件占改判案件的38.3%（17件案件的二审中取得被害方谅解，14件案件的二审中未取得被害方谅解）。因自首、从犯等情节而改判的案件11件，占13.6%，基于事出有因、被害方过错等原因改判的案件7件，占8.6%，基于其他刑事政策原因改判的案件34件，占39.5%。

从以上数据可以看出，因为积极赔偿并取得被害方谅解而改判的比例最大，超过三分之一，这说明在湖北省高级人民法院的审判实践中，死刑案件的民事赔偿工作力度是较大的。这一方面是由于一审判处死刑后，给予被告人及其亲属的压力明显增大，另一方面也反映出一审法院在民事赔偿工作方面还有待进一步加大工作力度。

第二，从案件类型角度对死刑案件改判情况的分析。

案由	改判		维持	其他	合计
	积极赔偿	其他原因			
故意杀人	14	29	37	4	84
故意伤害	6	2	8	0	16
抢劫	5	5	20	0	30
合计	25	36	65	4	130

一是因故意杀人罪被判处死刑的案件共84件，二审改判的案件43件，改判率51.2%，其中因积极赔偿被害方而改判的案件14件，占32.6%。

二是因故意伤害罪被判处死刑的案件共16件，二审改判的案件8件，改判率50%，其中因积极赔偿被害方获得谅解而改判的案件6件，占75%。

三是因抢劫罪被判处死刑的案件共30件，二审改判的案件10件，改判率33.3%，其中因积极赔偿被害方获得谅解而改判的案件5件，占50%。

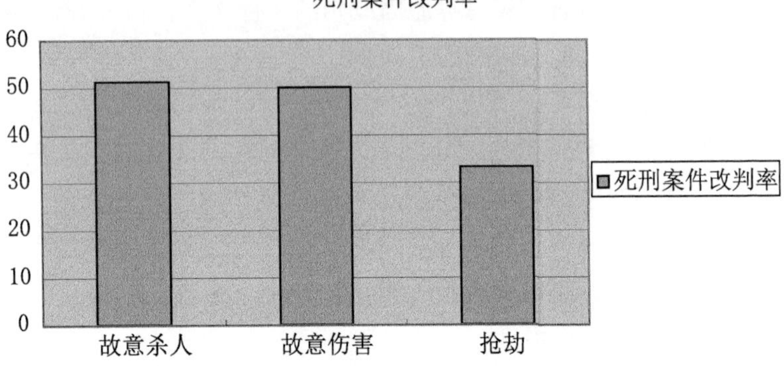

以上数据表明：一是故意杀人、故意伤害案的改判率较高，达50%，抢劫案的改判率相对较低，为33.3%（如上图示）。这说明，就故意杀人、故意伤害案件而言，二审进行调解、改判的可能性比抢劫案大。其中，多数故意杀人、故意伤害案件针对的是特定对象，或出于口角纠纷，或出于感情纠葛等，事出有因。这样，通过民事部分的调解，就使得刑事部分获得改判的可能性更大。而由于抢劫案针对的是不特定对象，社会危害性更大，调解成功率低，获得改判的比例也更低。二是因积极赔偿被害方获得谅解而由死刑立即执行改判死缓的案件共计25件，占全部改判案件65件的38.5%。据此，由于积极赔偿获得被害方谅解而得到改判的死刑案件占全部死刑改判案件三分之一多。这说明湖北省高级人民法院在死刑案件的审判实践中很大程度上将被告人是否积极赔偿并获得被害方谅解作为一个重要的量刑情节加以考虑。

第三，民事赔偿对死刑二审案件的影响程度分析。

一是民事赔偿对二审改判幅度的影响分析。本部分针对基于民事赔偿而对被告人进行从轻处罚后其改判幅度的具体情况及相比其他情节而改判的对比情况进行分析，探究民事赔偿对于死刑案件二审改判幅度的影响。

死刑案件二审改判原因与改判结果

改判原因	改判结果		
	死缓	无期	有期徒刑
积极赔偿取得谅解	13	2	2（均为15年）
认罪悔罪积极赔偿、未谅解	14	0	0
自首、从犯等情节	11	0	0
纠纷引起、事出有因	7	0	0
其他刑事政策原因	32	0	0

从上表反映的二审改判结果看，在基于积极赔偿被害方并获得谅解而改判的17件案件中，有13件改为死缓，2件改为无期徒刑，2件改为有期徒刑（均为15年）。基于其他原因改判的，改判结果均为死缓，没有改判无期徒刑或有期徒刑的情况，改判幅度低于基于民事赔偿而改判的案件。以上结果表明，民事赔偿对死刑案件二审改判幅度的影响大于其他因素。

二是被害方谅解情况对二审结果的影响分析。本部分在对被告方积极赔偿的案件按照被害方是否谅解进行分类的基础上，分别考察二审结果，以期考察被害方谅解与二审结果之间的关系。

被害方谅解情况	案件数	二审结果	
		改判	维持
不予谅解的	18	14	4
予以谅解	14	14	0

从上表可以看出，在被害方不予谅解的 18 件案件中，有 14 件得到改判，4 件维持一审判决。而就被害方谅解的 14 件案件而言，则全部获得改判，对被告人判处的刑罚减为死缓、无期徒刑，甚至还有两件改为 15 年有期徒刑。这说明在湖北省的死刑案件审理中，被害方的谅解对于被告人的量刑起着非常重要的作用，即只要谅解，都予以从轻处理。而即使被害方不予谅解，只要被告人有赔偿，大部分都予以改判，但改判结果只能到死缓，就幅度而言没有被害方谅解时的幅度大。

4. 小结

上述统计说明，在湖北省两级人民法院办理死刑案件时，民事赔偿都对死刑适用产生了重要影响：就各中级人民法院而言，民事赔偿事实上已经成为其决定是否适用死刑的重要量刑情节。湖北省高级人民法院把是否积极赔偿被害方并取得被害方谅解作为能否改判的重要原因。就针对特定对象的故意杀人、故意伤害案件而言，只要不是手段特别残忍、后果特别严重、被害方反应特别强烈，一般都可以因为积极赔偿被害方并取得谅解而得到改判。但就针对不特定对象的严重暴力犯罪而言，达成调解获得改判的比例较低。同时，在仅有积极赔偿的表现而未获得被害方谅解的情况下，被告人不一定能得到改判结果。这说明被害方的意愿对于死刑案件的处理结果的影响是较大的。

（三）问卷调查结果和座谈情况的汇总分析

1. 问卷调查的统计分析情况

笔者对湖北省16个中级人民法院刑一庭发送的调查问卷的内容涵盖了目前死刑案件审理中民事赔偿适用的主要问题。统计分析如下：

（1）关于民事赔偿标准。

关于目前就死刑案件中民事赔偿的判赔标准，58名被调查对象选择民事赔偿的标准是统一的，占70.7%，24名被调查对象选择民事赔偿的标准不统一，占29.3%。统计结果说明，在湖北省各中级人民法院的审判实践中，对民事赔偿标准的把握并不完全统一。

（2）“死亡赔偿金”的赔偿规定在审判实践中的把握。

49名被调查对象选择不好把握，占59.7%；33名被调查对象选择好把握。49名被调查对象选择取消“死亡赔偿金”的赔偿规定，33名被调查对象选择继续保留“死亡赔偿金”的赔偿规定。这组数字说明各中级人民法院办理死刑案件的法官对审判实践中“死亡赔偿金”的认识并不统一，对其存废的分歧较大。

（3）关于死刑案件的调解率。

62名被调查对象认为目前死刑案件的民事调解成功率低或者较低，只有20名被调查对象认为民事赔偿达成调解协议的成功率较高，选择成功率高的被调查对象为0。这说明死刑案件的调解工作难度是较大的。

（4）在办理刑事附带民事调解案件中，双方当事人的意愿。

占68.4%的56名被调查对象认为被告人愿意调解，只有7.9%的被调查对象认为被告人不愿意调解。在被害方亲属方面，被调查对象选择其办理案件中一般愿意调解的比例为42.1%，选择不愿意调解的比例为36.8%。由此说明，在死刑案件的办理过程中，在多数时候，被告方是愿意调解的，而被害方亲属方面的情况较为复杂。

（5）在办理刑事附带民事调解案件中遇到的困难。

被调查对象中认为调解工作中最棘手的问题是被告人没有赔偿能力的，共计70名，占92.1%的。认为是被害方提出的赔偿数额过高的，共计35名，占39.5%。由此说明，被告人没有赔偿能力已经成为死刑案件民事调解过程中的最大难题。为解决这个难题，有25名被调查人明确建议我国应尽快建立对于死刑案件被害方的专项救济制度。

（6）预收的民事赔偿款的管理。

被调查对象均表明由院、庭统一收、付，而没有选择由承办人收、付。这说明湖北省各中级人民法院在民事赔偿款的管理上是较为规范的。

（7）民事赔偿与刑罚适用之间的相互关系。

占45%的37名被调查对象认为二者之间必须建立关联关系，占55%的45名被调查对象认为要根据案情而定，认为二者之间不应该发生关联关系的比例为0。这说明被调查对象均认可民事赔偿与刑罚适用之间的关联关系，多数被调查对象认为就关联情况而言应视具体案情而定。

（8）民事调解工作中是否将民事赔偿与量刑的关系向被告人、被告人家属及被害方讲明。

58名被调查对象选择在调解中将民事赔偿与量刑的关系向被告人、被告人家属及被害方讲明，比例为71%。24名被调查对象认为在调解中将民事赔偿与量刑的关系向被告人、被告人家属及被害方讲明，比例为29%。这说明被调查对象在对民事赔偿的性质和认同上是存在差异的。

(9) 民事赔偿是否应该作为量刑情节写入刑法条文中。

不应当把民事赔偿作为法定情节的被调查对象25名，占31.6%，51名被调查对象认为应当把民事赔偿作为法定情节，占63.2%。以上数据可看出，多数被调查对象认为应当把民事赔偿情况作为量刑情节写入刑法条文。

(10) 民事部分与刑事部分的审理是否应该分开。

25名被调查对象认为民事部分与刑事部分的审理应当分开，占31%，57名被调查对象则认为不应当分开，占69%。这说明被调查对象对于民事赔偿与刑事裁判结果之间的关系有较大的不同认识。

(11) 哪类案件的赔偿工作力度更大。

被调查对象均选择对因婚姻家庭、民间矛盾等纠纷引发的案件应加大赔偿工作力度，而对于有法定从重情节以及针对不特定对象的抢劫、绑架等犯罪则没有选择主动做赔偿工作。

(12) 推行民事赔偿工作的前提条件。

被调查对象主要填写的是案件事实清楚、证据确实充分、参与民事调解的主体要适格及双方要自愿、平等和被告人须认罪、悔罪等条件。

2. 座谈情况汇总

在与湖北省部分中级人民法院刑一庭法官的个别访谈和集体座谈中，谈论的话题更多地集中在对目前死刑案件民事赔偿工作的认识以及具体工作方式和遇到的困难上。

(1) 对民事赔偿工作的基本认识。

被调查对象基本上都认同发挥民事赔偿在限制死刑中的作用，且应明确死刑案件的可调解范围。对于手段特别残忍、后果特别严重、影响特别恶劣的案件，死刑当判则判，法官不应主动做民事调解工作，以免给人留下“以钱买命”的嫌疑，损害司法形象。对于事出有因的、不是非杀不可的，则可以做调解工作，审慎适用死刑。但是，在座谈中，笔者也发现法官们在死刑案件中适用民事赔偿时过多地围绕赔偿数额进行协商，而对被告人是否真诚悔罪以及悔罪的程度和方式则很少予以关注，因而缺少恢复当事人之间良性关系的努力。

（2）目前开展民事赔偿工作的主要方式。

根据座谈情况的材料汇总，目前死刑案件的民事赔偿工作主要都是由承办法官来履行组织、监督、审查、确认的职能，同时律师在死刑案件民事调解中的重要作用也日益显现。此外，法官也会通过当事人的亲友、基层组织代表、具备专业知识的调解人等来协助进行调解工作。如果遇到特别复杂、矛盾尖锐的案件，也会及时地向当地党委、政府通报相关情况，以取得党委、政府的支持与配合，利用地方政府的群众基础开展刑事调解工作。至于赔偿数额，一般都是以当事人双方基于具体履行能力进行协商得出的具体数额来确定的。

（3）民事赔偿工作中遇到的主要困难。

根据座谈情况，多数法官表示，在死刑案件中推行民事赔偿工作有以下几方面的困难：

其一，法律及司法解释的规定缺乏可操作性。对于死刑案件进行民事赔偿工作缺乏规范性及程序性的规定，导致个别法官在调解过程中随意性很大，而且也容易产生走过场、敷衍行事的情况。

其二，在死刑案件的审判实践中，被害方提出的民事赔偿请求的数额一般都较高，而对于被告人来说，家境普遍贫穷。这样，被告人一方有限的赔偿能力与原告人一方过高的赔偿数额要求之间的矛盾就显得十分突出，这严重影响和制约了附带民事诉讼调解工作的开展。

其三，案件审限对民事赔偿工作时间的制约和影响较大。民事赔偿问题的审理期限被统一纳入刑事案件的审理期限中。而受各种因素的影响，死刑案件的赔偿工作的难度较大，时效性很难准确把握。随着各级法院对于审限的要求日益严格，法官们也不会为民事赔偿工作而占用所有的审理时间，否则就会因超审限而面临违法的问题。这会影响到民事赔偿工作的顺利进行。

其四，对于被告人具有从轻处罚情节，依法不应当判处死刑的案件，如果被告人及其亲属不能有效赔偿被害方，被害方的反应会非常强烈，稳控工作难度很大。而且，自最高人民法院收回死刑核准权以来，随着死刑严格控制力度的加强，社会对当今死刑政策的认识也逐步加深，导致一些被告人及其亲属知道依据目前的刑事政策判不了死刑。所以，即使有一定能力，也不拿钱出来予以赔偿，由此将案件的压力完全推向法院。

三、湖北省内人民法院审理死刑案件时在民事赔偿工作中的主要做法

（一）死刑案件中民事赔偿工作的适用范围分析

1. 不适用民事赔偿的死刑案件的范围分析

民事赔偿与死刑适用之间的关系极为敏感。社会大众对于通过民事赔偿而对被告人予以从轻处罚的做法多有争议，死刑案件的社会关注度也很高。因此，在必须把握好民事赔偿与死刑适用之间的平衡，且必须坚守刑事司法正义的底线，对于应该判处死刑立即执行的被告人，不能因为赔偿能力的具备而从轻处理。各地法院也基本上遵循了上述原则，对于以下几类死刑案件没有就民事赔偿做调解工作或基于有民事赔偿而予以从轻处理。

（1）侵犯国家利益、公共利益的死刑案件。

从调研的案件类型来看，做了赔偿工作的案件都集中于侵犯公民人身权利、民主权利犯罪和侵犯财产型犯罪中，对于侵犯国家利益、公共利益，具有严重社会危害性的案件，如危害国家安全的案件，蓄意报复社会、造成不特定多数人的死亡的危害公共安全的案件，则没有做赔偿工作的情况。这是因为，侵犯国家利益、公共利益，具有严重社会危害性的案件往往针对的是不特定的多数人，即使有具体的被害人遭受损失，也不能由其代表国家、社会以及其他的被害人与被告人进行和解。

（2）其他罪行极其严重的死刑案件。

在排除了侵犯国家利益、公共利益的案件类型之后，对于侵犯公民人身权利、民主权利犯罪和侵犯财产型犯罪中，罪行极其恶劣，后果极其严重，犯罪分子的主观恶性和人身危险性特别大的案件，各级法院从保障刑罚的惩罚和威慑功能的角度出发，也未进行民事赔偿工作。通过对抽样调研的案件的分析，各级法院基本上将以下几类案件作为罪行极其严重的死刑案件进行把握：一是非因婚姻家庭情感纠纷、邻里矛盾及其他民间纠纷引发的，针对不特定对象的故意杀人、故意伤害案件；二是动机极端卑劣、手段极其残忍的案件，如雇凶杀人，杀害孕妇、儿童、执法人员，在公共场所行凶杀人，杀人后分尸、焚尸，杀害 2 人以上的，滥杀无辜等；三是属于严重暴力犯罪的累犯，或多次实施犯罪的，主观恶性很大，有法定或酌定从重情节的犯罪分子；四是，虽因纠纷引发，但作案手段恶劣，民愤极大的案件。

2. 适用民事赔偿以控制死刑的几种情形

（1）婚姻家庭、邻里纠纷引发的案件。

基于最高人民法院关于死刑案件的适用精神和政策指导，

各级法院对于因恋爱、婚姻、家庭、邻里纠纷等民间矛盾激化引发的犯罪，因劳动纠纷、管理失当等原因引发，犯罪动机不属恶劣的犯罪，因被害方过错或者基于义愤引发的、具有防卫因素的突发性犯罪，均加强民事赔偿工作，并将其贯穿于审判工作的始终。从抽样调查的案件类型来看，所有上述案件都有民事赔偿方面的工作记录。但是，也不排除对个别案件，出于防止被害人闹访、稳控社会的需要，不适宜做赔偿工作，而判处死刑的情况。但要明确的是，这种情况是比较特殊的，一般涉及的是在当地社会、舆论上造成重大影响的案件。

（2）基于证据原因应留有余地的死刑案件。

死刑涉及生命权的剥夺，是最严重的刑罚，其判决具有不可逆转性，因此，对于死刑案件必须适用最高的证明标准。就有些死刑案件而言，虽然可以定案，但是，因达不到判处死刑立即执行的证据标准，而应留有余地而不宜判处死刑立即执行，如共同犯罪案件中的部分犯罪嫌疑人在逃，依据现有证据不能排除所有疑点，或者缺少客观证据，主要依据被告人口供和证人证言等言词证据定案的。就这类案件而言，按照证据标准不能判处死刑立即执行。而如果赔偿不到位，非常容易出现后续的上访、缠访等问题。因此，需要做民事赔偿工作。

（3）有法定或酌定从轻情节的死刑案件。

具有法定或酌定从轻情节的死刑案件主要是被害人具有过错或对矛盾激化负有直接责任、有自首、立功等情节、犯罪时刚满18周岁等。对于这类案件，目前各级法院逐步统一到最高人民法院的要求上来，对有法定从轻情节的案件都予以考虑改判死缓，有酌定从轻情节的则尽量考虑从轻，该兑现政策的还是要兑现政策，要依法予以从宽处理，在此基础上做民事赔偿工作。如果因为迫于被害人的压力、民事调解工作难以成功进行而不兑现政策，就会导致被告人丧失对国家法律的基本信任。目前，仍有一些中级人民法院在处理类似案件时，往往从规避被害方缠访、闹访的角度，没有兑现政策的要求。对于既具有法定从轻处罚情节，又具有法定从重处罚情节的案件，则应当综合衡量影响量刑的各种因素，审慎适用死刑立即执行。

3. 不主动做民事赔偿工作的案件范围

不宜主动做赔偿工作的案件，主要是指在原则上并不属于应进行调解的死刑案件范围，但是由于案件的具体情况，如被告人的年龄、被害人的家庭经济状况等，如果被告人家属主动努力争取被害方的谅解，双方真实意愿达成和解的，法官经过通盘考虑，可以予以允许，并在对被告人量刑时酌情处理。比如被告人曹某抢劫案，曹某入室盗窃的过程中将被害人惊醒，欲逃脱时，持刀杀死一人、轻伤一人，一审的时候被判处死刑。本案属于抢劫杀人的恶性刑事案件，曹某是累犯，入室抢劫，针对不特定对象实施犯罪，并致一人死亡，一人轻伤（偏重），原则上并不属于应进行民事调解的死刑案件范围。但被告人的家属多次表达了强烈的赔偿要求，被害方也愿意就赔偿问题进行调解，且被告人才年满18周岁，前罪亦是16岁时实施。考虑到这些因素，法院虽然没有主动做民事调解工作，但是对于被告方与被害方自行达成的调解协议表示了认可，并改判曹某死缓。

（二）民事赔偿影响死刑案件刑罚适用的条件

1. 案件事实清楚、证据确实充分

就死刑案件的证明标准而言，要求必须达到“案件事实清楚，证据确实、充分”的程度，具有排他性和唯一性。被告人是否认罪、积极赔偿而真诚悔罪也必须建立在查清案件事实的基础上。如果案件的事实和证据都没有弄清楚，其他的工作也就无从谈起。

2. 参与民事调解的主体要适格

参与民事调解的被告方和被害方应该具备主体资格。作为参与调解的被告方而言，主体比较宽泛，只要是能够代表被告人表达意愿，或者愿意为被告人履行义务的人，都可以进入民事调解程序，包括被告人的亲属、律师和朋友，乃至所在单位。被害方主要是指与被害人有特定身份关系并间接遭受了犯罪侵害的人，包括被害人的直系亲属、配偶，由被害人抚养、赡养的人，抚养、赡养被害人的人，被害人的监护人、继承人等。在司法实践中，被害人的朋友以及非直系亲属也常常会在民事调解过程中为被害方出谋划策，他们有建议的权利，但是不能代替被害方行使调解权利，更不能左右或代替被害方的意志。

3. 民事调解要遵循双方自愿、平等的原则

被害方与被告方就民事调解协议的达成必须建立在双方自愿平等的基础之上，因为调解协议的实质是双方的合议过程，决定权在于双方。基于“保命”的动机驱使，被告方一般在民事调解过程中都表现得非常主动。而为了维护被害人的利益，并促使被告人悔过自新，法官也会在司法实践中根据具体情况，鼓励被告方向被害方发出和解的要约，并在被害方同意后进一步促成调解协议的达成。在这个过程中，双方的意志应该是独立的，不能有威胁、经济利诱等不法因素干扰。法官也不能滥用自由裁量权而错误地进行调解。被害方在死刑案件的民事调解过程中一般处于主导地位。从利益考量最大化的角度，有的利用被告方希望“保命”的心理，而提出无理的赔偿要求。被告方迫于形势可能会暂予接受，但其内心的抵触和愤怒则会悄然萌发，从而可能引发新的社会矛盾。而对于被告方来说，同样也可能利用被害方的弱势地位，对其威胁、引诱以达成谅解

协议。这样，被害方的利益非但没有得到恢复，而且利用调解对人格创伤进行抚慰的愿望也无法达成。

4. 被告人须认罪、悔罪，有赔偿的真实意思表示

被告人必须对自己所犯的罪行真心悔悟，认识到自己犯罪行为的危害性及对被害人造成的伤害，并以自己的行动来尽量弥补被害方的损失，以达到犯罪预防的目的。在抽样调研的案件中，笔者发现有些案件的事实、证据均没有问题，但是被告人仍然不认罪、悔罪。虽然案件从性质上看属于可以做民事调解的案件的范畴，但鉴于被告人的认罪态度，被害方反响强烈，这样就并没有进行民事调解的基础。法官由此认为，这类被告人的人身危险性依然是很大程度的。对于被告人及其家属自恃经济条件较好，与被害方或者法院讲条件，被告人并非真心悔罪，并没有通过道歉取得被害方谅解的诚意的，即使被告人的家属愿意代其进行赔偿，被害方表示愿意接受赔偿，并同意对被告人予以从轻处罚的，也不适宜做调解工作。比如，就因民间纠纷引发的案件而言，被告人虽认罪却不悔罪，认为被害人该杀，毫无愧疚的情形。就这种案件而言，如果进行赔偿工作，社会效果和法律效果就并不理想。

（三）死刑案件中民事赔偿工作的主要做法

关于民事赔偿工作的具体做法，《最高人民法院关于贯彻宽严相济刑事政策的若干意见》第 41 条规定，“要尽可能把握一切有利于附带民事诉讼调解结案的积极因素，多做促进当事人双方和解的辨法析理工作，以更好地落实宽严相济刑事政策，努力做到案结事了。要充分发挥被告人、被害人所在单位、社区基层组织、辩护人、诉讼代理人和近亲属在附带民事诉讼调解工作中的积极作用，协调各方共同做好促进调解工作，尽可能通过调解达成民事赔偿协议并以此取得被害人及其家属对被

告人的谅解，化解矛盾，促进社会和谐。”根据笔者对湖北省两级人民法院就死刑案件中民事赔偿工作的走访调查，工作方式主要有以下几种：

1. 法官引导原则

目前，死刑案件的民事赔偿调解工作主要都是由承办法官来履行组织、监督、审查、确认的职能。一方面，由承办法官代表公权力一方就民事赔偿问题进行调解，有其独特优势。当事人出于信赖法院的角度，对法院审判人员调解这种方式更能接受。另一方面，承办法官阅读卷宗，了解案件具体情况，在调解工作中能够有针对性地进行劝说，更容易达到调解目的。承办法官一般是向被告方和被害方询问民事调解的意向，尤其是向被害人家属解释民事调解工作，使其充分了解调解的性质、程序，引导当事人双方从利益得失、处理结果等几个方面进行考虑，使当事人双方充分认识调解的益处，然后再进行后续的调解、协议审查等工作。

2. 当事人双方自行协商原则

最高人民法院收回死刑核准权后，通过民事赔偿来达成和解以控制死刑适用的做法也逐渐扩展到民众意识中来。有部分案件的被告人亲属在案发后就主动找被害方表达歉意及赔偿的意向，从而通过自行协商达成民事调解协议。对于这类情况，合议庭对案件事实进行审查后，如果认为属于可进行民事调解的案件的范围，一般都会予以认可，并通过对双方当事人达成的调解协议进行审查，确保调解协议确定的赔偿款的支付到位，并允许被害方撤回附带民事诉讼，出具请求法院对被告人予以从轻处理的谅解书。

3. 律师等中间人及社会力量的介入

中间人的范围十分广泛，包括律师、当事人的亲友、基层组织代表、具备专业知识调解人等，而律师在死刑案件的民事调解中的重要作用日益显现。由于律师具有专业的法律知识和技能，具备当事人予以信任的基础，对案情了解充分，明确争议焦点，能准确把握当事人的主要目的，所以，由律师在当事人之间居间调停是非常具有优势的。此外，当事人双方的亲戚和熟人等也可以居中调解。虽然他们就刑事附带民事诉讼调解的提起、内容本身没有决定和发言的权利，但是可以站在不同的立场对当事人进行劝说以促成调解的达成，特别是被害人一方的工作由他们协助，被害人出于对其的信任更容易接受意见。在某些情况下，由他们进行劝说的效果比法官、律师等进行劝说的效果更为突出。

4. 充分依靠当地党委政府

就死刑案件而言，有相当部分都集中在农村地区。当地党委、政府一方面在地方具有权威性，另一方面也更了解民意和社会动态，能够提出更具针对性的举措和对策，具有更好的化解矛盾的能力和条件。就法官很难完成民事赔偿调解工作的案件而言，如果及时向当地党委、政府通报相关情况，能够取得党委、政府的支持与配合，利用地方政府的群众基础开展调解工作，对于成功化解社会矛盾、促进社会和谐稳定而言是有极大价值的。

5. 主动接受检察机关的监督

检察机关作为国家公诉机关，代表国家对犯罪进行公诉。如果被告方与被害方就民事赔偿通过调解达成协议，进而影响刑事部分的处理，检察机关是不应当袖手旁观的。法院邀请检察机关参与监督调解协议及协议履行情况的审查，亦属于主动接受对审判权的法律监督。如果系庭前达成调解协议，在庭审中都会就该协议进行质证。如果庭审后达成调解协议，一般都不会再在庭上进行质证，而是送达检察机关，征求其对调解协议的意见。

（四）民事赔偿情况的审查及对刑事裁判结果的影响

1. 民事赔偿情况的审查

双方当事人就赔偿问题达成的协议，虽然只是针对民事部分，但是在实践中也会与刑事部分的处理挂钩。通过查阅部分调解协议，发现其中一般都会载明被告人向原告赔偿的数额、方式以及原告同意向法院要求撤回对该被告人的附带民事诉讼，并要求法院在对被告人量刑时酌情考虑等内容。法院对调解协议进行审查的重点是当事人双方是否自愿协商，协议内容是否合法，是否违反公序良俗等问题。对双方自行达成的协议，还要审查是否符合刑事和解的案件范围。如果不符合条件的，如罪行极其严重，案件并非属可调解范围之内的，或调解中存在强制、威胁手段的，应当否认此调解协议的效力，不予采纳。

协议书中必须明确的内容是“犯罪人已获得被害人家属的真心谅解，被害人家属请求法院对被告人予以从轻处罚”。但是，有的协议中还写有“如若判处死刑，或二审未改判为死刑缓期二年执行，则如数退还款项”之类的字样，这是不妥当的。通过审查后，如果法院认可该协议，通常以刑事判决书的形式将一审判处的死刑立即执行改判为死缓或无期徒刑，

至于赔偿数额，在不同的案件、不同的地域，标准是不统一的，事实上也没有必要规定统一标准。一般都是当事人双方基于具体履行能力进行协商得出具体数额。就赔偿数额而言，只要被害方的要求不违法，被告方又能承受，就是可以确认的。赔款方式以现金形式的赔偿为主，可以是一次性支付，也可以是暂缓赔偿、分期赔偿，这样就使得对暂时无力赔偿的加害人也可以适用调解程序。比如被告人陈某故意杀人一案，当事人

双方约定共赔偿 12 万元，被告方先赔偿 8.1 万元，剩余的 3.9 万元分 3 年付清，而且就余款而言由当事人自行执行。也有个别案件的赔偿采取的是赔偿房产等形式。比如被告人吕某故意杀人一案，双方当事人自愿达成协议：被害方庄某自愿接受被告人吕某位于 XX 市 XX 开发区编号为 X1XXX6 地块上的 XX 小区 A 栋 X 层 X 号商品房一套作为经济损失的赔偿；被害方自愿到相关部门办理按揭余款缴费、更名、过户手续，并承担由此产生的全部费用。

2. 民事赔偿对刑事裁判结果的影响

就民事赔偿对于刑事裁判结果的影响而言，《最高人民法院关于刑事附带民事诉讼范围的规定》第 4 条规定，被告人已经赔偿被害人物质损失的，人民法院可以作为量刑情节予以考虑。《最高人民法院关于贯彻宽严相济刑事政策的若干意见》第 23 条中规定，被告人案发后对被害人积极进行赔偿，并认罪、悔罪的，依法可以作为酌定量刑情节予以考虑。因婚姻家庭等民间纠纷激化引发的犯罪，被害人及其亲属对被告人表示谅解的，应当作为酌定量刑情节予以考虑。应该说，上述规定对于死刑案件中民事赔偿的处理要求并不是十分明确具体。因此，就民事赔偿对于死刑裁判的影响而言，在不同法院也并不一致。根据抽样调研的案件来看，关于民事赔偿对于死刑裁判结果的具体影响，主要区分为以下几种情况：

第一，对于侵害不特定公众、严重危害社会治安、严重影响人民群众安全感的暴力犯罪，即使被告人及其亲属做了民事赔偿并由此得到被害方的谅解，也未就此而不判处死刑。对于这类案件，既要坚持刑事部分依法从严惩处，也要民事部分依法予以赔偿。

第二，对于可进行调解工作的案件而言，如果被告人及其亲属具有充分的赔偿能力，通过刑事附带民事部分的调解工作，双方当事人达成调解协议，均会从轻处罚，由死刑立即执行改判为死缓刑或无期徒刑。但是，也有一些案件，一审的时候并没有全面充分地考虑相关从轻情节，因而量刑偏重的，二审改判从轻的幅度会更大。比如被告人华某故意杀人案和被告人李某故意杀人案，一审时均判处死刑，但经二审审理后，认为案件中的被害人均存在过错，且华某还有自首情节应予以认定。经二审做好民事调解工作，均改判为有期徒刑15年。对于由中间人介入或双方当事人自行私下达成的调解协议，由于法院就案件的民事调解过程并不清楚，因此会认真审查调解协议和谅解书，并进行必要的调查。如果符合法律规定，属于可进行民事调解的死刑案件的范围，也可以进行酌情从轻处理。

第三，被告人及其亲属虽然表达了积极赔偿的意愿，但是确实出于赔偿能力的限制，尽其所有也只能弥补被害方的部分损失。对于这种情况，在量刑处理上各地法院的做法并不一致。有的法院认为，虽然没有全额赔偿，但是同样体现了被告人赔偿的积极性，应予以认可，作为悔罪表现而予以从轻处罚。有的法院认为，如果不能充分赔偿，满足被害人亲属的要求而达成调解协议，容易造成案结事不了的情况，所以对这类被告人不予从轻处理。而且这种处理方式更为普遍。

第四，在多名被告人的共同犯罪中，如果部分被告人进行积极赔偿，弥补了被害人的部分经济损失或全部损失，但是判处死刑的被告人并没有赔偿能力。多数法院在处理该类情况时，会考虑被害方的意愿。如果被害方坚持不谅解没有充分赔偿的判处死刑的被告人，法院大多不对其予以从轻处罚，而只是对通过赔偿取得被害方谅解的被告人进行从轻处理。

第五，对于个人没有财产，没有固定职业及收入，没有实际赔偿能力，其亲属也无力代为赔偿的被告人，如果不能判处死刑立即执行，就民事赔偿问题而言，各地的处理也不尽一致。多数中级人民法院依然是参照规定的标准全额判赔，少数中级人民法院以能够查明的可供执行的个人合法财产为限确定赔偿数额，确无赔偿能力的，直接判处免赔。

在此，还要提及的是，在抽调的裁判文书就通过民事赔偿对被告人进行从轻处罚的析理中，有部分文书仅单纯地表述基于积极赔偿的裁判理由进行改判，而并没有强调从被告人积极认罪、真诚悔罪、获得被害方谅解等角度来充分阐释裁判理由。就这样表述的而言，其社会效果并不理想。对此，笔者认为，应当尽量淡化基于赔偿而予以从轻处罚的理由，以避免社会公众产生“花钱免死”“花钱轻判”的误解，争取更好的社会效果。

四、当前死刑案件中适用民事赔偿存在的问题

根据对湖北省就死刑案件中民事赔偿的审判实践进行的调研，目前在开展这项工作时所面临的主要问题集中在如下几个方面：

（一）法律依据的不足与缺憾

我国现行刑事立法并未对民事赔偿这一情节予以明确的规定。这样，死刑案件中民事赔偿就仅仅可以作为酌定的量刑情节加以考虑。对此，笔者在调研过程中最深切的感受就是这方面的不足。现行的关于民事赔偿的规范性依据源于最高司法机关的司法解释或其他司法规范性文件，而并未上升到立法层次。相对于立方层次而言，最高司法机关的司法解释或其他司法规范性文件的效力层次较低。此外，最高司法机关的司法解释或其他司法规范性文件关于民事赔偿的规定具有较强的原则性，存在着不尽完善之处。一方面，最高司法机关的司法解释或其

他司法规范性文件没有对民事赔偿可以适用的死刑案件的类型作出具体规定，其中既没有禁止性的规定，也没有具体、可操作的规定。对此，在司法实践中仍主要依靠司法机关和司法人员的自由裁量，这样就导致死刑案件民事赔偿适用范围上的困惑和混乱。就同样的死刑案件而言，在不同法院或同一法院不同承办法官之间，可能因是否可以适用民事赔偿而予以从轻处罚的理解不同而产生迥然不同的判决。另一方面，最高司法机关的司法解释或其他司法规范性文件在程序上对死刑案件中民事赔偿的适用问题作出具体、可操作性的规定。同时，也没有从实体上对死刑案件民事赔偿适用中所要达到的标准作出明确的规定。

（二）唯民事赔偿的错误认识

就死刑案件是否可以适用民事赔偿而对被告人从轻判处死刑立即执行以外的刑罚而言，目前主要依靠的是司法机关和司法人员的自由裁量。当前，由于自身素质的差异，部分司法机关和司法人员对死刑案件民事赔偿的理解产生了偏差，认为一切死刑案件都要通过适用民事赔偿予以轻、减轻被告人的刑事责任，由此形成了唯民事赔偿的错误认识。这种错误认识导致就被告人本来就应当被判处死刑的案件而言，因其有赔偿能力而被判处死刑缓期二年执行。这样，社会正义就被损害了。而不同司法机关、不同司法人员对可以适用民事赔偿的死刑案件的性质、类型的理解并不一致，由此造成类似案件办理结果的迥异。有的被判处死刑立即执行，有的则因适用民事赔偿而未判处死刑立即执行。根据罪责刑相适应原则，对于社会危害性极大、被告人主观恶性深和人身危险性极大的案件，应当对被告人判处死刑立即执行。而司法实践中，有的案件社会危害性极大、被告人人身危险性很深，但法院以被告人赔偿取得被害人方谅解为由对被告人从轻处罚而改判死缓或无期徒刑，由此造成社会效果并不理想的局面。如余某某组织、领导黑社会性质组织、故意伤害、抢劫一案，其作为黑社会性质组织的组织者、领导者，为了打击竞争对手，非法聚敛钱财，指使组织成员持刀砍杀被害人致被害人死亡。一审法院以余某犯故意伤害罪判处其死刑缓期二年执行。二审法院以余某赔偿被害方 30 万元，取得被害方的谅解为由，改判为无期徒刑。

（三）民事赔偿与量刑标准不一

司法实践中，在民事赔偿的操作过程中重视被告方履行民事赔偿协议、被害方由此表示谅解而忽视对被告人悔罪态度考察的情况大量存在，由此导致了民众“花钱买命”的误解，也削弱了死刑案件中民事赔偿适用的合理性基础。同时，由于地区差异、被告人的赔偿能力、被害方的要求，以及司法人员对民事赔偿标准的认识有所不同，实践中死刑案件民事赔偿所达成的赔偿数额高低不一，严重失衡，甚至在同一地区、同一法院出现类似死刑案件民事赔偿数额相差数倍的情况。有些法院在审理死刑案件的民事赔偿部分时，依法判赔死亡赔偿金，而有些法院则又不判赔死亡赔偿金。二审法院在复核时掌握的标准也不一致。在基本情况类似的情形下，民事赔偿数额出现悬殊的差异，这令普通公众难以理解，法律的公正性、统一性由此受到了极大的挑战。

（四）民事赔偿的适用程序缺乏规范

司法实践中，司法机关根据案情主动提出民事赔偿问题的情况时有发生。而基于司法机关代表国家公权力的特殊地位，一旦其提出赔偿的要求，就会对被告方和被害方都形成强大的心理压力。双方都害怕没有在司法机关调解下达成协议的不利后果，由此往往被迫达成赔偿协议。此外，在司法实践中，司法机关对被告方与被害方达成的赔偿协议进行形式审查，以双方就民事赔偿达成的一致为标准，而忽略对双方是否出于真实自主的意愿进行审查的现象。这严重影响了双方真实意愿的表达，也违背了民事赔偿的初衷，削弱了死刑案件民事赔偿的价值基础。

在司法实践中，死刑案件民事赔偿的启动和运行时间涉及从侦查到执行死刑前的各个阶段。而在侦查阶段，犯罪事实尚未完全查清，此时的民事赔偿活动不仅不利于对犯罪的侦查，而且还会影响司法人员对该案是否能够适用民事赔偿而予以从轻处罚的判断。在终审裁判后，此时的民事赔偿活动不仅让被告方产生一种视最终裁判结果而决定是否进行赔偿的投机心理，而且往往在实质上规避了法院的终审裁判结果。这既损害了国家司法的权威，也极大地浪费了司法资源。

五、完善死刑案件中民事赔偿的建议

就在死刑案件中推进民事赔偿工作而言，极为敏感且社会关注度高。为此，在司法实践中即要严格按照有关法律规定办事，同时也要针对当前死刑案件的特点，从有利于保护当事人合法权益，维护社会稳定出发，采取适当形式，公正、稳妥地处理好死刑案件的民事赔偿问题。

（一）规范性依据的细化与完善

死刑案件中民事赔偿的规范性依据仅仅处于司法规范性文件或司法政策的层面，因而层次较低。为此，应当上升到法律层面，从立法上确立民事赔偿制度。同时，要对死刑案件的民事赔偿进行细化，制定具有可操作性的规定：一是要在《刑法》中增加法定的从宽条款将民事赔偿的情节予以法定化，在《刑事诉讼法》中也可以增设相应的程序条款，从而从法律层次保障民事赔偿的正面效应。二是要对民事赔偿所适用的死刑案件的类型进行明确界定。三是要对死刑案件民事赔偿的适用程序作出具体规定。在提起主体方面，明确规定死刑案件附带民事诉讼调解必须由被害方和被告方提出，司法机关不得主动提起，以确保私权力真实自愿原则的实现，并将民事赔偿提起和运行阶段明确规定为审查起诉至终审裁决前。这样，就既给予了被告方和被害方充分的时间，也避免了对侦查工作的干扰和对终审裁决的损害。四是明确规定司法机关对赔偿和谅解协议的审查权，以确保民事赔偿中真实自愿的实现。如果发现被告方并非出自真心悔罪或者被害方因为受胁迫而非真心谅解，就应当终止民事赔偿的适用。

（二）司法认知的统一

因司法人员对死刑案件民事赔偿适用的理解和认识差异，而导致在具体案件中是否适用民事赔偿、适用的具体程序和条件、适用结果等诸多方面迥异的情况时有发生。为此，有必要对各地的刑事司法人员进行统一的培训，使他们对死刑案件民事赔偿适用的理念、原则和规范有一个较为统一的理解和认识，从而在司法适用中减少或避免类似案件获得完全不同判决的现象，为死刑案件民事赔偿的适用和进一步发展扫除思想上的障碍，创造有利的条件。

（三）建立对死刑案件被害方的专项救助机制

当前对于刑事被害人的救助制度在国家层面还并不完善。笔者认为，如果受现实条件制约，还不允许对于所有刑事案件的被害人进行救助，可以首先由各级人民法院与当地党委、政府协调建立健全对于死刑案件被害人的救助机制，然后逐步过渡到施行于其他刑事案件的被害人。由政府作为主体，按照一定的法律程序对死刑案件的被害人进行物质上的救助，可以使被害方得到应有的补偿。通过该项机制的逐步推行和完善，便可以适度减轻法院在司法实践中判处死刑立即执行所面临的巨大压力，确保死刑政策的稳妥执行。

（四）延长死刑案件的审理期限

鉴于死刑案件的敏感性、复杂性和矛盾尖锐性，短时间内未必能很好地就民事赔偿问题予以调解并取得成功。在司法实践中，迫于审限压力而匆忙下判的案件也比比皆是，由此造成法律效果和社会效果双重不佳的局面。因此，笔者建议，对于可能判处死刑的案件，应该延长相应的审理期限，而非适用一般刑事案件的审限要求。这样，在审理期间内，就为被害方与被告人及其亲属进行和解创造了条件和便利，促成被告方对被害方的赔偿和悔罪。如果确定被告人及其亲属没有相应的赔偿能力，则应当及时启动死刑案件的犯罪被害人国家补偿机制，对被害人进行相应的物质救助，为保证死刑政策的正确稳妥实施创造条件。

六、结语

做好死刑案件的民事赔偿工作，是贯彻落实“少杀慎杀”的刑事政策，控制死刑数量并逐步废除死刑的现实而有益的途径。民事赔偿与死刑适用之间的关系极为敏感，工作中必须把握好二者之间的平衡。在保证刑事司法正义实现的基础上，一方面，要理性遵循亲属自愿帮赔原则，避免民事赔偿责任累及无辜。另一方面，要尊重被害方的求偿意愿，不能强迫被害方接受民事赔偿以对被告人不判处死刑立即执行。民事赔偿犹如一把双刃剑，用之得当，当事人双方均受其益。用之不当，则损害司法公正。故在死刑案件中，法院对民事赔偿部分的审判必须稳妥地予以推进。